KB201364

그 여자가 간절히 바라는 사랑,
그 남자가 진심으로 원하는 존경

Love & Respect

그 남자가 진심으로 원하는

그 여자가 간절히 바라는

사랑, 존경

에머슨 에거리치 지음

조미애 옮김

국제제자훈련원

이 책을 한결 쉽게 쓰도록 해준 나의 사랑, 사라에게

"네가 사랑하는 아내와 함께 즐겁게 살지어다"(전 9:9).

주님이 남편들에게 이렇게 명하신 대로,
나는 1973년 이후로 그래왔고,
지금도 그렇게 하고 있으며,
앞으로도 영원히 그렇게 하겠습니다.

사랑 하나만으로는
충분하지 않다

당신은 비틀스의 노래 〈All you need is love〉(사랑만 있으면 돼요)를 알고 있을 것이다. 하지만 나는 이 노래의 결론에 동의하지 않는다. 오늘날 열 커플 중 다섯 커플은 사랑 하나만으로는 충분하지 않기 때문에 그들의 결혼생활은 종말을 맞는다. 물론, 사랑은 필수다. 특히 아내에게는 더욱 그렇다. 하지만 우리는 남편이 지닌 존경에 대한 욕구는 쉽게 잊어버린다. 이 책에서는 '존경의 욕구'를 가지고 있는 남편에게 원하는 것을 줌으로써 아내 역시 '사랑의 욕구'를 채울 수 있다고 강조한다. 여기 아주 적절한 시기에 '사랑과 존경'(Love and Respect) 메시지를 통해 위기를 극복한 한 커플의 이야기가 있다.

제 남편과 저는 박사님이 개최한 '사랑과 존경 세미나'에 참석한 부부입니다. 덧붙이자면, 저희는 둘 다 그리스도인이고 저는 큰 교회에서 직원으로 일하고 있습니다. 하지만 며칠 전 저희는 또다시 '부부 관계의 악순환'(The crazy cycle)에 빠져들었고, 이제 이런 소모전도 지긋지긋하니 이만 결혼생활을 끝내자고 결심했죠. 저희는 둘 다 상처 입고, 슬프고, 화나고, 낙심했습니다.

저희는 할 수 있는 노력을 다하기로 약속했지만, 남편은 이런저런 세미나가 도움이 될 거로 믿지 않았고, 그래서인지 거의 노력하지도 않았어요. 하지만 하나님이 박사님을 통해 보여주신 진실은 간결하면서도 심오했습니다. 치유의 과정이 시작되었고, 저희의 결혼생활은 급격히 달라졌습니다.

저희가 이 진실을 30년 전에만 알았더라면, 그 많은 비탄과 고통을 겪지 않았을 테지요. 지금껏 많은 크리스천 결혼 상담자를 만나기도 했지만, 박사님의 세미나는 저희의 결혼을 구해냈을 뿐만 아니라 대면 상담에서 얻었던 것보다 더 많은 정보와 전략을 주었다고 자신 있게 말할 수 있답니다.

토요일 저녁, 저희는 최근 들어 가장 근사한 시간을 보냈습니다. 이십대로 다시 돌아가서 사랑에 빠진 것 같았죠. 솔직하게 이야기하자면, 전에는 정말 몰랐습니다. 남편에게 존경이 얼마나 중요하고, 얼마나 활기를 가져다주는지를 말이에요.

이 남편과 아내는 세미나에서 어떤 사실을 깨달았을까? 무엇이 그들의 결혼생활에 급격한 변화를 가져다주었을까? 금요일까지만 해도 이혼을 준비하던 두 사람이 다음 날 젊은 연인이 되어 사랑하게 된 것은 무엇 때문일까? 이 책에는 바로 이 부부를 변화시켰던 사랑과 존경에 관한 메시지가 담겨 있다. 남편과 아내가 지금까지와는 다르게 결혼관계에 접근할 때 어떤 놀라운 일이 일어났는지를 확인해주는 수천 개의 편지와 쪽지로 가득하다.

당신은 어떤 평화를 원하는가? 배우자와 친밀감을 느끼고 싶은가? 이해받고 싶은가? 하나님이 계획하신 결혼생활을 만끽하길 원하는가? 그렇다면 이 책에서 말하는 '사랑과 존경' 전략을 실천해보라.

이 책은 이런 사람들을 위한 책이다. 결혼생활의 위기에 봉착한 남편과 아내, 이혼으로 향해 치닫는 부부, 지금의 행복한 삶을 계속해서 누리기 원하는 두 사람, 약혼한 연인, 비신자와 결혼한 사람, 치유가 필요한 이혼자, 재혼한 사람, 외로운 아내, 주눅 든 남편, 불륜에 빠진 이들, 배우자의 불륜으로 고통받는 사람, 위기의 결혼생활을 구할 방법을 찾는 목회자 그리고 상담자….

내가 상당히 많은 것을 약속하고 있음을 안다. 하지만 불가능한 일도 아니다. 효과가 없다면 이야기도 꺼내지 않았을 것이다. 다음 사례들을 보면 사랑과 존경 메시지를 배워 일상에서 실행하기 시작했을 때 그 결혼생활이 어떻게 달라졌는지를 잘 알 수 있다.

저희는 1년 전에 사랑과 존경 세미나에 참석했습니다. 남편과 제가 들었던 메시지 중 가장 강력했지요. 저희는 그 특별한 주말에, 배운 원칙으로 자신을 돌아보았어요. 그리고 함께 의자에 앉아 C-O-U-P-L-E와 C-H-A-I-R-S 원칙을 적용하면서 저희 부부가 어떤 궤도 위에 있는지를 확인했습니다. 하나님의 방법대로 하다 보니 믿기지 않을 만큼 큰 기쁨이 있었고, 그분이 우리를 축복하심을 알게 되었습니다.

며칠 전 저는 남편에게 존경한다고 말하기로 했어요. 처음에는 참 어색하게 느껴졌지만, 그 결과는 믿을 수 없을 정도였어요! 그는 왜 그렇게 생각하는지 물었죠. 제가 몇 가지 이유를 말했더니, 제 눈앞에서 남편의 태도가 바뀌는 것이 보이더라고요.

제가 왜 남편을 존경하는지를 밝힌 편지를 두 통 써서 남편에게 주었답니다. 저를 대하는 남편의 반응이 얼마나 부드러워졌는지를 보고 놀랐지요. 남편이 저를 사랑하게 해달라고, 제가 원하는 사랑의 언어로 이야기하게 해달라고 몇 년 동안 기도했거든요. 제가 남편의 언어로 이야기하기 시작했을 때, 남편 역시 제가 원하는 방식으로 대답해주었어요. 결혼한 지 22년이 지난 지금에야 존경 메시지를 이해하게 되었다는 것이 슬프네요.

아내가 자신을 무시하고 경멸한다고 생각할 때, 남편은 사랑과 애정을 느끼지 못한다. 역설적이게도 사랑받고 싶어 하는 아내의 깊은 욕구는 그녀가 남편을 경멸할 때 크게 손상을 당한다.

그렇지만 이것이 또한 '만병통치약'은 아님을 알았으면 한다. 때때로 이 세미나에 열정적으로 참가했지만, 며칠이 안 되어 열정이 사라지고 이전의 오래된 문제(관계의 악순환)에 다시 말려든 부부도 있다. 나는 사랑과 존경 원리를 배운 모든 부부에게 최소한 6주는 시도해보라고 권한다. 그 기간에 그들은 자신이 얼마나 성장했고, 앞으로 얼마나 멀리 가야 하는지를 확인할 수 있다.

지난 30년 동안 수많은 남편과 아내를 상담해오면서 어떤 결혼관계든 변화를 가져오고, 힘을 내게 하는 한 가지를 발견했다. 나는 그것을 '사랑과 존경 고리'(Love and Respect Connection)라고 칭하고 아내 사라와 함께 이 메시지를 미국 전역에서 가르쳤다. 부부를 위해 준비된 성경의 계획에 남편과 아내가 온 마음을 다해 복종할 때 하나님이 눈에 띄는 방식으로 일하시는 것을 우리는 자주 목격했다. 우리 결혼생활에도 당연히 이 원리를 적용했고, 서로에게 사랑과 존경 고리를 사용하면서 지금도 여전히 새로운 축복을 경험한다.

당신과 배우자가 사랑과 존경 고리를 실천한다면, 결혼생활은 놀랍도록 향상될 것이다. 한 여성은 이렇게 썼다.

이제야 감 잡았어요! 하나님은 제가 남편을 존경할 때 어떤 놀라운 일이 벌어지는지 알려주셨어요. 이 계시는 제 결혼생활의 모든 것, 곧 접근 방법, 반응, 하나님 그리고 남편과의 관계도 송두리째 바꾸었습니다. 말하자면 잃어버린 조각이었던 셈이죠.

실제로 '존경'이라는 주제는 많은 커플이 그토록 찾아온 잃어버린 조각이다. 이제 본격적으로 책을 읽어보면, 이 말이 어떤 의미인지 알게 될 것이다.

차례

2부 힘이 되는 선순환

보상을 받는 선순환

Love
&
Respect

1부

부부 관계의 **악순환**

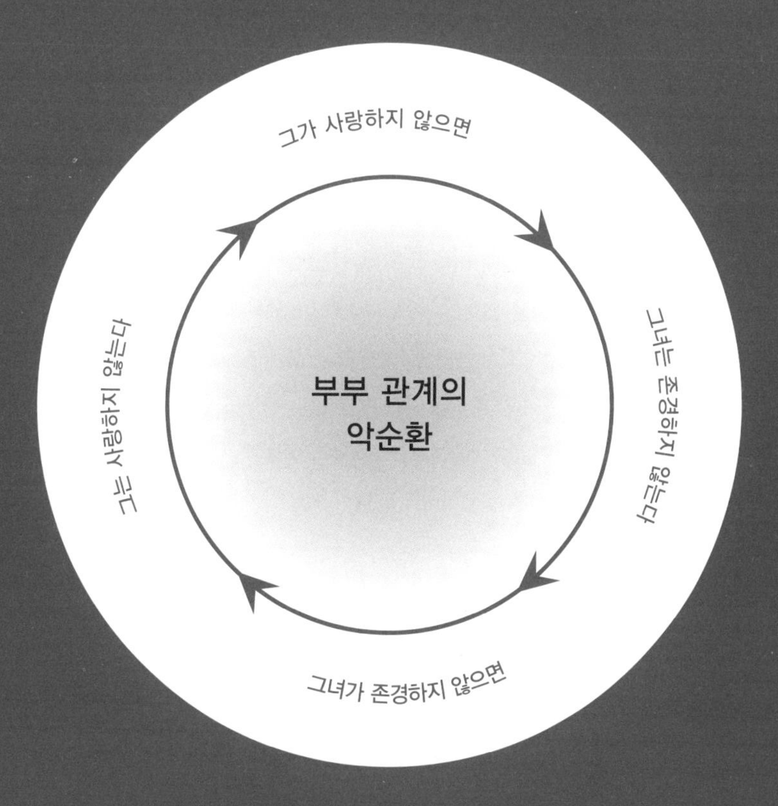

그가 사랑하지 않으면 그녀는 존경하지 않고,
그녀가 존경하지 않으면 그는 사랑하지 않는다.

목회자가 되어 수많은 부부를 상담했지만 나는 그들의 문제를 도무지 해결할 수 없었다. 아내 편에서는 주로 "남편은 날 더 이상 사랑하지 않아요!"라는 말이 나왔다. 아내는 그렇게 사랑을 원하며, 사랑을 기대한다. 많은 남편은 아내가 원하는 만큼 사랑을 주지 않는다. 하지만 세월이 흐르면서 나는 마침내 방정식의 나머지 절반을 보게 되었다. 남편은 직접 이야기를 꺼내지는 않지만, '아내는 날 존경하지 않아'라는 생각을 한다. 남편은 존경을 원하며 기대하지만, 그 욕구를 제대로 이해하고 채워주는 아내는 찾기 힘들다. 그 결과 복음주의 그리스도인을 포함하여 열 중 다섯 커플은 이혼 법정에서 만난다.

이 문제로 씨름하면서 마침내 하나의 고리가 눈에 들어왔다. 절망에서 벗어나 영감으로 향하던 순간, 이 책을 썼다. 그에게서 사랑이 오지 않으면 그녀는 존경심 없이 반응한다. 그녀가 존경하지 않는다면 그는 사랑 없이 반응한다. 이런 식으로 계속 순환한다. 나는 이것을 '관계의 악순환'이라고 부른다. 아직도 많은 커플이 여기에 사로잡혀 있다. 나는 1부의 일곱 장에서 이 악순환이 어떻게 시작하고, 여기에서 벗어나려면 어떻게 해야 하는지를 설명하려고 한다.

1

더 나은 결혼생활을 위한
단순한 비밀

"제가 남편을 사랑하듯이 남편이 저를 사랑하게 하려면 어떻게 해야 할까요?" 목회하던 근 20년 내내 상담을 받으려던 여성들은 나에게 기본적으로 이런 질문을 던졌다. 눈물을 흘리며 자기 이야기를 할 때마다 나는 마음이 아팠다. 여자들은 대부분 섬세하다. 나 역시 그들과 함께 눈물을 흘린 적이 많았다. 나는 불행한 가정에서 어린 시절을 보냈기 때문에 이 모든 것을 마음 깊이 느낄 수 있었다. 동시에 나는 그렇게 아내를 힘들게 하는 남자들을 이해하기 힘들었다. '왜 그들은 자기 아내를 그런 식으로 대하는 것일까?', '아내를 더 사랑하도록 남편에게 동기부여를 할 수는 없을까?'

부모님은 내가 한 살 때 이혼했다. 두 분은 그 후 재결합했지만, 내가 다섯 살 때 다시 헤어지고 말았다. 그리고 3학년 때 또다시 결합했다. 내 어린 시절은 고함과 견디기 힘든 긴장 어린 기억으로 가득 차 있다. 보고 들은 것으로 인해 내 영혼은 지워지지 않는 상처를 입었고, 나는 매일 밤 울면서 잠이 들었다. 나는 당시 느꼈던 깊은 슬픔을 기억한다. 나는 열한 살이 될 때까지 오줌을 가리지 못했고, 그 후 열세 살에 사관학교에 입학해 졸업할 때까지 그곳에 머물렀다.

어머니는 기계체조, 탭댄스, 수영 등을 가르쳤고, 덕분에 수입이 좋았다. 그래서 아버지의 지원에 의존하지 않고도 살아갈 수 있었다. 아버지는 어머니가 당신 없이도 잘 지낼 수 있다는 사실에 소외감을 느꼈고, 어머니는 은연중에 그런 메시지를 드러냈다. 가령 어머니는 아버지와 아무 상의 없이 재정상의 결정을 내렸으며, 그럴 때면 아버지는 자신이 무의미한 존재가 된 것 같은 기분을 느끼곤 했다. 어머니가 자신을 존경하지 않는다고 확신한 아버지는 어머니를 사랑 없는 태도로 대했다. 아버지는 (내가 지금도 기억하지 못하는) 별일 아닌 것들에 크게 화를 내곤 했다. 그러면 어머니는 마음이 심히 상해서 방을 나가 버렸다. 두 분 사이의 이러한 갈등은 내 어린 시절의 일상이었다.

끊임없이 갈등하는 부모님의 삶을 지켜보면서 부부 사이에 생기는 불행의 근본 원인을 알 수 있었다. 어머니는 사랑을 갈구하면서 울었고 아버지는 존경을 간절히 원했다.

십 대 시절도 마찬가지였다. 당시 나는, 하나님이 나를 사랑하시고 그분은 내 인생을 위한 선한 계획을 갖고 계시며, 예수님을 받아들이고 영생을 얻으려면 내 죄를 인정하고 그분을 찾아야 한다는 복음을 들었다. 나는 그렇게 했다. 그렇게 예수님을 따르는 제자가 되었을 때 삶 전체가 변화되었다.

사관학교를 졸업한 뒤, 목회자의 부르심을 확신한 나는 휘튼 대학교에 입학했다. 대학교 1학년 때 어머니, 아버지, 누나, 매형은 예수 그리스도를 구세주로 받아들였다. 가족 안에서 변화가 시작되었지만, 상처는 사라지지 않았다. 부모님은 지금 천국에 계시며, 나는 그분들에게 영원한 구원을 주신 하나님께 감사한다. 이제 내 마음속에 비통함은 없지만, 아픔과 슬픔은 남아 있다. 어린 시절, 부모님이 자신을 방어하면서 서로에게 어떻게 반응했는지를 나는 지금도 선명하게 기억한다. 두 분은 가장 손쉬운 방법으로 공격은 했지만, 그 '화염방사기'를 끄는 조절 장치는 갖고 있지 않았다.

휘튼 대학교에 다닐 때, 나는 가는 곳마다 빛을 가져오는 낙천적인 성격의 한 여인을 만났다. 사라는 내가 만난 사람 중에서 가장 긍정적이고 사랑스러우며 배려심이 많은 사람이었다. 그녀는 인디애나 주의 분 카운티 출신의 '미스 친화'(Miss Congeniality)였다. 그녀는 온전하고 경건한 사람이었고, 주님을 사랑했고, 주님만 섬기고자 했다. 그녀는 가족에게 고통을 안겨준 부모의 이혼으로 인해 엄청난 짐을 짊어져야만 했지만, 그것이 그녀의 영혼을 더럽히지는 못했다. 오히려 그녀는 계속 앞으로 나아가는 길을 선택했다. 나는 매일 그녀에게 깊이 빠져들고 있었다.

청재킷 논쟁

우리가 아직 대학생일 때 나는 사라에게 프러포즈를 했고 사라는 그것을 받아주었다. 약혼 기간, 우리는 남편과 아내가 (실제로는 아무것도 아닌 일로) 어떤 식으로 논쟁에 빠지는지를 생생하게 경험했다.

성탄절에 사라는 내게 청재킷을 선물했다. 나는 상자를 열어 재킷을 집어 올린 다음 사라에게 고맙다고 말했다.

"별로 마음에 안 드나 보네요."

그녀가 말했다. 나는 당황해서 그녀를 바라보며 대답했다.

"마음에 들어." 하지만 그녀는 단호했다.

"아뇨. 마음에 들지 않는 것 같아요. 별로 즐거워하질 않잖아요."

그 말을 되받아치며, 나도 단호하게 대답했다.

"정말 맘에 든다고." 그녀는 다시 쏘아붙였다.

"아뇨. 아니에요. 정말 마음에 들었다면, 당신은 흥분을 감추지 못하면서 그 마음을 표현했겠죠. 내 가족은 이럴 경우 '어머나, 내가 찾던 건데!'라고 말하곤 하죠. 성탄절은 의미 있는 날이고, 우리는 그렇게 보내야 하잖아요?"

결혼 후에는 "육신에 고난이 있다"라는 사실을 경험했다.

그것은 우리 두 사람이 선물을 받았을 때 어떻게 반응하는지를 알아가는 시작이었다. 사라는 뭔가에 깊이 감동할 때면, 열 번도 넘게 감사를 표현했다. 내가 아낌없이 감사를 표하지 않았기 때문에 그녀는 내가 인사치레로 고마워하는 척 할 뿐이고, 속으로는 그 재킷을 당장 구세군 수거 센터에 가져가리라 추측했다. 내가 자신이 한 일에 가치를 두지 않으며, 감사할 줄도 모른다고 생각한 것이다. 나는 나대로 자연스러운 행동과 태도가 판단을 받는다고 느꼈다. 이 일은 나에게 큰 충격이었다.

사라는 사랑받지 못한다고 느꼈고 나는 존경받지 못한다고 느꼈지만, 당시에는 이 점을 분명하게 깨닫지 못했다. 사라는 자신이 나를 생각하는 것처럼 나도 그녀를 사랑하는지 의문을 갖기 시작했다. 나 역시, 재킷을 받았을 때 사라가 드러낸 태도를 보면서 그녀가 나를 진심으로 좋아하지 않는다고 느꼈다. 그것을 구체적으로 표현하지는 않았지만, 사랑받지 못하고 존경받지 못한다는 느낌은 이미 우리 안에서 생겨나기 시작했다.

"당신이 옳을지도 모르지만, 목소리와 말투는 틀렸소"

내가 휘튼 대학교에서 커뮤니케이션 전공으로 석사 학위를 마친 1973년에 우리는 결혼했다. 우리는 사역을 위해 아이오와 주로 갔고, 나는 더뷰크 신학대학에서 목회학 석사 학위를 마쳤다. 그러고선 또 다른 목회자와 함께 아이오와 주에서 크리스천 상담 센터를 열었다. 이때 나는 남자와 여자의 차이에 관한 진지한 연구를 시작했다. 사라와 나 역시 남자와 여자 사이의 긴장을 경험했기에 내담자들의 말에 동감할 수 있었다.

예를 들어, 사라와 나는 상호작용 방식이 아주 달랐다. 사라는 사람들을 잘 양육하고, 무척 사교적이었으며, 함께 이야기하는 것을 좋아했다. 사람들과 함께 있으면 기운이 생겼다. 반면 나는 분석적이었고, 다소 감정에 치우치지 않고도 사물을 대하는 면이 있었다. 나는 여러 시간 혼자서 공부하면 기운이 나는 타입이었다. 사람들과 어울릴 때는 최선을 다해 관계를 맺었지만, 사라에 비하면 관계의 폭이 아주 좁았다.

당시 우리는 작은 성경공부 모임에 속해 있었다. 어느 날 밤, 모임에서 돌아오며 사라는 몇 주 동안 쌓아두었던 여러 감정을 표현했다.

"오늘 모임이 지루했나 봐요." 거의 화가 난 말투였다. "당신이 과묵해서 사람들이 겁을 먹었잖아요. 말을 하더라도 상대방 기분을 생각하지 않고요. 당신이 새로 온 커플들에게 얼마나 형편없이 대했는지 알아요?"

나는 매우 당황했지만, 방어하려고 애썼다. "무슨 얘길 하는 거요? 난 그들이 무슨 말을 하나 잘 듣고 이해하려고 애쓴 거라고!"

사라는 더 목소리를 높였다. "사람들이 긴장하지 않고 편안하게 말할 수 있게 했어야죠." 목소리는 점점 커졌다. "그들에게 좀 더 이야기할 기회를 줘야 했고요." 이제 거의 소리를 지르는 수준이었다. "그렇게 자기 세계에만 갇혀 있지 말아요!"

나는 뭐라 대답을 할 수조차 없었다. 그녀의 이야기뿐만 아니라 그 태도와 말투로 기분이 가라앉았기 때문이었다. 정신을 가다듬은 후 나는 이렇게 말했다.

"사라, 당신이 옳을지도 모르지만, 그 목소리와 말투는 틀렸소."

사라가 나를 사랑한다는 것과 그녀의 반응은 나를 돕기 위한 열정에서 비롯되었다는 것을 나도 알고 있었다. 사라는 사랑하기 때문에 그런 말도 하는 것이라고 내가 이해해주길 바랐지만, 내 마음 깊은 곳에서는 존경받지 못하고 공격당하고 있다는 생각이 강하게 들었다. 방어해야 한다고 느꼈다. 시간이 몇 년이나 흘렀지만 우리는 같은 문제로 계속 씨름했다. 그녀는 내가 할 일을 놓쳤을까 봐 계속 염려하곤 했다("스티브한테 연락했어요? 내가 아무개의 전화 메모를 줬죠?"). 나도 애쓰긴 했지만 그런 일들을 종종 잊어버리곤 해서, 내가 아내의 말을 별로 중요하게 생각하지 않는다고 느낄 만도 했다.

사라는 그날 밤, 차 안에서 나누었던 대화가 삶에 큰 변화를 가져다주었다고 회상한다. 우리 두 사람은 그 대화로 인해서 삶 속에 있는 많은 부분을 다룰 수 있었다(지금도 때때로 서로에게 상기시킨다. "당신은 옳을 수도 있지만, 목소리와 말투가 틀렸어요. 기억해요?"). 하지만 그 후로도 몇 주 동안 누군가를 좀 더 세심하게 대하는 방법을 두고 그녀는 나를 코치했다(30년이 넘도록 목회를 하고 있는 지금도!).

아내의 생일을 잊어버린 날

몇 년의 세월이 흘렀고, 사라의 생일이 다가오고 있었다. 사라는 내가 어떤 반응을 보일지(생일을 기억이나 하고 있을지) 궁금해했다. 그녀는 사람들의 생일을 살뜰하게 챙겼지만, 나에게 생일이란 그다지 중요하지 않은 행사였다. 아내는 나를 끔찍이 사랑했기에 남편 생일은 결코 잊을 수 없었다. 그런 마음으로, 사라는 내가 자기 생일을 축하해줄 것으로 생각했다. '내 마음속에 항상 남편이 있는 것처럼, 남편도 나를 마음에 간직하고 있겠지?'

사라는 망각이 자연스러운 일임을 알았고, 약간의 호기심도 생겼다. 그녀는 생일 전에 도착한 모든 축하카드를 숨겼다. 심술궂은 의도에서 그렇게 한 것은 아니었다. 생일에 대한 힌트는 집안 어디에도 없었고, 나는 평소처럼 공부와 사색에 몰두한 채 지냈다. 아내의 생일날, 나는 한 친구와 함께 점심을 먹었다. 집으로 돌아와 함께 저녁을 먹으면서 아내는 부드럽게 물었다. "그래서 당신과 레이는 오늘 내 생일을 축하했나요?"

그 순간, 심장에서 피가 모두 빠져나와 발 쪽으로 갔다가 다시 얼굴로 솟구치는 것만 같았다. 이 느낌은 어떻게 설명을 할 수가 없다. 헛기침하면서 우물거렸지만, 아내 생일을 잊어버린 것을 설명할 말이 도무지 떠오르질 않았다. 아내 편에서 봤을 때 그런 상황은 내가 자신을 사랑하지 않는다는 증거였고, 나는 대번에 그녀가 상처받았다는 것을 알았다.

하지만 동시에 나는 이상한 감정을 느꼈다. 내가 잊어버린 것은 명백한 실수였지만, 그녀의 생일을 의도적으로 무시한 것은 아니었다. 정말 그랬다. 나는 도리어 판단받고, 비난받는다고 느꼈다. 하지만 그런 나의 감정을 '존경받지 못함'이라고 표현할 수는 없었다. 페미니스트가 폭발적으로 늘어나던 시절이라, 남자가 여자에게 '존경'받지 못해서 불만이라고 말할 수가 없었다. 그것은 말하자면 건방진 일이었고, 교회에서도 겸손하지 못한 처사로 여겨졌다.

사랑하는 시간과 추한 말다툼

사라와 나는 결혼관계 안에서 서로 많은 것을 배우며 계속 성장했고 좋은 시간을 함께 보냈다. 그렇지만 그런 시간 속에서도 결점(말다툼이라고 해야 할까)이 있었다. 길게 가지는 않았다. 하나님이 우리를 용서하신 것처럼 서로를 용서하도록 간구하면서 함께 기도했다. 그렇지만 그게 모두 의미 있는 일이었을까? 우리의 결혼생활은 어디로 가고 있었을까? 어찌 됐든 나는 '선하게' 살아야 할 목회자였다. 아무짝에도 쓸모없는 그런 작은 실수들을 어떻게 정당화할 수 있단 말인가?

누군가가 말한 것처럼, 삶이 힘든 것은 그게 너무나 일상적이기 때문이다. 우리는 서로 그냥 넘어가기 힘든 나쁜 습관들로 인해 거의 매일 짜증이 났다. 나의 나쁜 습관 중 하나는 젖은 수건을 침대에 그대로 두는 것이었다. 적어도 한 달에 한 번꼴로 사라는 그 일로 화를 냈다. 그리고 석 달에 한 번씩은 다른 일에 몰입하다가 내가 맡은 의무나 요구를 소홀히 하곤 했다. 사라가 나를 비판할 때면 긴장감이 감돌았고, 나는 책임을 넘기거나 핑계를 대려고 했다.

사라는 주기적으로 기침하면서 목을 가다듬는 습관이 있었다. 결혼 초기에 함께 기도하면서 나는 그녀의 기침 소리에 짜증이 나곤 했다. 어쩌면 이렇게 유치할 수 있단 말인가? 하늘에 계신 하나님께 기도하면서, 아내가 어떻게 할 수 없는 일로 신경이 예민해지다니. 한편으로, 사라는 내가 좌절할 때마다 하나님을 찬양하길 원했다. 하지만 솔직히 나는 하나님을 '항상' 찬양하고 싶은 마음은 안 든다. 그렇다고 해서 내가 영적이지 않은 걸까? 그녀가 힘들어할 때 나는 하나님께 기도하라고 하지도 않았다! 오히려 그렇게 해서 나는 덜 비판적이 되고, 더 영적인 사람이 된 것은 아닐까?

긴장하면 자아상이 망가진다. 결국, 나는 자신을 좋은 사람이 아니라고 느꼈다. 또한, 사라는 가족 안에서 일어난 갈등으로 인해 엄마와 아내로서 실패했다고 느꼈다. 이러한 긴장을 일으킨 여러 특성은 우리 부부에게 무거운 짐이 되었다. 실제로 인생은 이러한 일상의 연속이다.

사라의 우선순위는 여행, 공부, 가르침이 아니다. 그녀의 은사가 아니기 때문이다. 그런데도 그녀는 나의 목회를 위해서라면 기꺼이 함께 여행을 간다. 집에서 휴식을 취할 때 뭔가를 수리해야 할 일이 생기면 나는 참을 수가 없었는데, 그 분야는 내 은사가 아니었기 때문이다. 그래서 그런 일이 발생하면 대개는 불평을 늘어놓았고, 결국은 고치지도 못했다(애당초 손을 대지 않는 이유이기도 하다).

우리 부부의 결혼생활 또한 완벽하지 않다는 것을 알려주려고 이러한 자잘한 비밀들을 털어놓는다. 우리는 여러 일로 다퉜으며, 앞으로도 그럴 것이다. 하지만 지금은 승리를 자신하면서 싸운다. 무엇이 이토록 확연한 차이를 만들어냈는지, 몇 해에 걸쳐, 아주 천천히 우리는 그 '비밀'을 발견해갔다.

'비밀'은 에베소서 5장 33절에 있다

1998년 어느 날, 내 마음과 생각 속에 큰 깨달음이 왔다. 성경의 빛을 받은 이 깨달음은 간단하게 나를 휩쓸어 버렸다. 나는 "하나님을 찬양하라!"라고 외쳤다. 후에 여러 연구 결과를 읽어가면서 이 통찰은 틀림이 없다는 확증을 얻었다. 그것은 왜 사라와 내가 그런 일로 논쟁을 했는지를 설명해주었다. 어머니가 아버지로 인해 상처를 입은 이유, 사라가 나의 말과 행동에 상처를 받은 까닭이 명확해졌다. 사라가 왜 단단히 화가 나서 나에게 그런 말을 하는지도 알게 되었다.

그 비밀은 무엇이었을까? 엄밀히 말하면, 그것은 비밀이 아니다. 이 말씀은 2천 년 동안 거기 그대로 있었다. 에베소서 5장 33절에서 바울은 말한다. "그러나 너희도 각각 자기의 아내 사랑하기를 자신같이 하고 아내도 자기 남편을 존경하라."

물론 나는 이 구절을 수없이 접했다. 심지어 주례사에서 이 구절을 선택하기도 했다. 그렇지만 그 전까지는 사랑과 존경 사이의 연결

고리가 보이지 않았다. 바울은 본문에서 아내에게는 사랑이 필요하고, 남편은 존경이 필요함을 분명하게 이야기한다. 이 비밀을 발견한 후 나는 여러 부끄러운 경험을 세미나에서 나누기 시작했다. 그럴 때면 이렇게 묻는 사람들이 있다. “목사님, 사랑과 존경 고리에 관한 말씀은 정말 좋았습니다. 하지만 조금은 이론적인 것 같은데요? 우리는 일상에서 현실적인 문제를 만나잖아요. 가령 돈 문제, 성 문제, 아이들을 어떻게 양육할 것인가 하는 문제요.”

나는 이 책을 통해 사랑과 존경 고리가 결혼생활에서 만나는 많은 문제를 해결하는 열쇠임을 보여줄 것이다. 이것은 단지 성경 구절 몇 개를 찾아내 정리한 후 얻은 탁상공론이 아니다.[1] 사랑의 충족과 존경의 충족을 통해 다툼을 어떻게 끝내는지는 행복한 결혼을 위해 알아야 할 모든 것이라 할 만큼 중요하다.

사랑과 존경은 어떻게 연결되는가

처음에는 이 구절에서 어떤 힌트도 발견하지 못했다. 하지만 말씀을 깊이 생각하면서 사랑과 존경 사이의 고리가 떠오르기 시작했다.

나의 묵상은 이렇게 시작되었다. “남편을 존경하라는 명령에 아내가 순종하지 않는다고 해도 남편은 그런 아내를 사랑하라는 명령에 순종해야 한다. 그리고 아내를 사랑하라는 명령에 남편이 순종하지 않는다고 해도 아내는 그런 남편을 존경하라는 명령에 순종해야 한다.”

여기까지는 그런대로 잘 되었다. 나는 생각을 더 이어갔다. “남편은 자신을 존경하지 않는 아내도 사랑하라고 부름받았고, 아내는 자신을 사랑하지 않는 남편도 존경하라고 부름받았다.” 따라서 남편이 이렇게 이야기하는 것은 정당하지 않다. “아내가 저를 존경하면, 아내를 사랑할게요.” 아내의 이런 말도 정당하지 못하다. “남편이 저를 사랑하면, 남편을 존경할 거예요."

나는 부부 사이에서 사랑과 존경이 왜 어려운지를 깨달았다. 자신이 존경받지 못한다고 느낄 때, 남편이 아내를 사랑하는 일은 더욱 어려워진다. 자신이 사랑받고 있지 않다고 느낄 때, 남편을 존경하는 일이 아내에게는 무거운 짐이 된다. 우리 부부 역시 사랑과 존경 사이에 강한 연결 고리가 있음을 경험했기에 이런 깨달음이 나왔다.

남편은 자신이 존경받고 있지 않다고 느끼면 본능적으로 아내에게 사랑 없는 태도로 반응한다(이런 이유로 사랑하라는 명령을 주셨을 것이다). 아내는 자신이 사랑받고 있지 않다고 느낄 때 본능적으로 남편에게 존경 없는 태도로 반응한다(이런 이유로 존경하라는 명령을 주셨을 것이다).

사랑이 없으면, 그녀는 존경 없이 반응한다. 존경이 없으면, 그는 사랑 없이 반응한다. 이것이 오래도록 계속되면 '관계의 악순환'에 들어가는 것이다! 악순환을 통제하는 법을 배우지 않는다면, 이것은 멈추지 않고 순환하며 악화된다.

어려움에 부닥친 부부를 돕기 위해 나는 전체 메시지를 다음과 같이 세 가지로 요약한다.

- 관계의 악순환: 비정상 통제하기
- 힘이 되는 선순환: 사랑과 존경으로 서로에게 힘을 실어주기
- 보상을 받는 선순환: 경건한 결혼생활의 보상 누리기

부부는 너무도 쉽게 악순환에 들어선다. 남편과 아내가 사랑과 존경이라는 기본적 필요를 만족하게 하는 법을 배운다면, 부부는 악순환에 빠진 사실을 금방 알아챌 뿐만 아니라 거기에서 빠져나오는 길도 알 수 있다.

사랑과 존경이 일차적인 필요인 이유

나는 종종 이런 질문을 받는다. "아내는 일차적으로 사랑을 느끼고 싶어 하고, 남편은 일차적으로 존경을 원한다는 사실을 어떻게 확신할 수 있나요?"

첫째로, 상담자로서 그리고 남편으로서 나는 이것이 진실임을 경험했다. 어떤 아내는 이런 질문을 했다. "제가 남편을 사랑하는 것처럼 남편도 저를 사랑할까요?" 그녀는 자신이 남편을 사랑함을 안다. 하지만 남편도 자신을 그만큼 사랑하는지를 알고 싶어 했다. 그래서 남편이 자신을 사랑하지 않는 것처럼 보일 때는 부정적으로 반응했다. 그녀는 남편이 좀 더 세심하고 따뜻하게 대했으면 하고 바랐다. 하지만 애석하게도, 남편의 마음을 얻고자 비판하고 불평하는 접근법을 택했다. 이것은 테레사 수녀에게 놋쇠로 된 글러브를 팔려는 것과 마찬가지 시도이다.

반대로 남편들은 일반적으로 "제가 아내를 사랑하는 것처럼 아내도 저를 사랑할까요?"라고 묻지 않는다. 아내의 사랑을 확신하기 때문이다. 나는 종종 남편들에게 묻는다. "아내분이 당신을 사랑하나요?" 그들은 "물론이죠"라고 대답한다. 다시, 나는 "그렇다면 당신을 좋아하는 것은요?" 하고 묻는다. 대개, 대답은 "아니오"로 나온다.

많은 경우, 남편은 이러한 아내의 반감을 '존경하지 않음', 심지어는 '경멸'로 해석한다. 연애할 때는 나를 영원히 칭찬할 것 같던 그 여자가 변했다. 이제 아내는 남편을 칭찬하지 않는다. 그래서 남편은 마치 아내를 사랑하지 않는 것처럼 행동하면서 아내를 자극한다. 아내가 자신을 더 존경하게 하려는 심산이다. 이것은 아미쉬 농부들에게 트럭을 팔려는 시도나 매한가지다(아미쉬는 전기나 자동차 없이 살아가는 그리스도인 공동체이다—옮긴이).

둘째로, 에베소서 5장 33절이 이에 관해 가르치고 있기 때문이다. 이보다 더 명확한 것이 어디 있겠는가? 바울은 개인적인 제안을 한 것이 아니다. 그는 하나님께 이 명령을 받았다고 밝힌다. 게다가 이 구절에서 바울은 헬라어 '아가페'(*agape*)를 사용했는데 이는 조건 없는 사랑을 의미한다. 비슷한 맥락으로, 남편 역시 조건 없는 존경을 받아야 함을 말하고 있다. 이 구절을 다음과 같이 오해해서는 안 된다. "남편들이여, 아내를 무조건 사랑하라. 아내들이여, 남편이 존경받을 만할 때만 존경하라." 남편이 존경을 받는 것은 아내가 사랑받는 것만큼이나 중요함을 말하고 있기 때문이다.

성경의 다른 저자는 바울의 주장과 조화를 이루는 내용을 이야기한다. "아내들아 이와 같이 자기 남편에게 순종하라. 이는 혹 말씀을 순종하지 않는 자라도 말로 말미암지 않고 그 아내의 행실로 말미암아 구원을 받게 하려 함이니 너희의 두려워하며 정결한 행실을 봄이라"(벧전 3:1~2). 여기서 그가 언급한 남편은 세속적인 그리스도인뿐 아니라, 말씀(즉, 예수 그리스도)에 불순종하는 비그리스도인까지 포함한다. 그런 남편이라 할지라도, 아내의 말이 아니라 행실을 보면서 구원의 도를 깨달을 수 있다. 아내가 정결할 뿐만 아니라 남편을 존경하며 순종하기 때문이다.

베드로는 이 말씀에서 조건 없는 존경을 말하고 있다. 물론 하나님도 이런 남자를 기뻐하지 않으시고, 그는 필시 믿는 아내의 존경을 받을 만하지도 않을 것이다. 하지만 베드로는 아내들에게 가볍게 제안하는 것이 아니다. 그는 남편을 존경하는 행동을 보이라고 명하고 있다. 남편이 존경받을 만해서 그렇게 하라는 것이 아니라, 남편을 조건 없이 기꺼이 존경하는 마음으로 대하라는 뜻으로 하는 말이다.

당신이 원치 않는 명령을 듣고 순종하기는 절대 쉽지 않다. 그러므로 이 구절은 믿음 안에서 행해야만 한다. 자신을 무시하는 아내에게 애정을 느끼는 남편은 없다. 남편의 사랑을 만들어내는 핵심 열쇠는 그에게 조건 없는 존경을 보이는 것이다.

우리는 믿기로 했다

나는 1999년에 목회 현장을 떠나, 사랑과 존경에 관해 내가 발견한 진실을 나누기 시작했다. 사라와 나는 수천 명의 부부에게 우리 메시지를 나누었고, 우리가 올바른 길로 가고 있음을 보여주는 증거를 계속 얻고 있다. 우리가 만난 모든 아내는 자신이 남편을 얼마나 사랑하는지 알아주길 원했다. 그리고 남편에게 더 많은 사랑을 갈망했다. 우리는 남편의 사랑을 얻으려면 그에게 의미 있는 방식으로 존경을 보여주는 것이 최선이라고 강조했다. 이러한 존경으로 남편은 아내의 사랑을 느낄 수 있고, 아내를 향한 사랑의 감정에는 불이 붙는다.

이러한 깨달음은 단순하지만, 영향력이 있다. 이 책은 당신에게 조건 없는 사랑과 조건 없는 존경의 힘을 보여준다. 이 주제와 관련된 많은 책이 대부분 남편이 아내를 어떻게 사랑해야 하는지를 이야기하는 반면 나는 아내가 남편에게 무조건 존경을 보이는 것에 관해 주로 말한다. 두 사람이 이런 효과적인 도구를 사용한다면, 권태나 비통함에 빠져 허우적대는 '시시한' 결혼생활에서 벗어날 뿐만 아니라, 이혼 법정에 가는 일도 없을 것이다. 지금 행복한 결혼생활을 만끽하고 있다면, 더 많이 행복해질 수 있다. 사라와 나는 이 간단한 비밀을 발견하기 전에도 행복했지만, 지금은 훨씬 더 좋아졌다.

이것이 어떻게 가능했을까? 우리가 어떤 '초월'의 상태에 도달했기에 모든 것이 완벽하다고 느꼈다는 이야기인가? 물론 그렇지는 않다. 우리는 여전히 악순환에 빠지곤 한다. 서로를 사랑하지 못하고, 존경하지 못해 힘들 때가 있다. 하지만 우리는 진로를 바꾸기로 했다. 이

제 우리는 이 악순환에 빠지는 횟수를 어떻게 줄일 수 있는지를 알고 있으며, 종종 그것이 시작되기 전에 멈추기도 한다.

우리 삶을 변화시킨 결심은 무엇이었을까? 우선, 사라에게는 나를 존경하지 않으려는 의도가 없음을 믿기로 했다. 아내가 나를 잠시 험하게 대할 수는 있지만, 그렇게 작정하고 한 것은 아님을 믿는다. 마음 깊숙한 곳에서는 나를 존경하고 있음을 잘 안다. 또한, 사라는 내가 자신을 사랑하지 않으려는 의도가 없음을 믿기로 했다. 내가 말과 태도로 상처를 주었더라도 아내는 내가 자신을 깊이 사랑하고 있음을 알고, 심지어는 자신을 위해 죽을 수도 있음을 안다. 이렇게 할 수 있었던 과정이 궁금하지 않은가?

"달걀에 후추 좀 치지 말아요"

사라는 달걀에 후추 치는 것을 좋아하지만, 나는 아니다. 그녀는 스크램블에그나 반숙 달걀이 거의 검은 색이 될 때까지 후추를 친다. 사라는 지금껏 수백 번 넘게 달걀 요리를 했는데 그때마다 항상 후추를 쳤다. 내가 후추 친 달걀을 좋아하지 않는다는 것을 알고 있음에도 불구하고.

나는 그녀에게 수백 번 말했다. "제발 내 달걀에 후추를 치지 말아줘." 또다시 달걀에 후추를 친 다음에 때로는 좌절하면서 아내는 이렇게 중얼거린다. "이런! 하지만 (후추를) 안 친 것보다는 좋을 거야." 나를 정말로 존경한다면, 내 말을 들어야 하지 않을까? 이런 일이 반복된다면 화를 내는 것이 정상이지 않을까? 그녀의 의도를 의심하는 것이 당연하지 않은가? 이런 일은 내가 그녀에게 아무 상관없는 존재임을 증명하는 게 아닐까?

후추가 가득한 달걀에 당황할 때마다, 사라가 내 취향을 바꾸려고 의도했다거나 짜증 나게 하려고 일부러 그러는 건 아니라고 결론지었다. 사라에게 악의가 있었다거나, 내가 중요하지 않은 사람이라서 그런 것은 아니라고 믿었다. 달걀을 할 때면 사라는 일종의 '자동 운전 상태'에 들어간다. 아마 요리하는 동안 다른 생각에 빠져 있었을 것이다. 나는 그런 아내의 마음을 안다.

이 모든 것은 영혼 깊은 곳에는 나를 무시하려는 의도가 없음을 믿기로 했기 때문에 가능했다. 나는 그렇게 결심했고 다른 남자들도 그렇게 하도록 권했다. 한 남자는 내게 이런 글을 보내 왔다.

> 아내가 좋은 의도에서 그리고 선한 마음에서 그랬다는 사실을 받아들이지 못했어요. 슬프지만 그녀를 오해한 것이지요. 지금도 아내에 관해 모르는 게 많습니다. 가령, 그녀가 산후우울증으로 아주 힘들어 했다는 것을 최근에야 알게 되었죠. 이런 사실을 접하면서, 제 마음이 무척 부드러워졌어요. 제가 좋은 의도와 선한 마음으로 아내를 대했음에도 왜 저의 사랑을 느끼지 못하는지를 더 많이 고민하기 시작했어요.

이 남편은 깨달았다. 그리고 올바른 결정을 내렸다. 당신도 그렇게 할 수 있다.

● "물건을 쓰고선 좀 제자리에 놓을 수 없겠어요?"

나는 젖은 수건을 놓지 말아야 할 곳에 둔다. 조리대 위에 빵 덩어리를 놓아둔다. 찬장을 열어놓은 그대로 둔다. 거실 바닥에 책을 많이 쌓아둔다. 물론 할 말은 있다. 나는 뭔가에 정신이 팔린 상태였다. 사라의 말에 따르면, 나는 항상 '생각하는 중'이다. 때때로 나 자신도 깜짝 놀라곤 한다. 찬장 문을 다시 보면, 열려 있다. '이 문을 왜 안 닫았지? 내 정신 좀 봐.' 또는 욕실 수건을 쓴 후 걸어두지 않고, 욕실 바닥에 놓는다. 이런 상황을 만났을 때 긴장을 완화하는 방법을 터득했다. 사라가 내 얼굴 앞에서 수건을 흔들 때면, 나는 미소를 지으면서 이렇게 말한다. "이런 우연의 일치를 보았나! 막 수건을 걸어두려던 참이었는데!"

사라는 완벽주의자는 아니지만, 무척 합리적이다. 수건을 걸어두라고 만들어진 욕실 선반이 있는데 왜 굳이 침대에 두나? 찬장 문에 달린 경첩이 양방향으로 잘 움직이는데도, 왜 문을 열어 둘까? 몇 초면 충분한데 책들은 왜 마루에 나뒹굴고 있지? 사실 나는 정리정돈에서 그렇게 개념 없는 사람은 아니다. 하지만 나는 깔끔함과 정리정돈 그 자체인 사라와 결혼했고, 그녀의 기준에는 합격하지 못했다.

모든 부부는 솔로몬이 '포도원을 허는 작은 여우'(아 2:15)라고 부른 일상 속의 갈등이 어떤 것인지 안다.

아내는 나에게 수백 번도 더 이야기했다. "제발 그걸 집어서 제자리에 두세요." 아마도 이렇게 말하고 싶었을 것이다. "정말로 나를 사랑한다면, 내 말을 들어야 하는 게 아닌가요?" 그런 식으로 화를 내는 것이 당연하지 않았을까? 나의 의도를 의심하는 것이 필요하지 않았을까? 내 행동을 기록해두는 것이 좋지 않았을까? 결국, 이 모든 것은 내가 자기 말에 별 관심을 두지 않는다는 증거와도 같으니 말이다.

그러나 사라는 좀 더 긍정적인 빛 안에서 나를 보았다. 내가 자신을 사랑하지 않으려는 뚜렷한 의도를 가지고 그렇게 하지 않았음을 믿기로 한 것이다. 내가 자신을 무시하거나 일부러 짜증 나게 하려는 의도로 그렇게 했다고 결론짓지 않았다. 그녀는 내가 자동 운전 상태에 들어가 다른 것을 생각하는 상태임을 알았다. 그녀는 그렇게 결심했고, 다른 여성에게도 그렇게 하도록 권했다.

결혼한 지 30년이 넘은 한 여성은 이런 말을 했다.

제 삶을 돌이켜보니, 제가 남편을 얼마나 존경하지 않았는지 깨닫게 되었어요. 남편은 친절하고 동정심 넘치는 사람이었고, 사교적이며 섬기는 것을 잘했어요(매 순간 저를 위해서 무엇이든 기꺼이 하려고 했지요). 진심으로 좋은 의도와 선한 마음을 가진 사람이었어요. 저는 제 기대가 지나치게 높았음을 깨달았습니다.

또 다른 아내는 이렇게 덧붙였다.

남편이 저를 통제하려 하거나 제 고민에 별로 관심이 없다는 생각이 들 때면, 저 역시 그의 감정을 무시하려고 했어요. 차갑게 반응하기 시작했지요. 하지만 남편의 마음을 좀 더 알게 된 지금, 제가 평소에 하는 말이 그에게 어떤 식으로 다가가는지 비로소 이해가 갔습니다.

이들은 깨닫고 나서 접근 방식을 바꾸기로 했다. 당신 또한 그렇게 할 수 있다. 보다시피 사라와 나는 둘 다 결점투성이다. 언제라도 관계의 악순환에 말려들 수 있다. 하지만 우리는 사랑과 존경이라는 고리를 기억함으로써 그것을 통제할 수 있었으며 그 효과도 경험했다. 이제 그것이 어떻게 작용하고, 왜 그렇게 되는지를 좀 더 알아보자. 첫 번째 단계는 남편과 아내의 대화 방식을 이해하는 데서 시작한다.

2

메시지에 붙은 암호를 풀어라

결혼 10주년을 축하하려던 한 부부가 있었다. 아내는 남편이 결혼기념일을 기억하고 있을지 궁금했다. 지난 10년 동안 기념일을 먼저 챙긴 적이 없었기 때문이다. 그녀가 크고 작은 힌트를 주어도 남편은 잊어버리곤 했다.

하지만 아내가 힌트를 전혀 주지 않았는데도 남편은 기념일을 기억하고 있었다! 그는 기쁜 마음으로 카드를 사러 갔다. 화려한 카드가 눈에 들어왔다. 카드에 쓰여 있는 글을 훑어보니 완벽했다! 아내를 위해 주문 제작된 것처럼 느껴졌다. 그 카드를 선반에서 꺼내 계산하고 즐거운 마음으로 집으로 돌아갔다. 마침내 부부에게는 특별한 저녁 시간이 될 참이었다.

아내는 집에 있었다. 그는 슬며시 다른 방으로 가서 글을 쓰고 봉투에 아내의 이름을 적었다. 이름 위에 작은 하트 두 개를 그려 넣기까지 했다. 그리고 방을 나와 아내의 손에 카드를 쥐어 주었다. 그녀는 입이 찢어지도록 미소를 지었고, 남편이 결혼기념일을 기억하고 있었다는 것에 무척 행복해했다.

그녀는 카드를 꺼내 읽기 시작했다. 그런데 사랑의 에너지로 빛나던 아내의 눈은 갑자기 차갑게 변했다. 미소 또한 씁쓸하고 어둡게 변했다. 심지어 얼굴을 떨구기까지 했다.

"뭐가 잘못됐소?" 남편이 물었다(민감한 사람이어서 눈치가 빨랐다).

"아… 아니에요."

"그게 아닌 것 같은데, 뭐가 잘못된 거요?"

"아녜요. 잘못된 것은 없어요."

"뭐가 있는 것 같은데…. 그게 뭐요?"

"음. 나쁘진 않아요. 이게 '생일 카드'라는 것 외에는."

여기서부터 대화가 어떻게 진행되었을지 대강 짐작이 갈 것이다.

남편은 "농담이지?"라고 말하며 아내가 들고 있던 카드를 다시 확인했다.

"이런! 믿어지지 않는군!"

"전 당신을 믿을 수가 없어요."

"음…. 여보, 내가 좀 실수를 한 것 같네. 한 번만 더 기회를 줘요."

"기회를 달라고요? 실수? 그래요. 그것이 당신에게는 별로 중요한 게 아니라서 그런 실수를 한 거겠죠. 차에 조그마한 흠집이라도 났다면, 난리가 났겠죠. 왜냐고요? 당신한테는 그것이 소중하니까요. 그렇지만 우리 결혼기념일 따위는 별로 중요한 게 아닌 거예요. 날 그렇게 생각하는 것이기도 하고요!"

그는 믿을 수가 없었다. 아내가 정말 화가 났다는 사실에 더 놀랐다. 죄책감은 분노로 변하기 시작했다. 사랑 가득한 결혼기념일을 예상했지만, 갈등은 점점 커지고 있었다.

"여보. 정말 단순한 실수였다고. 나에게 한 번만 더 기회를 줘요."

"결혼기념일에 생일 카드를 줘놓고, 내가 그냥 넘어갈 거로 생각했나요? 차라리 평소처럼 그냥 가만히 있는 게 나았을 거예요!"

땀 흘리며 변명하는 남편의 맥박은 점점 빨라졌다. 사랑으로 대하려고 애썼지만, 아내의 말에는 적의가 가득 담겨 있었다.

"그거 알아? 당신 말을 들으니 결혼기념일에 생일 카드를 주길 잘했다는 생각이 드는군!"

그렇게 고함을 지르면서 남편은 문을 쾅 닫으며 나가버렸다. 그것도 그녀에게 카드를 건넨 지 2분 만에…. 서로를 진심으로 사랑하는 두 사람은 집에서 함께 멋지고도 달콤한 저녁을 보낼 생각이었다. 하지만 이제는 서로 화를 내면서, 어떻게 이럴 수 있는지 황당해했다.

이 이야기는 실화다. 사라와 나는 많은 부부로부터 이와 비슷한 많은 사건을 듣는다. 그런 어리석은 남편에게 아내의 존경을 받을 만한 자격이 있단 말인가?

> 부부를 상담할 때
> 나는 가끔
> "우리의 싸움과 다툼이
> 어디에서 시작된 걸까요?"
> 하고 묻는다(약 4:1 참고).

남편과 아내가 사랑과 존경 고리를 제대로 이해하려면, 먼저는 자신이 하는 말이 '암호'로 이루어져 있음을 알아야 한다. 문제는 우리가 상대방에게 받은 메시지를 해독하는 법을 모른다는 데 있다.

"당신 머리에는 그저 섹스 생각밖에 없지!"

여기 다른 사례가 있다. 남편은 출장에서 일주일 만에 돌아왔다. 비행기가 도착하자, 그는 아내와 나눌 달콤한 섹스를 기대했다. 그래서 될 수 있는 대로 빨리 집으로 돌아왔다. 문에 들어선 그에게 건넨 아내의 첫 마디는 이랬다. "왜 이렇게 일찍 왔어요? 당신이 학교에 가서 애들 좀 차에 태워 와요. 그리고 오늘 저녁에 학부모-교사 모임 있는 거 잊지 말고요. 아, 맞다. 이따가 빌리 문제로 얘기 좀 해요. 요즘 빌리가 교실에서 애들을 괴롭힌다고 선생님이 전화했어요. 학교에서 집으로 올 때, 세탁소에서 옷 좀 가져다줄 수 있어요? 이런, 잊어버릴 뻔했네. 여동생이 커피 마시러 잠깐 들른다고 해서 저녁 식사는 좀 늦을 거예요."

출장길에 세워놓은 달콤한 둘만의 시간 계획은 아이들, 세탁소, 처제 방문과 같은 사소한 일들로 엉망이 되었다. 그는 뒷문으로 나가면서 투덜댔다. "일주일 만에 봐서 정말 반갑구려!"

아내는 그 말투가 거슬렸지만, 남편이 나가자마자 전화기가 울어대는 통에 따져 물을 수가 없었다. 그 후, 학부모-교사 모임에서 남편이 여전히 화가 나 있음을 알았지만, 집으로 돌아오는 길에 아무 말도 꺼내지 않았다. 그녀 역시 한 주간 여러 일로 지쳐 있었고, 혼자 처리했던 일에 관해 별 관심도 없고 묻지도 않는 남편이 원망스러웠다. 아내는 남편이 자기에게 화를 낸 것이 과연 정당한 것인지 의문이 들었고, 그것이 비이성적이라는 생각에 화가 났다.

그날 밤 잠자리에 들 시간이 되자, 남편은 자연스럽게 '그 일'을 성사시키려고 시도했다. 아내의 등을 쓰다듬은 것이다. 하지만 그녀는 투덜거렸다. "싫어요. 나 너무 피곤해요." 그런 반응 앞에서 그는 화가 나서 아무 말 없이 등을 돌려버렸다. 그의 분노에 상처를 입은 아내는 "당신 정말 둔감하군요!"라고 말했다.

"당신이 그렇게 말하다니 믿을 수가 없군. 일주일 동안 출장 갔다가 집에 돌아왔는데 인사말 대신 아이들과 처제 이야기를 들어야만 했소. 내가 좀 가까이 가려고 했더니, 피곤하다고 하면서 나보고는 둔감하다고 말하다니! 난 그냥 돈 벌어다 주는 기계인 거요?"

아내는 더욱 상처를 받아서 되받아쳤다. "당신은 내가 일주일을 어떻게 보냈는지 하나도 묻지 않았어요. 당신이 나한테 관심을 보일 때는 섹스할 때뿐이잖아요!"

"난 일주일이나 밖에 나가 있었소. 신혼 때 내가 출장을 가면, 당신은 내가 보고 싶어서 어쩔 줄 몰라 했지. 문에 들어서면 웃으며 달려나와 맞아주면서 키스를 퍼붓곤 했고. 지금은 그냥 쳐다보면서 이렇게 말하지. '왜 이렇게 일찍 왔어요?' 고맙군. 날 그렇게 배려해줘서!"

악순환이 계속되는 이유

모든 부부는 이와 비슷한 일들을 겪는다. 그리고 그것은 좋지 않은 방향으로 순환한다. 나는 그것을 '관계의 악순환'(Crazy Cycle)이라고 부른다. 교회에 다니는 열 가정 중에 다섯은 이혼을 했거나 고려하고 있으며, 그 정도는 점점 더 나빠지는 것처럼 보인다. 누군가가 방 안에 들어와 전등 스위치를 여러 번 눌러보지만, 여전히 컴컴한 상황과 같다. 스위치를 몇 번 켜봤는데 달라진 게 없다면, 보통은 '회로가 나갔나? 전구에 이상이 있나 보군' 하고 생각할 것이다. 만일 같은 곳에서 30분 동안 계속 스위치를 만지작거리고 있다면, 그게 더 이상하지 않겠는가?

> 이혼율의 폭발적인 증가는 악이 그들 마음속에 있음을 보여준다 (전 9:3 참고).

요점은 단순하다. 우리에게 악영향을 주는 일을 계속 똑같이 한다면 악순환은 지속한다. 결혼생활에는 이런 일이 비일비재하다. 오늘날은 그 어느 때보다도 결혼 관련 서적이 봇물 터지듯 출간되고 있다. 부부 대화법, 재정 관리, 성적인 부분 등을 세밀하게 다룬다. 심지어 30일 만에 더 나은 남편(아내) 되기에 관한 책도 있다! 하지만 지식은 넘쳐나지만, 악순환은 멈추지 않는다.

두 사람이 그리스도인이건 아니건 차이가 없는 듯하다. 왜 그럴까? 진리를 안다고 자부하면서도, 온전한 진리를 받아들여 실천하지 않기 때문이라고 나는 결론 내렸다. 하나님 말씀의 결정적인 부분이 완전히 무시되고 있으며, 심지어 바로 눈앞에 있는데도 우리는 알아차리지 못하고 있다.

많은 그리스도인 부부는 에베소서 5장 33절을 알고, 그것을 암송할 수도 있다. 여기서 바울은 남편이 자신을 사랑하는 것처럼 아내를 사랑해야 하며, 아내는 남편을 존경해야 한다고 말한다. 그렇지만 누가 이 말씀에 진심으로 귀를 기울이고 있단 말인가?

남편과 아내의 메시지는 왜 암호화되는가

남편과 아내 사이의 대화에는 왜 문제가 생길까? 의도하지는 않았지만, 메시지가 암호화된 상태로 상대방에게 전달되기 때문이다. 말하자면 아내(남편)가 알아들었다고 생각하는 것이 남편(아내)이 의도한 바와는 다른 경우가 많다.

아침에 입을 옷을 고르는 부부를 보자. 아내가 "입을 만한 게 없네"라고 하면 그것은 새 옷이 없다는 뜻이다. 반면 남편이 "입을 만한 게 없네"라고 하면 깨끗한 옷이 없다는 의미다. 이는 우리가 자신의 필요와 관점을 통해 사건과 사물을 본다는 사실을 말해준다.

어느 날, 나는 서재에서 컴퓨터로 일하고 있었고, 사라는 다른 방에서 라디오를 듣고 있었다. 어떤 토크쇼가 진행 중이었는데, 일이 방해될 정도로 소리가 컸다. 나는 아내에게 소리를 질렀다. "당신, 그거 듣고 있는 거요?" 아무런 대답이 없었다. 나는 다시 소리를 질렀다. "당신, 그거 듣고 있는 거요?" 여전히 대답이 없었다. 나는 좀 더 크게 소리를 쳤다. "당신, 그 라디오 듣고 있는 거요?" 그녀도 되받아 소리를 질렀다. "들으려고 하는데, 당신이 자꾸 방해하고 있잖아요!"

2분 동안 대화는 거의 싸움으로 변해 버렸다. 사라는 라디오에 집중할 수 없어서 나에게 짜증이 났다. 그녀는 내가 그 토크쇼에 나오는 어떤 말을 듣게 하려고 자신을 자꾸 부른다고 생각했다. 물론 나는 라디오를 듣고 있지 않다면 꺼달라는 뜻이었다. 아내가 내 생각을 이해하지 못했기에 짜증이 났다. 결국, 나는 의견을 확실히 말하지 않은 상황에서 세 번이나 소리 지른 것을 뒤늦게 사과해야 했다.

당신이 느낀 것과 배우자가 보낸 메시지는 서로 다른 경우가 많다. 가령 아내는 열 번째 결혼기념일에 생일 카드를 받아서 사랑받지 못했다고 느꼈지만, 남편은 전혀 그럴 의도가 없었다. 마찬가지로, 아내가 화를 내면서 거칠게 반응한다고 해서 '난 당신을 전혀 존경하지 않아요'라는 메시지를 던지는 것은 아니다.

작은 오해에 어떻게 가속도가 붙는지 알겠는가? 자신의 필요에 집중하다 보면 상대방의 요구는 가볍게 지나칠 때가 많다. 특히 남편과 아내가 전날(혹은 몇 분 전)의 일로 인해서 서로에게 불만이 있었다면 가속도는 심해진다. 불안이나 긴장이 수그러들지 않고 지속하는 상황이라면, 단순한 소통의 어려움이 있더라도 문제가 커질 수 있다.

단순히 라디오를 끄거나 대화를 제대로 전달하면 해결되는 차원이 아닐 수 있다. 가령 아내는 민감하지 못한 남편에게 불만일지도 모른다. 잠깐 사이에 아내는 자신이 사랑받지 못한다는 것을 느끼고, 그런 남편을 비난한다. 남편은 그런 비난을 들으며 기분이 상한다. 건조한 숲에서 일어난 작은 불꽃은 빠르게 번져나간다. 이 불길을 잡지 못한다면, 불꽃은 산불이 된다.

문제의 핵심은 대부분 다른 데 있다. 배우자와 심각한 갈등 중이지만 그 이유를 도무지 알지 못하는 경우도 많다. 상대방이 화를 내거나 냉담해지는 것을 보면서, '내가 뭘 잘못했지? 무슨 일이야?'라는 생각이 들기도 할 것이다. 이런 경우 십중팔구 문제의 핵심을 제대로 봐야 할 때다.

우리는 자기만의 렌즈로 세상을 본다

아내와 남편의 영혼에 일어나는 일은 완전히 다름을 이해해야 한다. 창세기 첫 장에서 하나님은 사람을 남자와 여자로 만드셨다고 하신다. 이 말씀에는 남자와 여자가 아주 다르다는 뜻이 들어 있다. 내 방식대로 말하자면, 여자들은 분홍색 선글라스를 통해 세상을 보는 반면, 남자들은 파란색 선글라스를 통해 바라본다. 똑같은 상황을 만나도 남자와 여자가 보는 세상은 무척 다르다. 그들이 끼고 있는 분홍색과 파란색 렌즈는 사물을 해석할 때 차이를 낳는 원인이다.

남자와 여자는 다르게 보는 것뿐 아니라 다르게 듣는다. 그들은 같은 단어를 아주 다른 메시지로 듣는다("입을 만한 옷이 없네!"를 상기해 보라). 남녀가 서로 다른 색깔의 선글라스와 보청기를 걸치고 있으므로 그들의 메시지 역시 암호화된다.

'그들을 남자와 여자로 지으'셨음(마 19:4)은 그 둘을 아주 다르게 만드셨다는 사실을 말해준다.

아내가 남편에게 상처를 입었을 때, 그녀는 암호를 보낸다. 분홍색 선글라스를 낀 여성들은 "이런, 그 사랑스러운 여자가 마음을 닫고 있는 이유를 알겠어요. 남편이 아내에게 그런 말을 했다는 것이 믿기지 않아요"라고 말한다. 여자끼리는 암호가 쉽게 읽힌다. 분홍색 선글라스와 보청기를 통해 그 메시지를 분명하게 해독하기 때문이다.

하지만 반대의 경우도 생각해보자. 남자가 상처를 입고 한동안 말을 하지 않거나 화를 낼 때, 그런 행동은 아내에게 유치해 보인다. 하지만 파란색 선글라스를 낀 남자라면 그 상황을 보면서 "그가 왜 아내에게 마음을 닫고 있는지 훤히 보이네요. 남편에게 어떤 식으로 말하는지 좀 보세요. 믿을 수가 없군요!"라는 반응을 보일 것이다. 이런 어이없는 일이 어떻게 일어났는지 의아해하면서도 이 문제를 풀지 못한 그들은 결혼기념일 저녁에 각방을 쓴다. 상처를 입었고 화를 냈지만, 여전히 서로를 깊이 사랑한다. 그들은 서로에게 진정 상처를 입히려던 것이 아니었다.

왜 이러한 문제가 생길까? 기념일 카드가 생일 카드로 뒤바뀐 이야기로 가보자. 남편이 생일 카드를 내밀었을 때, 아내는 상처를 입었다. 남편은 여러 번 결혼기념일을 잊어버렸지만 이번만큼은 희망을 품었다. 하지만 남편의 행동은 카드 하나도 자세히 살펴보지 않을 정도로 자신을 사랑하지 않는다는 생각이 들게 했다. 그래서 그녀는 그에게 화난 메시지를 보냈다. 물론 암호화해서.

남편은 그녀의 단어와 표현을 듣고 정확히 해독했을까? 물론 아니다. 기본적으로 그는 파란색 선글라스를 끼고 있다. 남편의 눈에는 아내의 분노와 짜증, 무례함이 보일 뿐이었다. 그는 죄책감을 느끼다가 짜증이 났다. 실수한 것을 가지고 이렇게까지 해야 하다니! 하지만 분홍색 선글라스를 끼고 있는 아내에게는 이것이 그저 그런 '실수'로 보이지 않는다. '나보다 차가 더 중요하다는 거잖아!' 남편도 참을 만큼 참았다. 아내에게 생일 카드를 건넨 것이 차라리 잘된 일이라는 생각마저 들었다. 남편은 이런 피곤한 상황에 맞설 필요를 못 느끼고 방을 나가버렸다.

여기서 문제의 핵심은 당연히 카드가 아니다. 아내 편에서 진짜 문제는 사랑받지 못했다는 느낌이고, 그런 상황에서 그녀는 남편을 쏘아붙이는 것으로 반응했다(모두가 그렇지는 않지만, 이런 순간에는 대개 그런 방법을 쓴다). 분홍색 선글라스를 쓴 그녀는 남편이 진심으로 미안해하면서, 용서를 구하길 원한다. 그러면 그들은 다정하게 밖으로 나가 근사한 저녁을 먹을 수 있었을 것이다. 하지만 파란색 선글라스를 쓴 남편은 그렇게 할 수 없다. 그가 보기에 진짜 문제는 자신이 존경받지 못했다고 느낀 것이다(이런 문제를 말로 설명하기는 힘들다).

결혼을 지탱하는 두 가지 힘

사랑과 존경이 성공적인 결혼의 기초가 된다는 사실은 여러 연구를 통해서도 입증된다. 워싱턴 주립대학교 심리학과 교수인 존 가트맨(John Gottman) 박사는 20년 이상 배우자와 함께 좋은 관계를 유지하며 살아온 2천 쌍의 커플을 조사했다. 그들의 직업과 생활양식은 아주 다양했지만, 놀랍게도 대화 분위기는 비슷했다. 이 부부들이 대화를 나눌 때는 사랑과 존경이 거의 함께했다. 가트맨 박사는 이렇게 말한다. "이러한 관계의 저류에는 두 가지 기본 요소인 사랑과 존경이 있다. 이 둘은 결혼생활을 좀먹는 가장 강력한 세력이라고 할 수 있는 '경멸'에 대한 해독제이자 정반대 힘이다."[1]

이런 발견은 성경에 오래전부터 기록된 내용을 확증한다. 에베소서 5장은 신약성경에서 결혼과 관련해서 가장 의미 있는 본문이다. 바울은 33절에 결혼과 관련해 진술하면서 성별을 확실히 구분한다. 남편은 아내를 무조건 '사랑'(*agape*)해야 하고, 아내는 남편이 자신을 사랑하는 것으로 보이든 그렇지 않든 남편을 '존경'해야 한다고 말한다.[2]

여기서 주목할 것은, 아내에게는 남편을 아가페로 사랑하라고 명령하지 않는다는 것이다. 수년간 이 구절을 연구하면서, 이런 의문이 생겼다. "왜 아내에게는 남편을 사랑하라고 명령하지 않았을까?" 그러면서 깨달았다. 여자는 사랑 그 자체다. 양육을 위한 모성, 민감한 감수성, 사랑, 동정심은 여자의 본성이다. 요약하자면, 하나님은 사랑을 위해 여자를 창조하셨다. 하나님은 여자에게 남편을 사랑(아가페)하라고 명하지 않으신다. 애초에 여자를 그렇게 창조하셨기 때문이다.

여기서 더 나아가 디도서 2장 4절을 보자. 본문은 나이든 여자가 젊은 여자를 교훈하면서 남편이나 아이들을 사랑하도록 격려하라고 말한다. 그러나 이 경우에도, 바울은 아가페 사랑에 관해 이야기하지 않는다. 그는 여기서 헬라어 '필레오'(*phileo*)를 사용하는데, 사람이나 형제간의 사랑을 의미하는 말이다. 요점은, 젊은 아내도 남편과 아이를 사랑(아가페)하도록 창조되었기 때문에 그녀는 조건 없는 사랑을 절대 멈추지 않을 것이다. 하지만 일상생활에서 심신의 소모로 지친 나머지 마침내는 필레오 사랑이 고갈되는 처지에 놓인다. 어쨌거나 손을 봐야 할 물건이나 사람이 항상 눈에 띄기 때문에 지나치게 잔소리를 해대거나 한숨을 쉴 수 있다. 이들의 동기는 아가페로 가득 차 있지만, 그것을 실천하는 과정에서는 필레오가 부족하다.

모든 여자에게 이런 문제가 있는 것은 아니지만, 나는 남편과 아이들에게 부정적인 태도로 일관해온 여성들을 많이 상담해왔다. 때로는 '살인 전 증후군'(PMS, Pre-Murder syndrome)으로 알려져 있다. 자기 어머니(아내)가 이런 기분일 때 남자들은 일단 몸을 피하고 본다. 어머니의 모성애를 의심하는 사람은 없지만, 때로는 정말로 가족을 좋아하는지를 확신하지 못하는 것이다.

그런 여자일수록 자신이 사랑받고 있음을 확신하지 못하는 경우가 많다. 특히 남편에게 그러하다. 질문은 늘어만 간다. "내가 사랑하는 것처럼, 그도 나를 사랑할까?" 확신할 수가 없다. 그가 자신을 사랑하지 않는 것처럼 행동하거나 반응할 때면, 그녀는 남편을 존경하지 않는 방식으로 반응한다.

"당신은 내 공기 호스를 밟고 있어요!"

앞에서 말한 두 구절을 숙고하면서 깨달은 사실이 있다. 남편이 아내를 아가페로 사랑하도록 명령받았다면, 아내는 정말로 사랑이 필요한 존재라는 점이었다. 숨쉬기 위해 공기가 필요한 것처럼, 그녀는 사랑을 필요로 한다. 이런 그림을 상상해보라. 아내는 사랑 탱크로 연결된 공기 호스를 가지고 있다. 남편은 먹을 것을 찾아다니는 열 개의 뿔을 가진 수사슴처럼 뛰어다니다가 그녀의 공기 호스를 밟는다. 그녀에게 야구 방망이나 다른 무기가 있다면, 그 사슴을 쓰러뜨리고 이렇게 말할지도 모른다. "내 공기 호스에서 물러나! 숨을 쉴 수가 없잖아." 가장 깊은 필요가 막히면, 그녀가 부정적으로 반응하리라는 것을 쉽게 예측할 수 있다.

상담하면서 나는 남편들에게 이렇게 말한다. 아내의 영혼이 상처 입은 것처럼 보일 때는 그들이 아내의 공기 호스를 밟고 있는 건 아닌지 확인하라고 말이다. 숨 쉴 수 있는 공기가 공급되지 않는다면 그녀는 울부짖는다. "당신은 나를 사랑하지 않는 것 같아요. 어떻게 그럴 수 있는지 믿을 수 없네요."

남편은 아내를 사랑하도록 명령을 받은 반면, 아내는 남편을 존경하라는 명령을 받았다. 숨쉬기 위해 공기가 필요하듯이 남편에게는 존경이 필요하다. 그 또한 존경이라는 이름이 붙은 큰 탱크로 이어진 공기 호스를 갖고 있으며, 공기가 충분하게 공급되는 한 그는 만족스러워한다.

열 번째 결혼기념일과 생일 카드 이야기에서, 아내의 그런 행동이 충분히 이해가 갔을 것이다. 남편의 공기 호스에 작은 상처를 남겼기 때문에 호스는 새기 시작했고, 자신의 가장 깊은 필요(존경)가 채워지지 않은 남편은 거친 반응을 보였다.

에베소서 5장 33절을 연구하면서, 나는 시계판 모양의 도표에 메모했다. 12시 부근에는 '그가 사랑하지 않으면'이라고 쓰고, 3시에는 '그녀는 존경하지 않는다'라고 썼다(호흡이 곤란해질 때쯤 되면 그녀는 반응할 것이다). 그리고 6시에는 '그녀가 존경하지 않으면'이라고 쓰고, 9시에는 '그는 사랑하지 않는다'라고 썼다(비난을 듣거나 공격을 받을 때 그는 반응할 것이다).

그런 일이 꼬리에 꼬리를 물면서 '관계의 악순환'이 시작된다. 그들이 문제라고 생각했던 것이 사실은 핵심이 아님을 모르기 때문에 악순환은 계속 이어진다. 문제의 핵심은 늘 그렇듯 사랑과 존경이다. 다른 것은 지엽적인 문제다.

남자는 비난을 경멸로 듣고, 여자는 침묵을 적대감으로 느낀다

부정적인 비판을 들은 남편은, 그것을 경멸로 해석한다. 기억하라. 남자는 파란색 보청기를 끼고 있다. 아내가 핵심 메시지를 분홍색으로 보내면, 그의 공기 호스는 새기 시작하고 자기 자신에게는 이렇게 말한다. '난 이런 이야기를 하고 싶지 않아. 당신을 제외하고는 다 나를 존경한다고. 이제 그만 조용해줬으면 좋겠어.'

그것을 더 이상 받아들일 수 없을 때, 남편은 일어나서 말없이 나가 버린다. 최후의 일격이다. '난 당신을 사랑하지 않아!'라고 소리 지를지도 모른다. 그러면 아내는 어리둥절해한다. 자신은 사랑하는 마음으로 반응하려 하는데도, 남편은 지금 적대적으로 나오는 것이다. 그녀는 순간 이혼까지도 생각한다(하지만 머리를 식히고 생각해보면, 자신의 비난으로부터 이 일이 시작되었음을 인정할 수밖에 없다).

두 사람은 선한 의도를 가지고 있는데도 종종 각자의 암호를 해독하지 못한다. 남편은 점점 화가 나는 것을 막아보고자 적당한 거리를 두려고 하고 그것이 현명한 행동이라고 생각하지만, 그녀의 눈에는 남편이 자신을 사랑하는 데 실패한 것만 보인다.

어떤 여성은 이렇게 말할 것이다. "남편이 좀 더 성숙했더라면…, 터놓고 이야기를 나누는 일에 익숙한 남자였다면…, 저희는 어떻게 되었을까요?" 그들이 왜 그런 생각을 하는지 이해한다. 하지만 불행하게도, 그런 생각으로는 남자를 변화시킬 수 없다. 남자의 이런 미성숙하고 교만하게도 보이는 태도는 사실 더 깊은 곳에서 그 원인을 찾을 수 있다. 남자는 일종의 '명예 코드'(honor code)를 가지고 있다. 아내가 심하게 다그치거나 비난할 때 그는 대부분 아무 반응 없이 조용히 앉아 있는데, 이런 모습은 그녀를 더욱 화나게 한다. 1차 공격이 효과가 없으므로, 그녀는 곧 남편을 냉정하고 사려 깊지 못한 사람으로 본다. 그 동안 그는 머릿속으로 이런 생각을 한다. '믿을 수가 없군. 내가 이런 대접을 받다니. 이건 날 경멸하는 수준이야. 그런데 아내는 단지 내가 애정이 없다는 것만 얘기하는군.'

그녀의 목소리가 커지면, 그는 더 침묵한다. 그녀는 곧 남편이 일생 들어본 적이 없던 독기어린 말을 내뱉으며 소리를 지를지도 모른다. 일반적으로 여자는 말로 싸우는 것에 익숙하다. 말싸움에는 일가견이 있으므로 남편들은 이런 맹공격에서 자주 무능함을 느낀다. 관계의 악순환은 이런 식으로 돌고 돈다.

실제로는 서로에게 선한 의도를 갖고 있는 두 사람에게도 이런 일이 생긴다. 사실 악순환을 겪는 대부분 남편과 아내를 보면 기본적으로 선한 의도를 가지고 있다. 하지만 그들은 이것을 어떻게 표현해야 할지 모른다. 그래서 이런 '정신 나간 주기'는 점차 순환하고, 그들 중 다수는 별거하거나 이혼한다. 내 사무실에 와서도 싸우는 부부가 있는데, 나는 그럴 때 이렇게 이야기한다.

"이거 하나 물어볼게요. 아내분은 선생과 이웃에게 기본적으로 선한 의도를 갖고 있지 않나요? 아내에게 아이들을 맡기면 든든하지 않습니까?"

"물론이죠."

"부인, 남편은 부인과 이웃에게 선한 의도가 있지요? 부인 역시 아이들을 남편에게 맡길 수 있지요?"

"네, 물론이죠."

"그렇다면 두 분은 대체 지금 여기서 뭐 하시는 건가요? 어떻게 선한 의도를 가진 두 사람이 서로를 이렇게 대할 수 있죠?"

"그야말로 저희가 박사님께 묻고 싶은 질문이네요. 우리는 이렇게 싸우고 또 싸워요. 우리가 대체 왜 그러는지 모를 때가 많죠."

그럴 때면, 나는 서로의 메시지를 어떻게 해독해야 하는지를 알려준다. 아내가 불평하고 비난하고 울 때면, 그녀는 "난 당신의 사랑을 원해요!"라는 메시지를 암호화해서 보내는 것이다. 남편이 거칠게 말하거나 때로는 침묵으로 일관한다면, 그는 "난 당신의 존경을 원해요!"라는 메시지를 암호화해서 보내는 중이다.

많은 여성은 존경받기 원하는 남편이 자신을 사랑하지 않는 것처럼 보일 때 공격을 해댄다. 그리고 아내는 남편이 그렇게 존경을 바라기 전에 스스로 존경받을 만하게 행동해야 한다고 말한다. 하지만 그녀가 경멸적인 태도로 그에게 계속 상처를 입힌다면, 그는 더더욱 아무 일도 하지 않으려 할 것이다. 우리는 이 모든 것이 어떻게 나타나는지, 이 문제를 어떻게 다루어야 하는지 다음 장에서 보다 구체적으로 살펴보고자 한다.

3

왜 그녀는 존경하지 않고,
왜 그는 사랑하지 않는가?

배우자가 보내는 메시지의 암호를 해독하는 일은 하루아침이나 한두 달, 심지어 1~2년 노력한다고 터득할 수 있는 것이 아니다. 아내를 진심으로 사랑하고 싶어서 상담을 받으러 왔던 한 남자의 말을 들어보자.

> 박사님의 제안과 지지에 감사드립니다. 하지만 저는 이상과 현실 사이에 존재하는 간극에서 여전히 갈피를 못 잡고 있습니다. 노력하면 희망이 생기긴 하겠지만, 사실상 기대감은 아주 낮습니다. '사랑하는' 행동에 따른 효과가 얼마나 빠르고 긍정적인가를 보았을 때는 무척이나 기뻤습니다. 마음으로 미리 준비하자, 아내한테 대꾸하려는 충동도 어렵지 않게 참아낼 수 있게 되었고요. 미안한 기분이 드는 동안에는 마음이 부드러워져서 제게 쏟아지는 맹공도 받아들일 수 있게 되더군요.
>
> 하지만 제가 일상으로 돌아가면 어려움이 다시 시작됩니다. 긴장을 늦추고 이야기하기 시작하면, 저변에 깔린 문제가 슬슬 올라와 예민해

집니다. 지난주에 그런 일이 있었지요. 어떤 문제가 빠른 속도로 악화하기 시작했는데, 이전에 풀렸다고 생각했던 것이 여전히 냉혹하게 남아 있는 것을 보고 놀랐습니다.

저는 아내에게 이런 마음을 품는 게 싫습니다. 하지만 아내가 이렇게 이야기하는 것을 듣고 있자면 고통스럽습니다. "당신은 왜 제 영혼을 망가뜨리려 하나요?" 내가 자기를 사랑하지 않는다거나 변화되기 힘들 것이라든지, 또는 나 같은 남자를 만난 것은 실수였다는 식의 말을 들으면 절망에 빠져 폭발 일보 직전이 됩니다.

가야 할 길은 아직도 멀게만 느껴지고 성과는 보이지 않습니다. 화를 내고 상대방을 탓하며 왜곡된 감정의 풍랑이 이는 와중에도, 내용보다는 의사소통 방식이 문제를 일으킨다는 박사님 말씀이 떠오르네요. 그러면서 효과적으로 대화를 이끌어가지 못하는 제 무능함에 실망합니다. 일이 건잡을 수 없이 엉망이 되어가는데도 제 감정에 눈이 멀어 이 지경이 되도록 내버려 둔 것은 아닌가 하는 수치심을 느낍니다. 이렇게 노력하고 인내하더라도 부부 관계를 더 이상 끌어올리지 못할 거라는 자각, 그리고 아주 미묘한 마음의 동요가 일어난다면 이 모든 것이 또다시 무너질지 모른다는 생각을 하면 기가 죽고 맙니다.

다수의 남자는 편지 속의 이 사람처럼 씨름하고 있다. 그들 아내는 사랑을 구하며 울부짖지만, 남편을 경멸하면서 모든 것이 헛수고가 된다. "당신은 내가 생각했던 그런 남자가 아니에요"와 같은 말을 그렇게 쉽게 내뱉고도 남편이 여전히 자신을 사랑하고 우호적으로 대하기를 바란단 말인가? 동시에 남자들은 도대체 어떻게 행동하기에 그런 궁지 속으로 빠지는 것일까?

조건 없는 존경은 정말 모순인가

아내 편에서는 조건 없는 사랑이라는 개념을 별문제 없이 받아들인다. 원래 그렇게 태어났다. 하지만 남편에게 조건 없는 존경을 보이라고 하면 무척 불쾌해한다. 베드로전서 3장 1~2절을 보자. 베드로는 말씀에 불순종하는 남편들도(그렇다. 존경받을 만한 이들이 아니다) 말이 아닌 아내의 행동을 보면서 구원을 얻을 수도 있다고 말한다. 즉, 아내는 남편에게 존경하는 표정과 말투를 보이라는 것이다. 자신이 원하는 스타일의 남자가 아닐지라도, 사랑으로 대하지 않는 그런 반응을 더 이상 참을 수 없더라도, 아내는 말투와 표정을 통해 남편에게 무조건 존경을 보여야 한다. 경멸을 받아 마땅한 사람일 수도 있지만, 그런 식으로는 남편의 마음을 얻을 수가 없다.

> 성경은
> 조건 없는 존경을 가르친다.
> "뭇 사람을 공경하며…
> 관용하는 자들에게만 아니라
> 또한 까다로운 자들에게도 그리하라"
> (벧전 2:17~18).

이런 제안에 어떤 이들은 완전히 속이 뒤집어진다. 이런 말을 숱하게 들었다. "남편이 절 사랑하지 않는데, 어떻게 제가 존경할 수 있죠?" "존경받을 만한 구석이 있어야 그렇게 하죠. 그는 저에게 상처만 줬어요." "남편을 사랑하긴 해요. 하지만 실망스럽고 화가 난 적이 많아서 도무지 그를 존경하고 싶지는 않네요." "중요한 것은 사랑이에요. 제가 사랑받고자 하는 것처럼 남편이 저를 사랑한다면, 그렇게 하지 말라고 해도 존경하겠지요." "그래요. 그렇게 해야겠죠. 하지만 진짜 문제는 그 사람에게 있어요. 남편이 달라져야 한다고요."

그러면서 '조건 없는 존경'이라는 두 단어가 같은 문맥 속에 함께 있는 것을 지금껏 본 적이 없다고 목소리를 높인다. 그들에게 이것은 모순이었다.

하지만 어떤 전문 상담가는 내 말대로 실천해본 후에 사랑과 존경의 힘을 전적으로 믿는 사람이 되었다. 그는 이렇게 썼다.

> 어제, 저는 거의 끝나가는 결혼생활을 살리길 원하는 두 명의 여성 내담자와 이야기를 나누었습니다. 그들에게 남편을 사랑하느냐고 물었습니다. 주저 없이 "네"라고 대답했죠. 그런 다음 저는 남편을 존경하느냐고 물었습니다. 여기에 답하는 데 엄청 망설이더군요. 그들은 마치 수리가 필요한 낡은 자동차라도 된 양 침을 튀기면서 말했습니다. 한 명은 자신이 꽤 독서를 많이 하는 사람이지만, 그런 말은 이전에 들어본 적이 없다고 했죠. 그녀는 어떻게 남편을 무조건 존경할 수 있는지를 저에게 물었습니다. 저는 남편이 아내를 무조건 사랑하리라 기대하는 것과 같은 방식이라고 얘기했습니다. 그것은 하나님의 도우심으로만 가능하다고요. 두 여자는 미소를 지었습니다.

조건 없는 사랑에 관해서는 두 사람이 아무 문제 없이 받아들였다. 여자에게 그것은 결코 모순이 아니다. 심지어 남편으로부터 사랑을 받지 못한다면 그것을 당당히 요구도 할 것이다. 여자는 자기감정을 구분하고 억누르는 경향이 있는 남자보다는 표현이나 반응에 더 적극적이다. 남자는 난처한 상황을 만나면 입을 다무는 반면 여자는 자신이 어떻게 느끼고 있는지를 드러내는 경향이 있다. 남자는 자신이 존경받고 있지 못한 현실 앞에서 어떻게 대처해야 하는지 모르고, 자신의 감정을 목소리에 담아 표현하는 일에 서툴다. 이런 식으로 생각한다. '음, 아내가 그렇게 느낀다는데, 내가 뭘 할 수 있겠어? 억지로 존경을 얻어내야만 한다면 그냥 포기하는 게 속 편하지.'

남편을 존경하기에 앞서 먼저 그럴 만한 사람이 되라고 한다면 그녀는 뭘 해도 도움이 안 되는 상황(lose-lose)에 남편을 두는 것이다. 즉,

남편은 지금 관계 속에서 사랑과 존경 모두에 관해 책임을 져야 한다. 그는 아내를 무조건 사랑해야만 하고 또한 아내의 존경을 얻어낼 정도가 돼야만 한다. 자, 이런 상황에서 그가 입을 다물어버리는 것은 그다지 놀라운 일은 아니다.

하나님은 남자를 그렇게 만드셨다

남편을 존경한다는 것은 많은 아내에게 생소한 개념이다. 그들의 그런 태도에는 확실한 이유가 있다. 한 아내는 이렇게 말했다. "저희는 너무나 다르게 생각해요. 저는 그가 존경에 관심을 두고 있다는 것조차, 또는 그것이 부족하다고 생각한다는 것조차 이해가 되질 않아요."

여자가 간극을 느끼는 또 다른 분명한 이유는 남편이 무뚝뚝하고 사랑 없이 행동하기 때문이다. 자기 남편 얼굴에 아내가 상처를 입히는 데에는 그럴 만한 이유가 있다는 것을 나도 잘 안다. 거의 25년이 넘게 그런 이야기를 들어왔다. 그렇지만 이것이 전부는 아니다. 문화적 차이에 의한 사고방식 또한 그 이유다. 과거 40여 년 동안, 미국 교회는 조건 없는 사랑을 설교해왔다. 나 또한 우리 교회에서 수년간 그것을 설교해왔다.

조건 없는 존경이 얼마나 중요한 것인지 갈피를 잡지 못해, 나는 남성 상담자로서 여러 해 동안 계속 좌절을 겪어야 했다. 많은 여성은 나에게 물었다. 왜 남편은 아내가 원하는 만큼 사랑해주지 않는 건가? 그들이 방법을 몰라서 그런 것은 아니다. 연애 시절을 떠올려보라. 그들은 많은 사랑을 보여주었다. 하지만 지금은 사랑하려는 마음이 별로 없어 보이는 남자가 되었다. 결혼생활에 그다지 열정적이지 않아 보이며, 중요한 게 빠진 것 같은 느낌이다.

나는 진리의 절반만 가르쳤다는 것을 깨달았다. 그러므로 에베소서 5장 25절과 28절에 나온 바울의 충고는 정당하다. "남편들아 아내 사랑하기를 그리스도께서 교회를 사랑하시고 그 교회를 위하여 자신을 주심같이 하라. … 자기 아내를 사랑하는 자는 자기를 사랑하는 것이라." 남편에게 조건 없는 사랑을 강조한다고 해서 동기부여가 되는 것은 아니다. 그들은 대부분 자신의 아내만큼도 사랑하지 못한다. 놓치고 있던 것은 문맥상에 있던 짧은 구절이었다. "아내도 자기 남편을 존경하라"(엡 5:33).[1]

내가 전하던 메시지에 '존경'을 포함해 전체 그림을 완성한 후 반응이 궁금했다. 한번은 "자기 남편을 존경하라"라는 주제로 여성 2백여 명이 모인 곳에서 두 번 이야기했다. 세 번째 강의를 준비하던 차에, 그 모임의 대표는 내게 강연 중단을 요청해왔다. 대신에 "남편을 어떻게 사랑할 수 있는가"에 관한 주제로 강연이 가능한 여성 동료를 소개해달라고 했다. 그 말을 들은 한 동료는 나에게 이런 말을 했다. "그것이 바로 박사님의 강의 주제잖아요! '남편을 어떻게 사랑할 것인가?' 딱 이것을 말했는데." 왜 그것을 이해하지 못했는지 믿을 수 없어 했다. 남편을 충분히 사랑하는 방법은 남편에게 의미 있는 방법으로 그들을 존경하는 것인데 말이다.

그렇게 강의에서 '짤린' 충격에서 벗어난 후에 나는, 가는 모든 곳마다 조건 없는 존경과 관련된 메시지를 전했다. 많은 여성이 이 메시지를 들었고, 그중 한 명은 이렇게 보고했다.

> 경건한 아내가 되는 법에 관한 여러 연구를 주도하고 관련 자료들을 섭렵하면서 알게 된 수많은 방법을 적용해왔습니다. 그렇지만 우리 관계에서 여전히 무언가가 빠져 있음을 알았죠. 저는 왜 남편이 여전히 저를 화나게 하는지, 왜 제가 진심으로 갈망하는 사랑과 애정을 주고받을 수 없는지를 이해할 수 없었죠. 하지만 이제는 제가 무엇을 이야기하는

지도 모른 채 그를 경멸하고 있었음을 알았습니다. 그 후에 저는 남편을 존경하려고 노력했고, 그 결과는 놀라웠습니다. 남편은 확실히 달콤하게 말하는 사람은 아니지요. 세상을 쏘다니는 사냥꾼처럼 주로 야외에서 시간을 보내는 사람입니다. 어쨌든 이렇게 말하는 것이 어리석어 보였지만, 저는 용기를 내 말했죠. "여보, 지난밤에는 밤에 잠이 오질 않아서, 내가 당신의 어떤 부분을 존경하는지를 생각하면서 밤을 보냈어요." 그는 곧바로 반응을 보이진 않았지만, 저는 분위기가 부드러워진 것을 느꼈죠.

이틀 후, 친구들 몇몇과 함께 온종일 오리 사냥을 하고 돌아와서 그는 저에게 말했지요. "오늘 당신이 보고 싶었소. '당신과 함께 갔더라면…' 하고 생각했어요. 온종일 '당신처럼 달콤한 소녀가 어디 있을까' 하는 생각이 들었다오." 저는 거의 박장대소를 했죠. 남편이 절 "달콤한 소녀"라고 부르다니! 전 할머니인데 말이죠. 하지만 사랑받는다는 건 너무나 행복한 일이에요. 그런 일을 겪고 보니 지금껏 의도하지 않았지만, 남편과 경멸이 가득한 대화를 주고받은 적이 많았음을 알았습니다.

이렇듯 존경은 남자의 영혼에 어떤 일을 행한다. 하나님은 그를 그렇게 만드셨다.

남자만 존경을 원하는가

나는 때때로 이런 질문을 받는다. "여자는 사랑이 필요하고 남자는 존경이 필요하다고 박사님은 말했지요. 사실은 그 반대이지 않나요? 여자는 존경을, 남자는 사랑을 필요로 하지 않나요?" 이 질문에 나는, 물론 여자도 존경이 필요하고 남자도 사랑이 필요하지만, 여기서는 일차적인 욕구를 말하는 것이라고 대답한다.

1960년대 후반으로 가보자. 페미니스트 운동[2]이 승승장구하던 시절, 아레사 프랭클린(Aretha Flanklin)은 〈R-E-S-P-E-C-T〉라는 이름이 붙은 음반을 널리 유행시켰다. 여성은 단지 집에서 '작은 존경'을 받고 싶을 뿐이라는 메시지를 보내고 있었다. 여자는 존경을 원하기에, 마땅히 그것을 가져야만 한다는 의미였다.

〈R-E-S-P-E-C-T〉는 많은 여성을 위한 주제가가 되었다. 하지만 대부분 사람은 아레사가 그 노래를 부르기 2년 전에 오티스 레딩(Otis Redding)이라는 남자가 이를 작사해 불렀다는 사실을 모른다. 오티스는 1965년 8월 15일 싱글 앨범에서 그 노래를 발표했다. 그것은 자기 아내를 향한 메시지였다. 당신도 나처럼 충격을 받았을 것이다. 물론 아레사는 여성 관점에서 그 노래를 불렀던 것이 맞다. 여자는 존경을 필요로 하며, 제대로 사랑하는 남자라면 당연히 그녀를 존경할 것이다. 하지만 원래 오티스가 부른 노래는, 자신에게는 존경이 필요하고 그것이 '있어야만(받아야만) 한다'라고 말하는, 남자의 가장 깊은 영혼의 울부짖음을 의미하는 것이었다.

아레사 프랭클린의 노래에도 불구하고, 나는 여전히 대부분 여자는 존경보다는 사랑을 훨씬 더 원하고, 남자는 사랑보다는 존경을 훨씬 더 원한다고 믿는다. 딱 맞아 떨어지지는 않겠지만 나는 이것을 두 가지로 설명하려고 한다. 남자와 여자에게 있는 가장 깊은 소원을 다루는 사례로서는 적절하다는 생각이다.

연하장 산업의 비밀

미국에서 카드는 대부분 여자가 사고, 여자끼리 주고받는다. 연하장은 수백만 달러 규모의 사업이다. 연하장을 보면 여자의 마음과 필요가 어디에 집중되어 있는지를 알 수 있다. 요즘 카드 회사들은 사회적 이데올로기에 관심이 없다. 그들은 누군가 마음이 변화되길 바라지 않는다. 돈 버는 일 외에는 여념이 없다. 그래서 잘 팔리는 것 위주로 생산한다.

당신에게 깜짝 제안을 해보겠다. 남편이 아내에게 주는 카드 중에 "여보, 난 당신이 정말로 존경스럽소"라고 적힌 카드를 찾아보라. 아마 찾기 힘들 것이다. 그런 카드는 없다. 아내가 듣기 원하는 말이 아니기 때문이다. 여자는 사랑에 몰두해 있고, 사랑은 그녀의 모국어다. 이런 사실을 비난하는 것이 아니다. 단지 하나님이 여자를 어떻게 창조하셨는지를 말하고 싶다. 사실, 만약 사랑이 여성의 가장 깊은 가치가 아니었다면, 이 세상은 참으로 슬픈 모습이었을 것이다. 이런 모습 덕분에 남자는 환호한다.

아내가 남편에게 보내는 연하장 샘플 전체를 다 뒤져보아도 "여보, 당신을 정말 존경해요"라고 쓰인 문구를 발견하지 못한다. 왜 그럴까? 판매하지 않기 때문이다. 아내가 남편에게 보낼 카드를 살 때, 그녀는 남편에게 사랑을 표현하고 싶어 한다. 존경에 대해서는 아무 생각도 나지 않는다. 슬프게도, 남편의 가장 깊은 갈망은 채워지지 않는 것이다.

결혼한 지 1년이 되면 남자는 아내가 자신을 사랑하는 것은 알지만, 자신을 좋아하지는 않으며 심지어 한 인간으로서 존경하지 않는다는 사실을 민감하게 느낀다. 어쩌면 아내는 남편을 '변화'시키기 위해 비판과 불평을 하는 데 많은 에너지를 쓸 것인데, 이것이 그에게는 경멸로 다가온다.

당신에게 아들이 있다면, 그 아들이 자기 아내로부터 "당신을 정말로 존경해요"라는 말을 듣지 못한다는 것이 얼마나 슬픈지를 생각해보라.

존경은 남자의 가장 깊은 필요

여성은 '존경'이라는 단어를 어떻게 이해하고 사용해야 하는지를 알아야 한다. 사실상 존경은 남자의 가장 깊은 필요이기 때문이다. '사랑과 존경' 접근법을 연구하고 발전시켜 가면서, 성경에서도 존경받고 싶어 하는 남자의 필요에 관해 명백하게 가르치고 있음을 깨달았다. 내가 개인적으로 관찰한 것도 이것을 확인해준다. 하지만 이러한 개념이 통계적으로도 의미가 있을까?

일류 설문조사 기관을 통해 실시한 결과에서도 이런 사실은 잘 드러난다. 한 연구에서는 400명의 남성에게 두 가지 서로 다른 부정적인 경험 중 하나를 선택하게 했다. 둘 중에 어쩔 수 없이 하나를 선택해야만 한다면, 어떤 것을 택할까? 나도 늘 궁금했던 질문이었다.

1) 세상에 홀로 남겨져서 사랑받지 못하는 것

2) 모든 사람에게 존경받지 못하는 것

74퍼센트의 남자들은 세상에 홀로 남겨져 사랑받지 못하는 것이 오히려 낫다고 했다.[3] 그들은 모든 사람에게 존경받지 못하는 것을 더 두려워했다. 수많은 남성에게서 들은 말도 이 연구 결과를 확증했다. "저를 존경하면서도 사랑하지 않는 아내와 사는 것이 오히려 낫습니다. 저를 사랑하지만 존경하지 않는 아내보다는 말이죠."

남자가 사랑에 무관심한 것은 아니다. 그들 역시 사랑이 필요함을 알지만, 사랑보다는 존경을 더 원하는 것이다. 이에 대한 좋은 비유가 물과 음식이다. 생존을 위해서는 둘 다 필요하다. 하지만 음식이 없을 때보다는 물이 없을 때 살기가 더 어렵다. 남자에게 사랑은 음식과 같고, 존경은 물과 같다. 존경은 남자에게 동기를 심어주는 핵심 열쇠다.

중고등학교를 사관학교에서 다닌 나는, 군대식 리더십의 기본 원리에 관심이 있었다. 내 관찰에 의하면, 위대한 지도자는 사병들의 명예를 존중하면서 그들을 이끌었다. 부하들의 훈련 모습을 지켜보면서 별로 마음에 들지 않았던 어떤 해군 장군이 이렇게 말했다고 해보자. "제군들, 난 자네들이 자신을 믿는 것보다 더 자네들을 믿네. 고개를 들고 날 보게. 난 자네들이 스스로를 자랑스러워하는 것보다 더 자랑스럽게 생각하네. 오늘의 훈련 성적은 좋지 않았네. 하지만 난 자네들에게 세상의 그 어떤 전투 부대보다 더 많은 잠재력이 있음을 알고 있네. 6개월 안에 이 부대가 세상에서 최고라는 것을 알리게 될 걸세. 내가 그렇게 되도록 할 거고."

리더가 자기 사람을 존중하고 그들을 믿는다는 말을 들은 부하들은 어떻게 행동할까? 그들 역시 달라지길 바랄 것이고, 리더에게 잠재력을 보여주어 그를 만족하게 하려고 최선을 다 할 것이다. 이들은 비로소 섬기고(service) 싶어 한다. 사람들이 '군 복무'(military service)라고 부르는 이유가 여기에 있다.[4]

남편들은 "강하게 되며 대장부가 되라" (삼상 4:9).

그렇게 동기부여가 된 남자는 섬기는 것뿐만 아니라, 전투에서 기꺼이 죽을 수도 있다. 많은 남자에게는 하나님에게서 부여받은 것이 있다. 자신의 명예를 위해, 그리고 여자와 아이와 동료를 위해 싸우고 죽는 것이다. 내가 휘튼 대학교에 입학했을 때, 베트남 전쟁에서 군목으로 수행했던 짐 허친스(Jim Hutchens) 목사가 교목으로 있었다. 짐은 나에게, 베트콩에게 다친 동료를 구하기 위해 애쓴 군인 이야기를 들려주었다. 부상당한 동료를 안전한 곳으로 옮기려는 중에 베트콩은 그들을 죽이려고 했다. 그는 한 병사의 울부짖음을 오랫동안 기억했다. "난 가야만 해! 조를 도와야 해. 거기에 혼자 내버려 둘 순 없어. 그는 내 친구라고!" 역사 속 모든 전쟁에서도 그러했듯,

베트남에서 싸우던 군인들 역시 명예와 사랑의 힘이 얼마나 놀라운지를 잘 알았다. 한 남성은 이렇게 썼다.

> 저는 전쟁터 6년을 포함해 14년 동안 공군에서 복무했습니다. 세미나에서 박사님은 남자라면 모름지기 자기 가족과 국가를 위해 기꺼이 죽을 수 있다고 하신 적이 있죠. 저희 부부는 그 말을 인상 깊게 들었습니다(아내는 군 복무를 전쟁이나 죽음과 동일시해서 생각했지만, 제게는 명예와 의무였거든요). 저는 국가를 위해 헌신했을 뿐만 아니라 제게 명령을 내리는 사람을 위해서도 그렇게 했습니다. 군인이나 소방관, 경찰관으로 일해 봤던 남자라면 그렇게 다져진 결속과 충성심을 잘 이해할 겁니다.

그는 남자라면 대부분 동의할 수밖에 없는 진실을 진술하려 했다. 평범한 일상을 살아가는 남성들도 그런 명예와 충성심을 경험하는지 알아보고자 나는 많은 사람을 만났다. 불행하게도 우리 문화권에서는 이런 말이 들려온다. "남자에게는 존경심을 보이지 마라. 그런 대접을 받을 만한 자격이 없다. 여자가 그렇게 하면 상대방을 복종시키려고 하고 학대할지도 모른다."

실제로 그런 남자도 있겠지만 대다수에게는 잘못된 말이다. 기본적인 선의가 있는 남자라면 자기 아내를 섬기려고 할 것이며, 심지어는 그녀를 위해 죽을 준비도 되어 있다. 하지만 남편을 위해 죽을 수 있는 아내는 거의 없다.

물론 이런 점을 다소 강력히 파고드는 아내도 있다. 예를 들면 이런 식이다. "오, 해리. 당신은 날 위해 죽을 수도 있다고 계속 말하지만, 평소 하는 거 보면 절대 그러지 않을 것 같은데요!" 물론 이것은 우스갯소리지만, 남자가 이렇게 무시와 경멸을 계속 당한다면 더 이상 우습게 들리지 않는다. 한 여자는 나에게 이렇게 고백했다.

인생의 많은 시간, 성경을 공부하며 신실하게 지내왔음에도 불구하고, 결혼생활만큼은 어떻게 할 수가 없었어요. 거의 포기할 지경에 이르렀지요. 그러다가 박사님의 메시지를 듣게 되었습니다. "여기, 아내를 사랑하기 때문에 그녀를 위해 죽을 준비가 되어 있는 한 남자가 있는데도 계속 아내의 불평('당신은 날 사랑하지 않아요!')이나 듣는다면 이 얼마나 슬픈 일인가!" 이 진실은 제 영혼을 말 그대로 강타했어요. 제가 지금껏 끔찍하게 잘못했다는 것과 용서를 구할 수조차 없다는 것, 그리고 치유를 위해서는 오랜 시간이 걸린다는 것도 압니다. 이제 다시는 그렇게 하지 않을 것입니다.

이 부인은 진실을 깨달았다.

남편은 아내를 동등한 자격을 가진 자로서 귀히 여긴다

바울은 남자들에게 자신의 아내를 사랑(아가페)하라고 분명하게 명령한다(엡 5:22~23). 하지만 성경에서 남자에게 아내를 존경하라고 가르치는 부분을 본 적이 있는가? 아내에게는 남편을 존경하는 행동을 보이라고 한 후에(벧전 3:1~2), 남편에게는 아내와 상호 일치된 삶을 살라고 권면하면서 "또 생명의 은혜를 함께 이어받을 자로 알아 귀히 여기라"(벧전 3:7)라고 한다. 동료 상속자인 아내를 귀하게 여기라고 했을 때, 베드로는 하나님의 은혜 안에서 동등한 자격을 가진 자로서 가치를 두고 소중히 여기라고 한 것이다. 바울도 이와 유사한 말을 한다. 그리스도 안에서 "너희는 유대인이나 헬라인이나 종이나 자유인이나 남자나 여자나 다 그리스도 예수 안에서 하나이니라"(갈 3:28).

이런 개념은 에베소서 5장에서도 발견할 수 있다. 바울은, 남편이 자기 자신을 사랑하는 것처럼 아내를 사랑해야 한다고 이야기한다.

"누구든지 언제나 자기 육체를 미워하지 않고 오직 양육하여 보호하기를 그리스도께서 교회에게 함과 같이하나니"(엡 5:29). 아내는 자신이 소중히 여겨지길 원하지만, 그렇다고 여왕처럼 떠받들어지는 것을 바라지는 않는다. 남편에게 가장 중요한 존재가 되길 갈망한다.

에베소서 5장 33절을 보면, 남편은 우두머리로서 존경받고 싶은 마음이 있다. 그 대가로 죽음을 요구받을 수도 있다. "이는 남편이 아내의 머리 됨이 그리스도께서 교회의 머리 됨과 같음이니 … 남편들아 아내 사랑하기를 그리스도께서 교회를 사랑하시고 그 교회를 위하여 자신을 주심같이 하라"(엡 5:23, 25). 왕자는 공주를 위해 전쟁터로 가지만, 공주는 그럴 수 없다. 공주는 '머리' 대접을 받으려는 것이 아니다. 그녀는 소중한 사람으로 취급받고, 베드로가 말한 것처럼 생명의 은혜를 유업으로 함께 받을 자로서 인정되길 원한다.

일반적으로 모든 문화권에서 남자가 여자보다 더 크고 강한 것은 우연이 아니다. 이것은 원래 남자를 그렇게 지으셨기 때문이다. 느헤미야가 성벽을 재건하고 적과 싸우기 위해 일꾼들을 이끌었을 때, 그는 모인 이들에게 "너희 형제와 자녀와 아내와 집을 위하여 싸우라"(느 4:14)라고 역설했다. 자기 역할을 다했을 때 아내가 자신을 우러러보기를 바라는 마음이 남자에게는 있다. 그리고 아내가 그렇게 할 때 남편에게는 동기부여가 된다. 하나님이 그렇게 만드셨다.

많은 남편은 '부부는 동등하지만, 순서로는 남편이 먼저'라고 생각한다. 선한 의도와 판단력을 가진 남자라면 이것이 권리가 아니라 의무라는 사실을 안다. 반면, 아내는 자신이 '더 소중한 존재'로 여겨지길 바라는 마음이 있다. 그녀가 자기중심적이라서 그런 것이 아니다. 하나님이 그렇게 만드셨다.

> 함부로 말하는 것은 칼로 찌르는 것과 같다(잠 12:18 참고). 결혼생활에서는 특히 그렇다.

남자가 자기 아내를 더 소중한 존재로 여길 때, 그리고 그녀가 남편을 대하면서 동등하지만, 우선적인 존재로 존경할 때, 결혼생활은 잘 유지된다. 아내가 자신을 존경하지 않고 비난한다고 느껴질 때, 남편은 그녀에게 상처를 준다. 아내가 위세 부리는 여왕처럼 군다고 느낄 때, 남편은 그녀의 진짜 마음을 간파해낼 수 없다. 한편, 남편이 자신을 보호하는 것이 아니라 비난한다고 느낄 때, 그녀는 그에게 상처를 준다. 남편이 동등한 존재 이상이 되려 한다고 느낄 때, 그녀는 그의 진짜 마음을 간파하지 못한다.

남편이 존경을 '얻어내야만' 하는 것은 아니다

이쯤에서 남편에게 주의사항을 말하고 싶다. 성경은 아내가 남편을 무조건 존경하는 것이 행복한 결혼생활을 위한 중요 조건임을 가르친다. 현명한 남편은 이것을 무기로 사용하지 않고, 대신 겸손해진다. 아내가 자기 행동을 돌아보도록 돕는다. 그들은 기적을 경험한다.

대개 이러한 변화는 아내가 남편을 무조건 존경하기 위해 노력하면서 시작된다. 남편을 존경한다는 개념이 아내에게 익숙해지면, 남편은 기뻐하고 아내도 진실한 마음으로 남편을 존경할 것이다. 그렇게 되면, 남편도 아내를 무조건 사랑하기 시작한다. 양쪽 다 패하는 상황에서(lose-lose) 모두가 승리하는(win-win) 상황으로 달라진다.

다음 편지는 이전보다 더 많이 행복해진 두 남자에게서 온 것이다. 12년의 결혼생활 동안 수많은 결혼 세미나에 참가했던 한 남자는 이렇게 썼다.

> 대부분의 결혼 세미나에서는 남편에게 자기 아내를 헌신적이고 무조건 사랑하라고 강조할 뿐 자기 남편을 존경하면 어떤 놀라운 일이 일어나는지 아내를 격려하는 것은 깊이 탐구하지 않습니다. 박사님은 남자들

만의 필요를 깊이 이해했고, 결혼생활에서 의사소통함에 있어 이런 필요가 충족되는 것이 얼마나 중요한지를 알고 있었습니다. 우리 부부는 그간 저희가 왜 '논쟁'을 했는지, 왜 그런 방식으로 느꼈는지에 관해 설명을 들었죠. 제 결혼생활에서 이보다 더 힘을 북돋워 주는, 이보다 더 흥미로운 결혼 세미나는 아직 만나지 못했습니다.

나의 결혼 세미나에 참가했던 또 다른 남편은 이렇게 말했다.

지난 17년간 이상 여러 종류의 결혼 세미나를 들어보았는데 근본까지 흔들어놓는 내용은 거의 듣질 못했습니다. 이 세미나에 참여하면서도 남자를 향해서 아내를 더 사랑해야 한다는 정도의 메시지를 전할 거라 생각했죠. 하지만 저는 이 세미나에서, 결혼이라는 배경 속에서 남자와 여자를 위한 하나님의 계획과 디자인이 얼마나 깊은지를 깨닫고 돌아왔습니다. 두 사람의 차이점을 결핍으로 보지 않고 하나님이 어떠한 독특성을 가지고 저희를 묶어 놓으셨는지 이해하고 찬양하기 시작했습니다. 제게 있던 부족함을 뉘우치면서도, 감동했습니다. 또한, 남편으로서 제 역할을 어떻게 새롭게 할 수 있을지를 깊이 이해한 후에 새 힘을 얻고 돌아왔습니다.

아내가 남편에게 사랑을 '얻어내야만' 하는 것이 아니듯 남편 또한 존경을 '얻어내야만' 하는 것은 아니다. 그러나 여전히 많은 여성은 '무조건 존경'이라는 말에 반기를 들고 있다. 성경적 순종에 관한 잘못된 해석에 오랫동안 공격당해왔기에, 그 개념을 의심스러워하면서 심지어는 적대심을 갖는다. "무조건 남자를 존경하면 그들에게 우리를 억압할 힘을 더 많이 주게 될 뿐이에요." "그건 효과적이지 못해요." "그건 남자들 세계에서나 통하는 일이죠."

왜 이렇게 염려하는지를 나도 이해한다. 하지만 아내에게 선한 의도를 가진 대부분 남편은 그런 상황에서 아내를 지배하려는 기회를 찾으려 들지 않는다. 실제로 그렇다. 많은 남편에게는 관계의 악순환이 끊임없이 일어나면 어쩌나 하는 두려움이 있다. 다음 장에서 볼 텐데, 아내에게는 결혼생활을 변화시킬 수 있는 엄청난 힘이 있다.

4

남자들이 가장 두려워하는 것

2장에서 나는 많은 남편이 비난을 경멸로 해석하며, 남자는 그런 상황을 잘 통제할 수 없다고 말한 바 있다. 아내는 자기 남편을 보면서 웬만한 일에는 눈 하나 끄덕하지 않을 사람으로 볼지 모르지만 실제로는 많이 두려워하고 아내의 사소한 말 한 마디에 흔들릴 수도 있다는 사실을 알아야 한다.

여자들은 이런 말에 당황한다. "키는 180센티미터에 덩치는 산만한 사람인데 그럴 리가요. 더군다나 '당신이 정말 싫어!'라고 소리 지를 때, 그건 진짜 제 마음이 아니라니까요. 당연히 그런 이야기를 들어도 아무렇지 않을 줄 알았죠." 하지만 많은 남자가 그런 말을 감당하지 못한다. 신체적으로, 정서적으로 평소 얼마나 강한지에 상관없이, 그들은 아내가 경멸하는 말을 들으면 약해진다.

경멸에 대한 남자들의 공포는 에스더 1장에서 극적으로 나타난다. 그들은 아내가 남편을 경멸하고 화를 내는 일이 걷잡을 수 없이 되풀이될 것을 우려했다(에 1:18 참고). 여자가 사랑받지 못하는 것을 두려워하듯이, 남자는 존경받지 못하는(경멸당하는) 것을 두려워한다. 남편은 아내가 자기를 명예롭게 여기고 존경하는 것을 간절히 원한다.

존경받지 못한다고 느낄 때 남자는 침묵한다

'디시전 애널리스트'(Decision Analyst)에서 남녀 관계에 관한 대규모 조사를 하는 과정에서, 큰 표본 집단의 남성에게 질문을 던질 기회가 내게 주어졌다. 그때 준비했던 질문은 이랬다.

> 최상의 관계에서도 때로는 일상적인 문제로 인해 갈등이 생긴다. 아내나 연인과 갈등 중이라면, 나는 이렇게 느낄 것이다.
>
> 1) 내 아내/연인은 지금 나를 존경하지 않는다.
>
> 2) 내 아내/여인은 지금 나를 사랑하지 않는다.

81.5퍼센트가 1번을 택했다는 사실은 그다지 놀랍지 않다.[1] 이로 인해 내가 여러 해 동안 정리해왔던 사실이 더욱 분명해졌다. 남자는 갈등 중에 있을 때 사랑받기보다는 존경받고 싶어 한다. 이것은 그들에게 사랑이 필요 없다는 의미가 아니다. 앞서 언급했듯, 남편은 아내가 자신을 사랑하는 것을 마음속으로는 알고 있다. 하지만 아내가 자신을 존경하는지는 확신하지 못한다. 대다수가 1번을 택하는 이유가 여기 있을 것이다.

그 이유가 무엇이든 간에, 남자는 결혼생활에서 갈등을 만나면 사랑보다는 존경에 더 높은 우선순위를 두는 것이 분명하다. 아내에게 이런 부분은 상상하기 어렵다. 그녀는 여전히 사랑 주파수에 맞추어 있기 때문이다.

내가 만나고 상담했던 거의 모든 여성은 "누군가가 절 사랑하고,

특별하게 대하고, 자기 인생에서 가장 중요한 사람으로 여기길 바라요"라고 거리낌 없이 말했다. 이런 말을 들었다 해서 병적인 자기 중심주의라고 비난할 사람은 없을 것이다. 그렇지만 한 남성이 자신은 존경받고 싶다고 이야기하면, 그는 거만한 사람으로 낙인찍힌다.

여자가 남자에게 존경과 칭찬을 보일 때, 어떤 일이 일어나는지 볼 수 있다면 정말 놀라게 될 것이다. 당신의 연애 시절을 떠올려보라. 여자 편에서는 자기가 남자를 사랑하기 때문에 남자도 거기에 반해 청혼한다고 생각했을 것이다. 사랑은 그 무엇보다 여자에게 동기가 되기 때문이다. 실제로 그녀의 사랑은 매우 크고 여기에 관해서는 의문의 여지가 없다.

아내가 남편을 업신여긴다면, 그녀 역시 사랑받지 못한다(에 1:17 참고).

하지만 사실 그녀가 남자의 마음을 얻은 것은 독특하고 친밀하게 남자를 칭찬하고 존경했기 때문이다. 이런 속담이 있다. "남자는 한 여자의 칭찬을 얻기 위해서라면 무엇이든 한다." 남자는 무릎을 꿇고 그녀에게 청혼했다. 여자에게 깊은 사랑의 감정을 느꼈다. 하지만 차츰 그녀가 자신을 존경하고 있다는 믿음이 사라지기 시작하면 문제가 커진다. 결국, 그의 삶을 움직이던 화음이 깨어진다.

한 남자로서 그리고 다른 남자와 함께했던 경험에 비추어볼 때, 남자에게는 '명예 코드'라는 게 있다. 그리고 여기에 맞춰 살아갈 수 없다면 남자는 큰 어려움에 부닥친다. 남자들끼리는 절대 금기시할 방식으로 자기 남편에게 함부로 말하는 여성도 있다. 어떻게 이렇게 공격적이고 사사건건 자신을 무시하는지 도저히 믿을 수 없을 정도다.

남편은 종종 그 논쟁을 빨리 끝내고 다른 주제로 이동하길 바라면서, 짐짓 외면한다. 그는 더 이상 말하고 싶지 않다. 아내의 어두운 안색, 부정적 감정, 공격적인 단어에 압도되고 억눌리는 기분이 들기 때문이다. 이 모든 것이 남자를 자극한다. 그래서 그는 물러난다. 그에게는 이렇게 하는 것이 명예로운 행동이다.

존 가트맨의 연구에 따르면, 아내와 갈등하는 남편의 85퍼센트는 점점 '돌담'이 된다. 긴장은 빠르게 증가한다. 입씨름을 주고받는 동안, 아내는 이것이 잠재적으로는 둘의 사랑을 키워준다고 보기 때문에 심장 박동은 그다지 증가하지 않는다. 반면 남편은 입씨름을 논쟁으로 보며, 자신이 존경을 얻는 데 실패했다고 여기기 때문에 그의 혈압과 심장 박동은 아내보다 더 빠르게 상승하고 더 오래 유지된다.

미갈이 마음속으로 다윗을 업신여겼을 때, 악순환이 시작되었다.
(삼하 6:16 참고)

그런 상황에서 자신을 가라앉히기 위해, 남편은 마치 돌담처럼 변한다. 조용히 아무 말도 하지 않거나 자리를 뜨는 것이다. 왜 그렇게 잠자코 있는지 물어보면, 남편은 "반응하지 않으려고"라고 말한다. 그는 왜 이렇게 움츠러드는 것일까?

아내는 그런 남편을 두고 사랑이 식었다고 말하지만, 사실은 그런 것이 아니다. 가트맨은 이렇게 말한다. "아내가 점점 불평하고 비난할수록, 남편은 점점 물러서고 돌담으로 변한다. 남편이 점점 물러서고 돌담이 될수록, 아내는 더 불평하고 비난한다. 아내가 호전적이고 경멸적으로 변한다면, 결혼은 심각한 위기에 처한다. 이 순환이 바뀌지 않는 한, 결혼은 십중팔구 이혼으로 끝날 것이다."[2]

여자가 갈등을 다루는 방식

수년에 걸쳐 수백 명의 부부를 상담해온 경험을 토대로 봤을 때, 남편은 곤혹스런 상황에서 일반적으로 돌담이 된다. 하지만 대개 아내는 모든 것을 꺼내놓고 문제를 해결하길 원하는 경우가 많다. 가끔 돌담이 되는 아내도 있지만, 내 경험상 소수다. 아내가 돌담이 된 경우는, 남편이 자기 마음에 귀를 기울인다는 확신이 없을 때다.

자신이 사랑받는다고 느끼지 못할 때, 대부분 아내는 행동을 개시한다. 예를 들어 결혼 1년 차인데, 남편이 연락도 없이 이틀 밤을 저녁식사에 늦으면, 아내는 스스로 이렇게 말한다. '이건 잘못된 거야. 어떻게 이렇게 무심할 수가 있지? 이건 나를 사랑하지 않는 거야!' 남편이 들어올 때, 아내는 이런 말을 하기 시작한다. "우리 얘기 좀 해요. 여기 좀 앉아 봐요!"

아내는 친한 여자 친구에게 쓰는 것과 같은 접근법을 사용한다. 여자들은 갈등이 생기면, 대개 자기감정을 둘 다 말로 표현한다. 그리고 마음속에 있는 것을 공유한다. 그렇게 하면 점차 화해의 길로 간다는 것을 본능적으로 알기 때문이다. 이 과정에서 한 사람은 이렇게 운을 뗀다. "이런, 내가 잘못했어." 그러고 나면 상대방도 "아냐, 나도 잘못했어. 날 용서해줄래?"라고 응답한다. 그러면 상대방은 "물론이지. 용서하고 말 것도 없지. 나도 정말 미안해"라고 하면서 포옹을 하고, 눈물을 흘리고, 웃는다.

하지만 불행하게도, 아내는 이런 접근 방법이 남편에게도 잘 통할 것으로 생각한다. 문제가 있어서 사랑받지 못한다고 느낄 때, 아내는 본능적으로 자기감정을 나누기 위해 남편을 향해 행동을 개시한다. 목표는 두 사람이 사과하고 껴안는 것이다. 그녀가 결혼생활을 유지하는 방식이 이렇다. '이런. 그가 내 마음을 볼 수 있다면 좋을 텐데! 왜 그는 나에게 마음을 닫아버리는 걸까?'

아내는 자신의 친한 여자 친구와 남편 사이에는 커다란 차이가 있음을 모른다. 그런 경우 아내는 친구보다 남편에게 더 비판적이다. 남편이 멋진 남자로 변화되도록 돕기 위해 자신이 받은 사명이라고 생각하기 때문이다. 비판하면 바뀐다고 착각하는 것이다.

여자들은 자신의 결혼생활이 얼마나 멋진지를 서로에게 이야기하고 싶어 한다. 따라서 남편을 변화시키려는 노력에 그가 돌담처럼 있을 때 아내의 부정성은 강화된다. 그녀는 불쾌해지고, 친구들에게 자신의 '행복한' 결혼에 관해 이야기할 수가 없다. 점점 더 부정적이 되면 그녀는 더욱 호전적이고 비판적으로 변해서, 결국 남편은 완전히 마음을 닫을 것이다.

잠언 21장 19절은 말한다. "다투며 성내는 여인과 함께 사는 것보다 광야에서 사는 것이 나으니라." 아내가 '다투며 성내는' 것은 남편이 아내를 오해했기 때문이다. 그는 아내가 "난 당신의 사랑이 필요해요!"라고 울부짖는 메시지의 암호를 해독하지 못했다. 대신 "난 당신을 존경하지 않아요(경멸해요)!"라고 듣는다. 원래는 상냥하고 부드럽고 신실한 아내는, 남편에게서 오해를 받는다.

아내의 비판은 악순환의 시작

아내가 자신을 더 이상 존경하지 않고 경멸한다는 느낌이 들기 시작할 때 부부 사이에는 관계의 악순환이 시작된다. 집에서 잔소리할 때도 마찬가지다. '잔소리'(scold)는 종종 엄마가 아이를 야단치는 모습을 연상시킨다. 사전적 의미로는, 대개 분노에 차서 공공연하고 거칠게 비판을 하거나 질책을 가하는 것을 말한다. 남편이 아내에게 반복적으로 질책과 잔소리를 듣는다면, 그는 짜증이 날 뿐만 아니라 아내에게 경멸당하고 있다는 느낌을 받는다. 하지만 이런 사실을 알지 못하는 아내가 많다. 어머니로서 '교정'하는 일은 자연스러운 모성 본능이다. 하지만 불행하게도 남편도 그렇게 대하는 경우가 있다. 어떤 여성은 그 사실을 인정했다.

세미나에서, 아내를 어떻게 사랑해야 하는지 박사님이 말하는 것을 들으면서는 아무 문제가 없었어요. 모두 동의할 수 있었죠. 그러고서 남편을 존경하는 일과 그것이 얼마나 부족한지에 관한 이야기를 시작하자, 저는 솔직히 당황했습니다. 남편이 무시당한다고 느낀다는 것에 관해서는 전혀 생각을 못했거든요. 저는 엄마로서 아이들이 잘못된 길로 가지 않고 바르게 살아가도록 언제나 애를 써왔죠. 하지만 남편에게도 그런 식으로 하고 있었다는 것은 미처 깨닫지 못했어요. 제 행동이 남편에게 어떤 느낌이었을지 생각만 해도 아찔해요.

남편을 부끄럽게 하는 아내는 남편의 뼈를 썩게 하는 것과 같다 (잠 12:4, 우리말).

아내는 단지 잘못을 바로잡아주어 사태가 안정되길 바랐을 뿐이다. 남편에게 이런 도움은 꼭 필요하다. 하지만 아이들에게 잔소리하듯 아내가 자신을 대하는 것 같다고 남편이 느낀다면 문제는 달라진다. 그때부터 그에게는 아내의 마음은 보이지 않고 오직 아내가 자신을 무시하는 모습만 보일 뿐이다. 잠언 말씀을 빌린다면, 그는 이런 짜증 나게 하는 여자와 사느니 차라리 사막에서 살려고 할 것이다. 그래서 남편은 돌담이 되어 아내를 피하기 시작한다(배우자를 비난하거나 돌담이 되는 것을 피하는 방법에 관해서는 부록 A를 보라).

사업하는 남성들에게 이렇게 물어보았다. "동료가 당신을 사랑하길 원합니까, 아니면 존경했으면 합니까?" 그들은 모두 웃으면서 말한다. "그들이 절 사랑하든 말든 별로 상관이 없습니다. 하지만 존경은 정말로 원하죠!" 남자는 존경 눈금을 통해 세상을 해석한다. 아내의 부드러운 말소리와 표정은 그녀가 상상하는 것 이상으로 결혼생활에서 중요한 역할을 한다.

사라는 어떤 여성과 함께, 말로 품어내는 독을 통제하는 문제에 관해 이야기했다. 그 아내는 남편을 경멸하는 모습을 보였고, 그녀 역시 이것이 현명하지 않다는 것을 잘 알았다. 남편은 확실히 그녀를 화나게 하는 일을 했다. 아내가 보기엔 모든 문제는 남편에게 있었다. 그는 부엌을 깨끗이 치우지도 않았고, 식기 세척기에 그릇을 똑바로 놓지도 않았으며 그녀가 원하는 방식대로 꺼내지도 않았다. 그래서 불쾌한 마음으로 톡톡 쏘아댔다. 사라가 이야기하는 것을 들으려고는 했지만, 이내 자기 분노와 상처에 압도당했다.

그래서 사라는 이 여성에게, 남편을 향한 경멸로 가득 차 있던 많은 여성에게 던졌던 바로 그 질문을 했다. "아들이 자라서 당신 같은 여성과 결혼한다면 어떨까요?" 그녀의 입은 떡 벌어졌다. 충격을 받았다. 처음으로 깨달은 것이다. 자기가 남편에게 했던 방식대로 누군가가 아들을 대한다면 도저히 두고 볼 수 없을 것 같았다. 아들을 이러한 경멸과 분노의 감정으로 대한다면, 그 영혼은 깨어지고 패배감에 무너지게 될 것이 자명했다. 그러자 그녀는 상황을 완전히 새롭게 보게 되었다. 전보다 더 분명하게 자신을 볼 수 있었고 변화를 다짐했다.

우리 세미나에 오는 많은 여성은 이런 식의 반응을 보인다. 그들의 감정은 뒤죽박죽이 된다. 남편을 사랑하기는 하지만, 존경하지는 않는다. 우리는 계속하여 이 질문을 자신에게 던져보게 한다. "지금 내 행동은(말은) 남편에게 경멸로 여겨질까, 존경으로 여겨질까?" 이 질문을 먼저 해보면 자기 마음을 잘못 전달하는 일이 현저히 줄어들 것이다.

이러한 개념은 많은 여성에게 새로운 정보를 준다. 성경이 남편을 무조건 존경하라고 명한다고 하면, 그들은 믿기 힘들다는 표정을 보인다. 나는 그 혼란을 이해한다. 그들은 온통 '사랑'이라는 개념에 사로잡혀 있고, 문화는 이것을 받아들이라고 강요한다. 하지만 그녀는 자신과 결혼한 남자를 잘 모른다. 그래서 종종 "이런 개념은 제게 너무 낯설어요"라는 반응이 나온다.

이것이 문제다. 아내가 '존경 언어'로 말하지 않을 때 남편은 대화에 흥미를 갖지 못한다. 자신의 언어로 이야기하지 않는 사람과 대화를 지속하고 싶어 하는 사람이 누가 있겠는가? 그래서 남편은 말이 없어지고 그곳을 떠난다. 남편이 "아내는 나를 존경하지 않아"라고 이야기하는데도, 아내는 "뭘 어떻게 해야만 하죠?"라고 묻는다.

그의 언어로 말하려면 아내는 자기 남편을 존경해야만 한다는 사실을 기억하라 (엡 5:33 참고).

어떤 아내가 남편에게 이렇게 물었다. "당신을 사랑하는 것과 존경하는 것 중에서 어떤 것을 원하나요?" 그는 주저 없이 '존경'이라고 답했다. 그녀는 자신의 귀를 의심했다. 남편은 아내의 존경을 원한다는 사실을 몰랐기 때문이었다. 이것은 많은 여성에게 어려운 일이다. 어떤 아내는 놀라워하면서 심지어 수치심까지 온갖 감정을 다 느낀다. 남편에게는 아내의 존경을 확신하는 뭔가가 필요하다는 사실을 깨닫게 하려고 '사랑과 존경 메시지'가 계획되었다. 한 남편이 아내에게 조건 없는 존경을 받을 때, 애정의 감정이 돌아오고 비로소 그는 아내가 항상 원하던 그 사랑을 주기 시작한다.

"그래! 바로 그거야. 난 존경이 필요해!"

그렇지만 모든 남성이 이런 필요를 의식하는 것은 아니다. 많은 사람을 평가하는 데 익숙한 지도자라고 해도 결혼생활에서 왜 그렇게 반응하는지 늘 깨닫는 것도 아니다. 미국 상원의원인 어떤 남성은 사랑과 존경 고리에 대한 설명을 듣자마자 이렇게 외쳤다. "지금 박사님이 말한 그거요! 제가 지금 어떻게 느끼고 있는지 정확히 표현하고 있네요. 바로 그거예요. 난 존경을 원해요."

큰 기업의 최고경영자인 어떤 남성은 세미나에서 들었던 것을 반추하면서, 자신이 존경받지 못한다고 느꼈기 때문에 아내에게 그런 식으로 반응하고 있음을 깨달았다. 그는 아내에게 이런 부분을 이야기하기 시작했고, 한동안은 긴장감이 감돌았지만, 점차 서로를 더 깊이 이해하게 되었다. 그는 고백했다. "제가 그냥 뒤로 물러나 잠자코 있는 대신에 미약하게나마 제 감정을 그대로 이야기했을 때, 저희 둘은 지금 우리 사이에 어떤 일이 일어나고 있는지 알게 되었습니다. 아내는 저를 이해하려고 애쓰기 시작했고, 저는 아내가 사랑을 원하는 것이 당연하다고 생각해요. 이 모든 게 공평하게 느껴집니다."

교육심리학 박사인 한 친구는 나와 함께 관계의 악순환과 관련된 자료를 자세히 살펴보다가 이런 말을 했다. "아내와 나 사이에서 격한 감정이 올라올 때, 내가 느끼는 것이 정확히 이 부분이야. 오랫동안 내 깊은 곳에서 이런 것을 느껴왔지만 도무지 채워지지 않았던 것 말일세. 나는 거기에 확실히 반응을 보였지만, 우리 둘은 왜 그런지 이유를 알 수 없었지."

이 세 남자는 존경에 대한 자신의 필요를 콕 짚어 말하지는 못했다. 하지만 이 개념을 소개하자마자 그들은 바로 이해했다. 그들은 평소에 '내가 이런 대접을 받을 이유가 없는데…'라고 생각했을 것이다. 하지만 그들은 곧 이런 감정을 억눌렀다. 이것이 오늘날 남자들의 전형적인 모습이다. 우리 문화에서는 존경받지 못하고 있다는 감정을 표현해서는 안 되며, 만일 그렇게 한다면 '거만하게' 보일 것이고, 아내가 그것을 수용하지 않을 것이라는 말을 많이 듣는다.

또 다른 이유는, 아내에게 "당신은 존경을 받을 자격이 없어요"라는 말을 듣고 싶지 않기 때문이다. 남편의 그런 바람을 구식이라고 치부하고 비난하면서, 존경과 관련된 남자의 본질적 필요와 갈망을 차단하는 것이다. 그러다가 다른 여자가 자신을 칭찬한다면 그는 그쪽으로 주의를 돌린다. 한 아내는 남편이 외도에 빠진 이후 이런 말을 했다.

제 남편이 그 여자와 불륜에 빠진 것은 외모나 성격이 좋아서가 아니었어요. 그녀가 남편이 하는 이야기에 매료되었기 때문이었지요. 달을 걸어다 놓는다고 해도 믿어주었을 걸요. 모든 의견은 재치가 있었고, 모든 일은 완벽했죠. 그녀 눈에는 남편이 세상에서 제일 잘생기고, 지적이고, 재미있는 사람이었던 거죠. 그는 자신을 높여줄 사람을 원했고, 그녀는 기꺼이 그렇게 해주었어요.

사랑과 존경은 같은 것이냐고 많은 여성이 묻는다. 그러면 나는 이렇게 대답한다. "아뇨, 그렇지 않아요. 여러분도 두 가지가 다르다는 것을 알고 있을 거예요. 예를 들어 당신은 상관을 존경하지만, 사랑하진 않죠." 부부를 상담할 때, 아내 편에서는 대부분 이렇게 이야기한다. "저는 남편을 사랑하지만, 도무지 존경하지는 못하겠어요." 그럴 때 나는 이렇게 반문한다. "만약 남편이 '난 당신을 존경하지만 사랑하진 않소'라고 했다면 어떤 기분일까요?" 그러면 그녀는 몹시 두려워하면서 탄식한다. "아, 생각만 해도 끔찍한 데요!" 이어서 "이때 받은 충격을 극복하려면 얼마나 시간이 걸릴까요?"라고 물으면, 즉시 이런 대답이 돌아온다. "아마도 평생이요…."

대부분 아내라면 "난 당신을 존경하지만 사랑하지는 않소"라는 말을 듣고 나면, 잔뜩 화를 낼지도 모르겠다. 그것은 금기사항이다. 그녀는 자기 남편을 애정 없는 사람으로 볼 것이다. 그러고는 남편에게는 즉시 이렇게 쏘아붙일지도 모른다. "난 당신을 사랑하지만 존경하진 않아요." 그렇다. 남편 역시 그런 말을 들으면 똑같이 끔찍함을 느끼며, 평생이 걸려도 거기서 빠져나오기 힘들 수도 있음을 아내는 인정해야 한다. 결론적으로 남편과 아내는 같은 필요를 채움받고 싶다. 그녀에게는 조건 없는 사랑이 필요하고, 그에게는 조건 없는 존경이 필요하다.

우리가 분명히 보아야 할 진실

사라와 내가 사랑과 존경 메시지와 관련된 세미나를 진행할 때마다 언제나 이런 질문을 받는다. "그런데 왜 배우자는 이 사실을 깨닫지 못할까요?" 우리는 종종 그 명백한 진실을 보지 못한다.

방문 판매원이 벨을 누르고 기다린다. 열 살 정도 되는 소년이 슬며시 문을 연다. 놀랍게도 소년은 판매원이 생전 처음 보는 큰 시가를 물고 있다. 몇 초 침묵이 흐른 뒤, 판매원은 마침내 묻는다. "어른들은 집에 계시니?"라고 묻는다. 소년은 담배를 두 번 빨더니, 판매원의 얼굴에 연기를 내뱉으면서 말한다. "아저씨 생각에는 어떠세요?"

이것이 요점이다. 판매원이 조금이라도 생각이란 걸 했다면, 부모가 집에 없다는 사실을 당연히 눈치챘을 것이다. 하지만 우리는 어떤 이유로 인해 더 깊이 들어가 생각하지 않는다. 무슨 일로 충격을 받거나 혼란스러울 때도 그렇다. 가령 사랑받지 못하고 있다는 생각에 사로잡히면 아내는 마음에 충격을 받아 별생각 없이 존경하지 않는 태도로 남편을 대한다. 남편 역시 존경받지 못하고 있다고 느낄 때, 순식간에 화가 치밀어 올라서 아내에게 사랑 없는 태도로 반응한다. 모든 남편과 아내가 음미할 만한 지혜의 말씀은 이것이다.

우리는 자신이 상대방에게 한 것을 보기 전에
상대방이 자신에게 한 것을 먼저 본다.

많은 여성을 상담해봤지만, 사랑하기 위해 사랑을 하지 존경하기 위해 사랑하는 경우는 드물다. 사랑받지 않는다고 느낄 때, 그녀는 종종 더욱 사랑함으로써 상황을 개선하려고 애쓴다. 이것은 자연스러운 것이다. 사랑받지 못한다고 느끼는 여자가 존경을 보이는 것은 너무나 어려운 일이다. 이것은 자연스럽지가 않다. 아내 편에서는 이렇게 말할지도 모른다. "남편은 정말 무심해요. 그가 먼저 잘못에서 벗어나야 해요! 이건 남편 문제예요."

하지만 그것은 남편만의 문제가 아니다. 그들의 문제이다. 사랑과 존경 고리를 결혼생활 속에서 잘 적용하려면, 남편이 먼저 존경받을 만한 모습으로 변해야 한다는 생각에서 벗어날 필요가 있다. 만약 남편이 "당신은 맨날 사랑하고 사랑받는 것만 소리치고 있소. 정말 무심하군. 항상 내가 무뚝뚝하다고 얘기하지. 먼저 거기서 벗어나야 하오"라고 한다면, 아내는 어떻게 느낄까?

물론 원만한 부부 관계를 위해 남편에게도 고쳐야 할 부분이 있다. 비록 아내가 부당하게 당신을 대했다고 할지라도 아내를 사랑하라는 하나님의 명령에 순종하는 데 변명거리는 되지 못한다. 아내의 비판에는 경멸하려는 의도가 담겨 있지 않을 수 있다. 그저 "제발 날 사랑해줘요!"라고 울부짖는 그녀만의 방식일 뿐이다. 남편이 아내의 암호를 해독하고, 사랑과 이해심으로 대답할 때, 그는 공정하고 균형 잡힌 접근을 시작하는 것이다. 그 결과 두 사람 사이에 애정이 회복되는 기쁨을 경험한다.

많은 남자가 그런 상황에서 어떻게 해야 하는지 모르겠다고 이야기한다. 다행스럽게도, 많은 성공 사례가 있다. 겸손한 마음으로 아내를 대하는 방식에 관해 기꺼이 배우고 변화되려는 남편들과 나누는 대화는 언제나 즐겁다(특별히 5~7장 그리고 8~14장을 보라).

어떤 갈림길

오늘날 부부들은 갈림길에 서 있다. 존경과 관련된 남편의 필요를 제대로 이해할 것인가, 아니면 비난할 것인가? 남편을 사랑하는 가장 좋은 방법이 그를 존경하는 것임을 받아들이겠는가, 아니면 시대에 뒤떨어진 것으로 무시하면서, 행복한 결혼을 위한 핵심 열쇠는 여성성에 있다고 주장할 것인가?

동시에 남편은 사랑에 관한 아내의 필요를 제대로 이해할 것인가, 아니면 계속 무시할 것인가? 아내의 불평을 넘어서서, 왜 그녀가 사랑받지 못한다고 느끼는지를 볼 것인가, 아니면 그녀의 경멸 앞에서 위축되고 돌담 피난처 속에서 휴식을 취할 것인가?

현명한 사람들은
결혼생활에서
어떤 길을 가야 하는지를
한 번 더 생각한다.
(잠 14:8 참고)

갈림길에 서 있는 많은 부부 중에 '사랑과 존경'을 선택하는 경우가 늘고 있다. 한 여성은 자신과 남편이 사랑과 존경 고리 개념을 적용한 후에는 악순환이 점점 느려져서, 이제 거의 멈추어 섰다고 썼다.

> 사랑받지 못한다고 느꼈을 때 저는 남편을 쫓아다녔고 그를 위축되게 했습니다. 남편에게 존경을 보이지 않으면 그는 깊은 상처를 받았습니다. 저는 저대로 남편이 사랑을 주지 않아 버림받았다고 느꼈고요. 완전히 악순환에 사로잡혀 있었죠.
>
> 하지만 남편은 처음으로 자신이 사랑 없는 태도로 절 대한다는 사실을 직면하려 했습니다. 그는 일부분 그것을 인정했어요. 저도 남편에게, 그동안 너무나 존경 없이 대했던 것을 용서해달라고 했죠. 저희는 이 부분에 대해 계속 이야기를 나누고 있고, 점차 변해가고 있어요. 상호 간 이해가 시작되고 있죠.

이번 장에서는 마치 내가 일방적으로 아내들을 질타하는 것처럼 보였을지도 모르겠다. 하지만 이런 생각의 전환이 오히려 도움이 될 것이다. 아내의 존경이 악순환을 멈추게 하는 데 얼마나 중요한지를 잘 알기 때문이다. 그렇다. 아주 기본적인 사랑도 베풀지 않는 얼간이 같은 남자들도 많다. 하지만 그들도 변할 수 있다. 사실, 그들도 변화되고 싶어 한다. 제일 나은 방법은 조건 없는 존경으로 그들을 대하는 것이다.

세미나와 상담에서는 이러한 악순환의 개념을 빠르게 알아차리는 부부가 많다. 그들은 가능한 한 빨리 여기에서 벗어나고 싶어 한다. 하지만 여전히 넘어야 할 장애물이 있다. 너무나 오랫동안 이런 관계가 이어졌기에 '이것이 정말 효과가 있을까?' 하고 의심하기도 한다. 5장에서 몇 가지 핵심 질문에 대한 답변을 살펴보면서, 악순환을 끝내는 데 필요한 실제적인 충고를 얻을 수 있을 것이다.

5

악순환의 고리를 끊어내는 법

그간, 조건 없는 존경을 시도해보려는 많은 여성을 상담해왔다. 하지만 여전히 그 효과를 확신하지 못하는 눈치였다. "남편이 먼저 존경받을 만한 모습으로 변해야 한다"라는 생각은 쉽게 사라지지 않는다. 또한, 아내를 사랑하길 진심으로 원하는 많은 남편도 만났다. 그들은 기꺼이 노력할 준비가 되어 있지만, 다시금 사랑 없는 바보처럼 보이는 것을 두려워한다.

악순환을 멈추거나 그 속도를 늦추길 원하는 남편과 아내에게서 받은 질문을 간추려 보면 대개 세 가지 범주로 구분할 수 있다.

1. 아내는 의심한다. "결국, 나는 동네북이 되지는 않을까?"
   남편은 궁금하다. "'당신이 뭘 알겠어요?'라는 말을 듣기 싫어한다는 것을 왜 모르지?"
2. 아내는 생각한다. "진짜 존경하는 마음도 없으면서 남편을 존경한다고 말하면 위선자가 되는 거지."

남편은 생각한다. "난 아무런 존경도 얻지 못했어. 이게 다 무슨 소용이람?"

3. 아내는 생각한다. "내가 정말 그를 용서할 수 있을까?"
   남편은 생각한다. "누가 저런 여자를 사랑하겠어?"

나는 이 모든 의구심을 다룰 것이다. 어쩌면 이런 의문은 당연하고 자연스럽다. 악순환을 멈추고 사랑과 존경 고리를 시작하도록 용기와 동기를 주는 답변이 있다. 앞으로 보겠지만, 아내의 염려는 곧 많은 부분에서 남편의 염려가 무엇인지를 보여준다.

누가 먼저 시작해야 하는가

이것을 다루기 전에, 남편과 아내가 고려해야 할 결정적인 질문이 하나 있다. 악순환을 멈추려면, 누가 먼저 움직이는 것이 좋을까?

당신이 아내라면 이런 식으로 말하지는 말라. "에머슨 박사 말처럼, 난 당신 사랑이 필요해요. 그러니 당신이 나를 사랑하면, 나도 당신을 존경할 거예요." 이런 식의 접근은 효과적이지 않다. 결국, 남편을 존경하지 않겠다는 것이기 때문이다. 이는 사랑 없는 반응을 가져온다. 결국, 남편이 결혼생활에서 사랑과 존경 둘 다에 책임을 져야 한다는 뜻이기 때문이다. 그는 두 손을 들 것이다.

반대로 남편은 "당신이 날 먼저 존경한다면, 모든 것이 잘 풀릴 거요. 당신을 더욱 사랑할게요"라고 말하지 말아야 한다. 이 역시 효과적이지 않다. 이런 태도는 결국 아내를 사랑하지 않는 것이기에 존경 없는 행동을 유발한다. 아내가 결혼생활에서 사랑과 존경 둘 다에 책임을 지도록 하는 것이다. 그녀도 두 손을 들 것이다.

그러면 누가 먼저 시작해야만 하는가? 나는 이 문제를 놓고 기도

했고, 하나님이 나에게 주신 답은 이것이었다. "둘 중에 더 성숙한 사람이 먼저 시작한다."

물론 때에 따라서는 배우자에게 사랑이나 존경을 보이고 난 뒤, 반응이 시원찮을지도 모른다는 두려움이 엄습한다. 그래서 당신은 주저하면서 상대방이 먼저 어떤 반응을 보여주길 기다린다. 그렇다면 당신은 먼저 사랑하기를 혹은 존경하기를 망설이면서 악순환이 계속되도록 내버려 둘 것인가, 아니면 성숙하게 행동하고 먼저 움직임으로써 악순환의 속도를 늦출 것인가?

결혼생활에서는
가장 먼저, 평화를 추구하고
그것을 좇아라.
(벧전 3:11 참고)

"아내가 날 존경하기 전에는 저 여자를 사랑하지 않을 거예요!" 이런 접근은 아무런 효과가 없다. "남편이 절 사랑하기 전에는 존경하지 않을 거예요!" 이 역시 무의미하다. 성숙한 부부로서 먼저 움직이는 일에는 당연히 위험이 따른다. 하지만 거기엔 아주 강력한 힘이 있다. 실패란 없다. 생각해보라. 만약 배우자가 먼저 다가왔더라면, 당신은 틀림없이 마음을 열고 긍정적으로 반응했을 것이다. 마찬가지로 당신이 먼저 움직였다면 배우자는 사랑 혹은 존경으로 기꺼이 반응하지 않았을까?

먼저 상대방의 깊은 필요를 채워주면, 상대방도 당신의 필요에 관심을 보인다. 핵심은 남편(아내)의 마음속 욕구가 무엇인지 알고 채우는 것이다(이에 관해서는 부록 A를 참고하라).

이번 장과 6, 7장에서 우리는 악순환을 멈추고 싶어 하는 부부를 여전히 가로막고 있는 세 가지 염려를 살펴볼 것이다. 첫 번째 염려는 세미나에서 많이 들어 왔던 부분이다. 남편을 무조건 존경하면 자신은 동네북이 되지나 않을까 하는 것이다.

여자들에게 주어진 힘: 부정적 순환의 고리 끊기

남편을 무조건 존경해보라고 제안하면, 대다수 여성은 그런 나를 양의 탈을 쓴 남성 우월주의자처럼 대한다. 하지만 이 말은 동네북이나 현관에서 밟고 지나가는 매트처럼 살라는 의미가 절대 아니다. 또는 자기 의견을 내지 말고 그저 잠자코 있으라는 뜻도 아니다. 남편이 우위에 있고, 아내는 열등하다는 것도 당연히 아니다. 또한, 아내가 받았을 상처나 약함을 무시하는 것도 아니다. 오히려 나는 남편에게 더욱 사랑을 받는 방법을 말하고 있다.

나의 이러한 단언에도 불구하고, 남편과 갈등 상황 중에 존경하는 태도를 보이면 자신이 더욱 무기력해지지 않을까 두려워하는 여성이 있다. 이들은 남편이 스스로 깨닫지 않는 한, 자신이 아무리 노력해봐야 허사라고 생각한다. 그리고 남편이 결점을 깨닫게 하려면 아내가 불평과 경멸의 메시지를 보내서 그것을 알아차리게 해야 한다고 믿는다. 이렇게 말하는 여성도 있었다. "그의 잘못을 '교정'하려고 대화나 전화 통화를 엿듣곤 했어요."

또 어떤 아내는 남편에게 '어머니'가 되려 한다. "엄마와 아내 사이에서 역할을 딱 잘라 구분하기는 어려웠어요. 아이들이 성장하고 나서 저는 점점 더 많은 부분에서 남편을 가르치려 들기 시작했어요."

물론 그런 '교정하기'와 '어머니 역할 하기'가 좋은 접근법이 아님을 아내도 알고 있다. 하지만 그녀가 그 외에 무엇을 할 수 있을까? 만일 이런 방법으로 계속 싸움에서 이긴다면, 그녀는 지속해서 자기가 원하는 모습으로 남자를 변화시키려들 것이다. 그 방법이 잘 통한다고 믿으면서 말이다. 존경 없는 태도는 남편의 '관심'을 끌어내고, 그녀는 사소한 논쟁에서 승리하는 것처럼 보인다. 하지만 늦게 들어오는 것, 너무 많이 일하는 것, 양육에 대한 무심함과 같은 드러난 문제는 모두 핵심이 아니다. 사랑과 존경의 부족이 모든 일의 핵심이다(당신이 배우자에게 접근하는 방식을 평가하려면 부록 B를 보라).

존 가트맨이 관찰한 것처럼, 부정적 태도의 순환을 끊는 것이 중요한 목표가 되어야 한다.[1] 한 여성은 이렇게 말했다. "대부분은 저를 '자기가 아는 한 가장 행복한 사람, 가장 긍정적인 사람'이라고 하면서 부러워했지만, 닫힌 문 뒤에서는 다른 일이 일어나고 있었죠. 저는 작은 문제 앞에서 끝없이 고함치고, 비명을 지르고, 호통치고 있어요."

불행하게도, 부정적으로 대해야 자기에게 힘이 생긴다고 오해한 그녀는 자신이 그 악순환을 끝내야 한다는 사실을 깨닫지도 못했다. 그렇지만 시간이 지나면서 비판이 남편에게 어떠한 동기도 부여하지 못한다는 것을 알았다. 논쟁이나 갈등 후에는 사과하려고도 했다. 남편은 아내의 선의를 믿었기에, 사과를 받아들였을 수도 있다. 하지만 다음 달(혹은 다음 주)이면 또다시 그 악순환이 분명한 패턴을 그리며 계속되었고, 그런 일이 계속되자 남편은 아내가 자신을 경멸하고 무의식중에 깔보고 있다고 믿기 시작했다.

하지만 그런 상황이 되었다고 해서 직접 "당신은 날 존경하지 않는군"이라고 말하는 남자들은 없다. 아내가 "그래요, 당신은 존경과는 거리가 먼 사람이에요"라고 외칠 것 같아 두렵기 때문이다. 그는 그것이 싫었고 그래서 피했다. 결국, 그녀는 잔뜩 짜증을 섞어가며 대화하고 점점 그를 자극했다. 그러는 동안 그들 사이에서 뭔가가 점점 죽어갔다. 그녀는 싸움에서는 이겼지만, 전쟁에서는 지고 있었다.

남편을 존경할 때 벌어지는 놀라운 일들

이런 아내가 남편에게 조건 없는 존경을 보이기 시작하면 무슨 일이 일어날지를 한번 상상해보자. 희망의 불빛을 희미하게 볼 수도 있겠지만, 위험을 감수하는 일이 점점 두려워진다. 어떤 여성은 우리에게 이런 내용으로 편지를 보내왔다. "이 접근 방식을 사용한다면 결혼 관계를 획기적으로 향상할 수 있을 것 같아요. 하지만 제 남편이 어떻게 반응할지를 몰라 사실 두렵기도 해요. 저는 지금 하나님의 손을 잡고, 그분을 의지하고 있어요."

하나님께 소망을 둔
거룩한 여자들도
자기 남편에게 순종했다.
하나님은 지금도 같은 것을
요구하신다.

나는 이들에게, 위험을 감수하는 것이 목표를 성취하는 방법이라고 말한다. 남편의 기본적인 선의와 선한 의도를 믿을 수만 있다면(때때로 사랑 없이 행동하는 것처럼 보여도), 결혼생활은 회복될 수 있다. 한 여성은 자신이 22년 동안 결혼생활을 해왔는데, 이제야 사랑과 존경 메시지를 이해하기 시작했다는 것이 슬프다고 했다. 그녀는 이렇게 말했다.

> 저는 남편에게 그를 존경하는 이유를 담은 두 통의 편지를 썼어요. 남편의 반응이 얼마나 좋아졌는지 보면서 참 놀라웠어요. 저는 수년 동안 남편의 사랑이 회복되기를 기도해왔고, 저 역시 꾸준히 사랑의 언어로 이야기해왔거든요. 그런데 제가 남편의 언어로 이야기하기 시작하자, 그는 제가 원하는 대로 반응하기 시작했어요.

남편과 함께 사랑과 존경 세미나에 참석했던 다른 아내는 이렇게 썼다.

> 지난 며칠 사이에 남편에게 일어난 변화를 보면서 큰 충격을 받았습니다. 배경 설명을 하자면, 저희는 지난 1월에 크게 다퉜고, 5월에는 2차전을 했지요. 남편이 나에 대해 어떤 느낌인지를 잘 모르겠다고 하고, 또한 우리 미래가 어떻게 될지도 모르겠다는 이야기를 했을 때 싸움이 일어

났죠. 이런 게 악순환이죠. 저희는 그 현장에 뛰어들었고, 끝을 향해 달려가고 있었어요.

"남자는 자신이 존경을 잃었다고 직감하면서도, 무엇이 잘못되었는지 말로 표현하지는 못한다"라는 박사님의 말씀은 저에게 큰 충격이었어요. 이것이 제 남편에게 어떤 영향을 미쳤는지 저는 알아요. 지난 6개월이 넘도록 그를 변화시키려고 노력한 것이 반대 결과를 내고 말았지요.

그래서 새해 전날 저는 남편의 점심 도시락에 카드를 넣었어요. 모호한 말은 쓰지 않고, "당신으로 인해 여러 번 웃는답니다"라는 메시지만 담았지요. 덧붙여 "많은 점에서 당신을 존경해요"라고 쓰고 크리스마스와 새해를 감사했어요. 다음 날 그는 책상에서 일어나서 의자를 가지고 와서 제 옆에 앉았어요. 지난 토요일에는 영화를 보러 가자고 했고, 영화가 시작할 때까지 얘기를 나누면서 다음 주에는 뮤지컬을 보러 가기로 약속했답니다. 그는 마음이 많이 열려 있었고, 이야기도 많이 했어요.

저희의 모든 문제가 신비하게 해결되었다고 말하는 것은 성급할지 모르지만, 일주일 전만 해도 존재하지 않았던 다리가 저희 사이에 생긴 느낌이에요. 저는 아직 남편의 입술에서 'ㅅ'으로 시작하는 단어를 듣진 못했지만, 이런저런 행동은 그의 마음속에 여전히 사랑이 있음을 알게 해주었어요. 하나님의 도우심으로 가능한 한 많은 불꽃을 피우도록 노력하고자 해요.

다음은 남편을 존경할 때에 어떤 놀라운 일이 벌어지는지를 발견한 다른 세 명의 여성에게서 받은 편지다.

"당신이 남편을 존경한다면, 그는 당신을 사랑할 것이다." 저는 평생 하나님을 믿었어요. 하지만 이런 가르침은 배운 적이 없었지요. 이것은 제가 남편을 사랑하는 방식과는 좀 달랐지만, 그는 자신만의 독특한 방식으로 저를 사랑했어요. 이것을 가르쳐준 박사님께 이런 편지를 쓸 수 있어서 하나님께 감사드립니다.

남자의 가장 우선적인 필요가 존경받는 것에 있다는 사실에 전혀 무지한 상태였어요. 사랑은 넘치도록 주었음에도 말이에요. 지금, 저는 사랑한다고 이야기하는 대신에 제가 그를 얼마나 고맙게 생각하고 감탄스러워하는지 이야기하기 시작했어요. 그는 그것을 받아들였지요!

친한 친구 한 명이 제게 전화를 해서, 남편에게 존경한다고 고백해보라고 말하더군요. 남편과 저는 여러 결혼 세미나에 다녔고, 책도 함께 읽었지만, 이런 종류의 가르침은 전혀 듣지 못했어요. 저는 이것이 남편을 이해하고, 기쁨에 찬 결혼생활을 위한 핵심 열쇠라고 생각해요. 하나님께 순종할 때 그분이 하시는 일은 너무나 놀라워요.

이들은 모두 깨달았다. 남편이 보내는 메시지를 해독하고, 남편이 아내의 분노와 경멸에 얼마나 취약한지를 배웠다. 무엇보다 자신이 그렇게 할 때 동네북이 되지 않는다는 것도 깨달았다.

사랑과 존경 고리를 만들기 위해 제 역할을 감당해야 할 남편들은 어떠한가? 나는 기꺼이 노력할 마음은 있지만, 어떻게 시작해야 할지 도통 모르겠다던 많은 남자와 이야기를 나누었다. 우리는 아래에서 그들에게 있는 문제점을 보게 될 것이다.

남편들이 기억해야 할 한 가지

"당신 같은 남자들은 그것을 얻을 수 없어요. 어리석군요."

지난 몇 년간 내가 상담했던 남자들은 이런 가차 없는 말을 많이 들어왔다. 그들이 몇 가지 놓치는 것이 있기는 하지만, 원시인이니 네안데르탈인이니 하는 말을 들으면 굴욕과 함께 용기를 잃는다. 동굴이 있다면, 그곳에 숨고 싶어 할 것이다! 그들은 다투며 싸우기 좋아하는 여인과 사는 것보단 사막이나 움막에서 살기를 택할 것이다(잠 21:9, 19 참고). "지난 20년을 우리 결혼이 어떻게 흘러가는지를 이해하는 일에 보냈어요." 한 남편은 이런 식으로 말하기도 했다.

"남편들이여, 아내를 사랑하고 괴롭게 하지 마십시오" (골 3:19, 우리말).

나 또한 지난 30년이라는 시간을 같은 느낌으로 보냈기 때문에, 이들에게 공감한다. 하지만 자기 아내가 기본적으로는 선의를 가졌음을 기억했으면 한다. 그녀는 사랑을 갈구하려고, 비판적이고 논쟁적이고 존경하지 않는 것처럼 행동할 뿐이다. 남편은 자신이 존경받지 못하고, 공격당한다고 느낄 때 어떻게 반응해야 하는지를 배워야 한다.

남편에게 기쁜 소식이 있다면, 다음의 두 가지 질문에 초점을 맞추면 된다는 것이다. 첫 번째로 "아내는 사랑받지 못한다고 느꼈기 때문에, 나를 존경하지 않는 듯한 행동을 보이는 것일까?"라고 물어야만 한다. "제발 날 사랑해줘요"라는 아내의 깊은 울부짖음을 해독하기 시작할 때, 좋은 일이 생긴다. 이렇게 하려면 남편은 아내가 자신에게 맞서고 있는 것이 무엇인지, 왜 그녀가 거부당하고 심지어는 버려졌다고 느끼는지를 질문해야만 한다. 아내의 메시지를 완벽하게 읽어내지는 못할 수 있지만, 최소한 뒤에서 공격하지는 말아야 한다. 둘째로, 남편은 "지금 나의 말과 행동이 아내에게는 사랑하는 것으로 보일까, 사랑하지 않는 것으로 보일까?"를 질문해야 한다.

창세기 29, 30장에서 우리는 야곱과 라헬의 결혼이 어떠했는지를 읽는다. 그들은 사랑에 빠져 있었다. 야곱은 그녀를 위해 7년을 일했지만, 단지 며칠이 지났다고 느낄 정도였다. 그 후 야곱은 삼촌 라반의 속임수로 라헬의 언니인 레아와 결혼했고, 라헬을 아내로 맞이하기 전에 7년을 더 일해야만 했다. 하지만 자신에게는 레아처럼 자식이 생기지 않자 라헬은 질투심에 사로잡혀 야곱에 맞서면서 간청했다. "나도 아이 좀 낳게 해주셔요. 그렇지 않으면, 죽어버리겠어요"(창 30:1, 새번역). 하지만 야곱은 라헬을 위로하기는커녕 화를 내면서 이렇게 말한다. "내가 하나님이라도 된단 말이오?"(창 30:2, 새번역) 야곱이 화를 내는 대신 라헬의 절박한 요구를 헤아려주었다면 어떤 일이 일어났을까? 그녀가 정말로 남편에게 하나님 역할을 해주길 기대한 것일까, 아니면 불임으로 인한 내면의 고통을 토로하면서 야곱의 마음에서 멀어지지 않기 위해서 그렇게 하소연한 것이었을까?

남편으로서 나는 아내가 어떤 감정 상태인지를 파악하려고 애쓴다. 사라가 나를 화나게 하거나, 사사건건 무시한다고 생각해보자. "여자들이란! 누가 이런 여자 마음을 이해할 수 있겠어?" 방어적으로 이렇게 말하며 불평할 수도 있지만, 또한 관계의 악순환이 시작되기 전에 사라가 나에게 하소연하는 것으로 깨달을 수도 있다.

사실 공격당하는 기분이 들 때, '그래, 알겠어. 사라는 내 사랑을 원하는 거야'라고 생각하는 일은 나의 타고난 기질과는 맞지 않는다. 하지만 나는 선한 의도를 지닌 여성과 결혼했음을 확신하기 때문에, 우리 사이에 무슨 일이 일어나는지 정확하게 알고 있다. 그녀는 고의로 나를 경멸하거나 존경하지 않으려는 것이 아니다. 그녀는 내가 자신의 공기 호스를 밟고 있으며, 나의 사랑이 전보다 더 많이 필요하다는 점을 말하고 싶은 것이다.

감옥에서 비로소 깨달은 남자

자신의 아내를 해독하는 방법을 아주 힘들게 배운 어떤 남성이 있었다. 그는 자신의 '통찰' 경험을 이렇게 묘사했다.

토요일 저녁에 저는 화가 나서 아내 얼굴에 접시를 집어 던져 작은 상처를 냈습니다. 아내는 경찰을 불렀고, 저는 구속되었죠. 치안 판사는 저를 주말 동안 감옥에 가두었고, 저는 많은 보석금이 필요했습니다. 하지만 그 돈이 없었죠. 4시간 정도가 지나자, 제가 왜 거기 있는지를 진지하게 생각해보게 되더군요. 읽을거리도 없고 어디 갈 수도 없고 잠도 오질 않아서, 천천히 걸어 다니면서 기도했습니다. 성경 한 구절이 계속 머릿속에 떠올랐습니다. "남편들아 아내 사랑하기를 그리스도께서 교회를 사랑하시고 그 교회를 위하여 자신을 주심같이 하라."

이틀 동안 하나님은 우리가 다툰 기억을 떠오르게 하셨고, 그러면서 저는 아내를 사랑하는 데 크게 실패했음을 통렬히 깨달았습니다. 그것은 마치 동영상을 일시 정지해서 보여주는 듯했습니다. '봐라. 바로 그때 너는 그녀에게 다가갈 수 있었고, 아내가 자신감을 되찾도록 할 수 있었지만, 자기주장을 하는 데에만 급급했지.'

그녀가 제게 소리를 지를 때마다 모든 것이 왜곡되었고, 저는 듣지 않으려고 아예 묵음 버튼을 눌러버렸습니다. 하지만 정신을 차리고 보니 아내가 소리치는 중에도 제가 꼭 들어야 할 말들이 들리기 시작했습니다. "당신이 나를 사랑해주길 원해요. 왜 사랑하지 않나요? 나는 두렵고, 불안해요. 당신이 날 붙잡아주고, 사랑해주길 바라요!" 아내는 이 말을 하고 싶었던 겁니다.

저는 눈물을 흘리기 시작했습니다. 그녀의 마음과 필요를 완전히 놓치고 있었어요. 저 역시 자신의 필요(존경받고 싶어 하는)를 완전히 숨기고 있었지요. 이 일 이후로 친구들에게 제 경험을 이야기하는데, 그때마다 그들 얼굴에서 핏기가 사라지는 것을 봅니다. 어떻게 하면 사랑을 꽃피울 수 있을지 자각하기 시작한 것이지요. 저희에게는 이 말씀이 필요합니다. 하지만 아직도 많은 사람이 이것을 알지 못하고 있습니다.

어찌 되었든, 이틀간 감옥에 들어갔을 때, 저는 주위를 분산시키는 모든 것에서 자유롭게 되었고 이전 같으면 절대 시도하지 않았을 방식으로 자신을 바라볼 수 있게 되었습니다. 이 일이 끝나자, 저는 정서적으로 완전히 허물어지고 다시 세워졌습니다. 빨리 집으로 돌아가서 하나님이 저에게 보여주신 것을 나누고 싶은 마음에 견딜 수가 없었습니다. 독방에서의 시간은 이전보다 저를 더 자유롭게 했습니다. 저는 결혼생활 중 처음으로 하나님의 메시지를 들었고, 제가 어떤 것을 해야 할지 깨달았으며, 만약 하나님이 허락하신다면 다른 사람에게도 이런 일이 일어날 것을 깨달았습니다.

남편과 아내는 곧 화해했지만, 법정은 그에게 가정 폭력 상담을 받도록 했고 그는 기꺼이 그렇게 했다. 그는 이러한 경험 이후에 자기 인생에서 일어난 변화를 객관적으로 평가하려고 1년 넘게 기다렸다. 그 후 목사님의 지원 아래, 결혼을 주제로 토론하려고 다른 남자들을 초대하기 시작했다. 지금 이 부부는 비슷한 문제를 겪고 있는 사람들을 만나고 있다. 그는 덧붙였다. "저는 아내에게 했던 일을 영원히 슬퍼합니다. 하지만 저희의 결혼생활을 위해 주님이 하신 일에는 지금부터 영원토록 감사할 겁니다."

내가 이 남성의 이야기를 좋아하는 이유가 여럿 있지만, 그중 가장 큰 것은 이들이 우리에게서 남편을 무조건 존경하는 것에 관해 첫 번째로 배운 부부이기 때문이다. 이메일에서 그녀는 학대받은 사건에 대해서는 아무것도 언급하지 않고, 이렇게 썼다.

요즘 저는 아내로서 필수적으로 갖추어야 할 것이 무엇인지 고민하고 있습니다. 제 남편은 남성 성경공부를 이끌고 있는데, 공부 주제는 물론

'아내를 하나님의 방법으로 사랑하고 이끄는 것'이지요. 하지만 신성한 결혼생활의 또 다른 중요한 요소, 즉 '아내'와 '존경'에 관한 자료는 부족합니다. 순종에 대한 자료는 많지만, 존경에 대한 자료는 많지 않아요. 남편과 저는 아주 형편없이 (그리고 하나님 없이) 결혼생활을 해왔습니다. … 저희는 이제 저희의 삶 속에 있는 그분의 임재와 은혜를 귀하게 여기고 영광을 돌리는 관계를 만들고자 노력하고 있습니다.

남편이 감옥에 간 이야기는 꺼내지도 않았다. 나는 남편이 인도하고 있다는 성경공부에 호기심이 생겼다. 그래서 남편에게 이메일을 보내 이것저것을 물었다. 그는 자신이 아내를 때려 감옥에 갔고, 독방 안을 어슬렁거리다가 깨닫게 된 것들을 들려주었다. 그 후 그는 아주 많이 바뀌었고, 아내 역시 제 역할을 하려고 노력 중이며, 이제는 다른 부부를 돕는 일에 함께하고 있다.

심각한 갈등 중이더라도 남편이 아내를 진심으로 사랑하고 있음을 재확인시켜준다면, 그리고 "난 당신을 사랑하지 않소"라는 잘못된 메시지를 보내지만 않는다면, 모든 일은 잘 해결될 것이다. 남편은 어떻게 해서 아내의 마음을 해독하는 방법을 배우게 되었는지를 우리에게 이야기해주었다.

그날 밤 이후, 저는 아내가 말한 것이 무엇인지, 박사님이 가르친 것이 무엇인지를 다시 생각해 보았습니다. 저는 지혜를 구하며 기도했습니다. 지금까지의 상처는 차츰 없어졌지만(전에도 이런 시간을 많이 가졌죠), 이번에는 무엇인가 다른 것이 있었습니다. 성령께서 "잠잠하라. 재촉하지 말고, 마음을 편하게 하라"라고 말씀하셨는데, 전에는 느끼지 못했던 평안과 확신이 있었습니다. 저는 그렇게 했고, 밤새도록 잠을 못 이루며 많은 생각을 했습니다. 그러자 아내가 정말로 이야기하려던 것이 무엇인지를 풀어낼 수 있었죠. 그녀는 결혼에서 느끼는 고통을 표현하려고 했던 것입니다.

그녀의 말 배후에 있는 것을 깨닫기 위해 온 밤을 보냈습니다. 그녀는 직접 존경이나 사랑에 관한 말을 하지는 않았지만, 그녀가 말하려 하는 것은 더 깊은 곳에 있었고 저는 그것을 해독하기 시작했습니다. 한 시간의 긴 이야기가 끝나자, 아내는 저를 팔로 안고 울고 또 울었습니다. 그것은 슬픔에서의 해방이었습니다. 그것은 치유의 시간이었습니다. 제가 자신을 이해하고 있다고 아내가 느꼈던 최초의 순간이었습니다.

결혼생활에서 이러한 돌파 지점을 얻기 위해 이 남편은 무엇을 하였는가? 그는 잠잠했다. 지혜를 구하며 기도했다. 그리고 자신이 파란색 선글라스를 통해 세상을 보고 있음을 깨달았다. 파란색으로 보려는 대신 분홍색으로 보려고 노력하자 아내가 느끼는 고통이 분명해졌다. 우리가 2장에서 본 것처럼, 메시지를 해독하기 위한 핵심 열쇠는 아내는 분홍색 선글라스를, 남편은 파란색 선글라스를 끼고 있음을 인식하는 것이다. 그리고 노력한다면, 그들은 상대방 렌즈에도 적응할 수 있다. 다른 남편은 나에게 이렇게 썼다.

저는 성령께서 일하고 계심을 믿습니다. 아내의 마음을 해독하는 능력이 없어서, 저는 자기 렌즈를 통해서만 볼 뿐 그녀의 눈을 통해 보는 데 실패했지요.

우리에게 볼 수 있는 눈과 들을 수 있는 귀가 있다면, 악순환은 느려지고 멈출 수도 있다.

6

존경받을 만하지도 않은데 왜 존경해야 하지?
사랑받을 만하지도 않은데 왜 사랑해야 할까?

지난 38년간의 결혼생활이 그녀에게는 절대 쉽지 않았다. 남편은 베트남 전쟁에서 해군 수색대로 복무했고, 외상 후 스트레스 장애에서 이제 회복되어 가는 중이었다. 전쟁 후 수년 동안 그는 기대 이상으로 대처를 잘했고, 성공적으로 회복되는 듯했다. 하지만 결국, 그는 외도했고 알코올 중독에 빠져 건강도 망가졌다.

"그는 어떤 일도 할 수 없어요." 그녀의 편지는 계속되었다. "그는 하나님에게서 떠났어요. 수년 동안 저는 남편을 존경하라고 하는 말씀을 지키려고 애썼어요. 하나님이 그렇게 말씀하셨다면, 그렇게 해야 한다고 믿어요. 하지만 저는 위선자가 되고 싶지는 않습니다."

많은 여성이 비슷한 상황에 놓여 있다. 남편을 존경함으로써 하나님께 순종하려고 하지만, 그런 자신이 위선적으로 보이고, 자신의 노력이 때로는 아무 의미 없게 느껴진다고 말한다.

나는 설사 존경하는 감정이 생기지 않은 상태에서 남편을 존경한다고 해서 위선자가 되는 것은 아니라고 부드럽지만 단호하게 대답한다. 이것은 정말로 감정에 관한 것이 아니다. 오히려 아내가 성경에서 가르치는 것을 실천하도록 도와 악순환을 통제하도록 하는 것과 연관이 있다. 술을 마시는 등 이런저런 문제가 있는 남편을 공격하고 비판하면 아내는 계속 싸움에서 이길 수 있을 것이다. 그렇지만 그녀는 점차 전쟁에서는 지게 된다. 그러므로 베드로 사도는 하나님 말씀에 불순종하는 남편을 구원하기 위해, 아내들에게 정숙하고 순종하라고 명령한다(벧전 3:1~2 참고).

물론 남자는 자신을 교정해야 한다. 거칠고 사려 깊지도 않고 조심성이 없다면, 아내는 이런 남편에게 변화될 필요가 있다고 이야기할 수 있다. 나는 여기에 전적으로 동의한다. 분명, 그 남자는 아내의 여성스러움과 사랑의 필요를 이해해야 한다. 그는 아내의 필요를 귀하게 여기고 채워주는 남자가 되어야 한다.

그렇지만 여기에는 장애물이 있다. 순순히 이런 명령을 따르는 남자가 드물기 때문이다. 아내 편에서는 기본적으로 둘 중 하나를 선택해야 한다. 그녀는 남편에게 적응하려고 노력하면서, 남편을 존경하는 태도로 대할 수 있다. 다른 하나는 계속 불쾌한 표정과 부정적이고 경멸하면서 남편을 대할 수도 있다. 이렇게 항변하면서 말이다. "존경받지 못한다고 느낀다면, 그건 남편의 문제예요. 그가 제 감정에 이토록 무심한데, 남편을 존경하고 싶겠어요? 그건 위선이에요."

나는 이런 심정을 충분히 이해한다. 하지만 계속 이런 태도를 고수할수록 자신에게 점점 상처를 입힐 뿐이다. 그들 마음속에 있는 가장 깊은 갈망인 사랑은 이러한 부정성에 의해 가려지기 때문이다. 그럴수록 남편은 자신이 아내의 기대를 채울 수 없고, 지금 자신은 존경받지 못하고 있다고 느낀다.

그런 대접을 받는 남편은 아내에게 자기 마음을 적극적으로 표현할까? 아니다. 불평하지도 않고 심지어 말을 꺼내는 것도 부담스러워한다. 전형적인 남자라면 이런 부분을 말로 표현하기 힘들어한다. 그런 얘기를 꺼냈다가는 아내에게 "당신은 존경을 받을 자격이 없어요"라는 말을 들을 것 같은 두려움 때문에 생각을 접는다. 그래서 남자가 침묵하는 것이다. 그저 속으로 이를 갈면서, 자신의 감정을 격리한다.

하지만 그는 사랑에 대한 아내의 필요를 채워주어야 한다는 책임을 느끼고 있으며, 존경받고자 하는 자신의 필요를 채우기 위해 애쓰기도 한다.

우리는 의롭게 심판하시는 아버지께 자신을 맡기신 예수님을 따르도록 명령받았다.
(벧전 2:23 참고)

아내는 일상의 싸움에서는 이길지 몰라도, 점차 사랑받고 있지 못하는 것을 느낀다. 남편과의 사이에 무언가가 가로막혀 있다는 사실을 눈치채고, 그에게서 어떤 사랑도 느끼지 못한다. 이런 상황에서 남편에게 존경을 보이는 것은 위선이라고 여긴다. 만약 존경을 보인다면, 그는 더욱 제멋대로 할 것으로 생각한다. 나는 한 여성에게 "남편을 존경하면 오히려 남편의 변화를 가로막을 수도 있다고 생각하는 건가요?"라고 물었다. 여기에 그녀의 대답이 있다.

> 그 질문을 깊이 생각해본 후에, 저는 이것이 제 믿음을 시험하는 장(場)이라고 결론을 내렸어요. 만약 저의 감정이나 (남편을 경멸하는 것이 낫겠다고 생각한) 이전 경험을 신뢰한다면, 그와 다르게 행동하기가 두려울 거예요. 하지만 제가 믿음 안에서 걸어가면서 하나님의 말씀을 제 행동을 위한 기초로 생각한다면, 저는 그분의 일하심이 우리 부부에게 나타나도록 하나님을 신뢰하고 있는 셈이지요. 말씀과 함께라면 틀린 길로 가지 않을 수 있어요. 설령 그것이 낯설어 보일지라도 제가 가야 할 길을 가기로 했어요.

아멘! 이 여성은 깨달았다! 하나님 말씀에 순종하는 일은 우리를 무력한 위선자가 되게 하지 않는다. 오히려 그 반대다. 실제로 이러한 순종은 하나님을 사랑하고 경외하는 사람으로 빚는다.

이런 일은 가장 어려운 상황에서도 일어난다. 이번 장의 시작 부분에 소개한 편지를 썼던 부인은 자신이 위선자가 될지도 모른다는 두려움을 떨쳐버리고 남편을 존경하려고 노력했다. 그녀의 편지는 계속된다.

> 남편에게 진실한 존경을 나타낼 방법을 보여 달라고 하나님께 간구했어요. 그대로 하자 남편의 태도가 확연히 달라지는 것을 보았고요. 계속 그에게 조건 없는 존경을 보인다면, 좀 더 좋은 결과가 나오리라 믿어요. 주님은 이런 결과에 책임을 지실 거예요. 저는 그분에게 순종할 따름이고, 그분은 저와 관계된 것들을 지휘하실 거예요.

우리는 모든 사람을 변화시키라는 명령을 받지는 않았다. 우리는 단지 순종하라고 명령받은 것이고, 우리가 순종한 다음부터는 하나님이 지휘하신다. 여기에는 엄청난 믿음과 용기, 인내가 필요하다. 그러나 이것은 놀라운 결과를 가져온다. 우리에게 사랑과 존경 원리를 배웠던 한 여성은 이렇게 썼다.

> 감정이 따라주지 않았지만 저는 남편을 존경하기 시작했어요. 그러자 얼마 후 감정도 따라오기 시작했고, 지금은 더더욱 그래요! 제 남편은 박사님이 말한 대로 행동하고 있어요. 지난 주말에 저희는 이웃과 함께 저녁을 먹었죠. 남편은 저녁 식사 준비를 했고요. 또 이번 주말에는 손수 세차했어요. 그리고 성탄절 보너스를 받아 저에게 500달러를 주었지요. 예전에는 한 번도 그런 적이 없었죠. 그는 또한 부엌을 청소하고 지금은 두 번째로 설거지하고 있어요.

저는 그를 얼마나 고마워하는지 알려주려고 일주일에 한 번은 직장으로 이메일을 보내요. 남편 덕분에, 저는 두 아이를 돌보는 가정주부로 일할 수 있는 거예요. 저는 그가 직장에서 집으로 돌아올 때면, 집을 깨끗이 하고 식사를 준비하고 있어야겠다고 다짐했어요. 그리고 땀에 찌든 옷을 입지 않기로 다짐했어요. 그런 일을 떠올리면 날마다 기분이 좋아지고 흥분한답니다. 남자가 존경받고 있음을 느낄 때 무슨 일이 일어날 수 있는지를 보면 참 놀라워요. 제가 원하든 그렇지 않든, 남편에게 조건 없는 존경을 보일 필요가 있어요.

하나님을 사랑하고 경외하기에 그분의 말씀을 신뢰하고 순종한다면 우리는 절대 위선자가 되지 않는다. 우리가 하고 싶지 않은 것을 하므로 위선자가 되는 것일까? 그렇지 않다. 아침에 자명종이 울리면 일어나고 싶지 않지만 우리는 일어난다. 마찬가지다. 비록 감정이 받쳐주지 않더라도 말씀에 순종하는 것은, 우리가 책임감 있는 사람임을 보여주는 표시이다. 우리가 '존경하고 싶지' 않을 때도 존경하는 행동을 보이는 것은 성숙함의 증거이지 위선이 아니다.

주님의 눈은 의로운 일을 하는 사람들을 살피시며, 그분의 귀는 그들의 기도를 들어주신다.
(벧전 3:12 참고)

'본때'를 보여주는 대신에 사랑을 보여라

아내가 남편에게 존경을 보이는 것은 위선이라는 생각에 어느 정도 수긍하는 남편에게는 이런 충고를 드리고 싶다. "포기하지 마라! 그리고 로드니 데인저필드(Rodney Dangerfield, 미국의 유명 코미디언이며 '결혼은 행복의 끝이고 불행의 시작'이라는 말로 유명하다—옮긴이)의 진부한 슬로건 '나는 존경을 받아 본 적이 없어요!'는 무시하라. 대신, 그 어떤 치명적인 말을 듣더라도 변함없이 명예로운 남자가 되어, 아내를 위해 움직이라. 전쟁터에서 동료를 위해 기꺼이 위험을 무릅쓰는 남자답게 살아라."

아내가 남편을 부당하게 대한다고 해도, 남편은 아내를 향해 먼저 움직이는 성숙한 사람이 되어야 한다. 그렇다. 힘겹고 굴욕적일 수도 있지만, 그렇게 해서 남편은 아내의 마음을 얻을 수 있다. 성경은 "미련한 자는 당장 분노를 나타내거니와 슬기로운 자는 수욕을 참느니라"(잠 12:16)라고 말한다. 아내가 경멸을 보일 때도 현명한 남성은 모욕을 참는다. 그는 다른 방법을 택하라는 하나님의 명령을 들었고, 실제로 순종한다. 도저히 그럴 수 없다고 생각하며 이것이 불가능하다고 설득하려 하겠지만, 그는 "나는 할 수 없다"와 "나는 하지 않을 것이다"를 구별해야만 한다.

결혼생활에서 내가 사라에게 제대로 반응하기 시작한 시기가 있었다. 새롭게 결심했지만, 아내에게 "난 존경받지 못한다고 느껴져"라고 직접 이야기하는 일은 여전히 난처했다. 그것은 자기중심적으로 보였고, 나는 사라의 응답을 확신하지 못했다. 행여나 "흠, 당신은 존경받을 자격이 없잖아요?"라고 말하면 어떻게 할 것인가? 사실 그녀는 그렇게 말한 적이 없다. 하지만 나는 그런 느낌을 표현하는 것이 위험하다고 생각했다.

공격당할 때,
남편은 남자로서
용감하게 행동해야 한다.

화를 내거나 침묵함으로써 메시지를 간접적으로 표현하는 일이 내게는 더 쉬웠다. 속으로 분을 삭이며 '날 이런 식으로 대해서는 안 되지! 이번 기회에 본때를 보여줘야겠어!' 하는 마음이었다. 하지만 그런 호기는 아무런 효과가 없었다. 당시에는 그것을 깨닫지 못했지만, 아내를 '사랑하지 않음으로' 그녀가 나를 존경하도록 하려 한 것이었다.

그러다가 내가 할 일을 분명하게 알게 된 때가 왔다. 나는 성장해야 했고, 더 성숙해져야만 했다. 내가 어떻게 반응해야 아내가 나의 진짜 메시지를 알아들을 수 있을까? 뭔가 변화된 모습을 알릴 필요가 있었다. 나에게 떠오른 말은 이것이었다. "여보. 그 말은 나를 존경하지 않는 것처럼 느껴지는군. 내가 지금 한 말(행동) 중에 사랑이 느껴지지 않는 부분이 있었소?" (이 부분에 관한 좀 더 많은 아이디어를 얻으려면, 부록 A를 참고하라.)

직접적인 공격은 어떤 때도, 누구에게도 효과적이지 않다. "그 말은 나를 존경하지 않는 것처럼 느껴지는군." 이 구절은 인격에 대한 공격을 제거한 것이다. 나는 그녀에게 '존경할 줄 모른다'라고 말하지 않았다. 그저 내가 느끼는 대로 묘사했을 뿐이다. 이런 접근 방식은, 사라는 틀렸고 나는 옳다는 주장 없이, 나의 감정을 진솔하게 표현할 수 있게 했다. 내가 이렇게 느끼는 것이 옳다는 뜻이거나 당신이 원인을 제공했다고 말하는 것도 아니고, 그저 내가 그런 느낌이 들었다고 표현하는 것이다.

"지혜로운 자의 마음은 그의 입을 슬기롭게 하고 또 그의 입술에 지식을 더하느니라" (잠 16:23).

마무리 장식은 "내가 지금 한 말에서 사랑이 느껴지지 않았소?"라고 덧붙이는 것이다. 이로 인해 사라는 나에 대해 미심쩍은 부분을 선의로 해석하게 되고, 종종 다시 호의를 갖기도 한다. 과거에 나는 상당 부분 아내에게 방어적으로 대했고, 사라는 패배감에 잠긴 채 말했다. "늘 내가 문제예요. 항상 죄책감이 들어요. 당신은 언제나 옳죠. 잘못이라곤 하나도 없다니까요."

하지만 새로운 접근 방식은 사라에게 큰 변화를 가져왔다. 내 편에서 짊어져야 할 책임을 감당했다. 덕분에 아내는 신선한 공기를 마실 수 있었다. 사라는 내가 그런 식으로 대화를 풀어나가니 기쁘다고 말했다.

처음에는 이런 식으로 말하는 것이 약간 멋쩍게 느껴질 수도 있다. 하지만 부부 사이에 갈등이 일어날 때 핵심 문제에 초점을 맞추고 싶다면, 이러한 방식은 매우 빠르게 회복을 도울 것이다.

사실 이 말을 들은 사라가 "음, 그래요. 사랑받는다는 느낌이 들지 않았어요. 그래서 당신도 존경받을 자격이 없어요"라고 말할지도 모른다는 위험은 있다. 하지만 대부분 부부에게는 그런 일이 일어나지 않는다. 실제로 그렇더라도 대개 이런 반응으로 나타난다. "그래요. 사랑받지 못한다고 느꼈어요. 나 역시 그렇게 존경하지 않는 것처럼 보이게 행동해서 미안해요. 날 용서해줄래요?" 그런 말을 듣는 상대방 역시 "물론이요. 사랑하지 않는 것처럼 말해서 미안해요. 날 용서해주겠소?"라고 대답한다. "그럼요"라는 답변을 들을 수 있다.

어떤 날에는 부부가 서로에 대해 기분이 좋지 않을 수도 있다. 불만이 있는데 이야기를 안 하거나 심지어 목소리가 높아질 수도 있다. 마음을 닫고 대화를 거부할 수도 있다. 방에 틀어박혀 있거나 서로의 자존심을 건드리는 일을 슬쩍슬쩍 할 수도 있다.

하지만 우리 둘은 어떤 일이 있더라도, 잠자리 가기 전에 '사랑과 존경 메시지'를 사용하겠다는 서약을 했다. 만약 내가 존경받지 못한다고 느끼면 그녀에게 사실대로 이야기하고, 내가 사랑하지 않는 것처럼 보였는지를 묻는다. 그녀 편에서는 만약 사랑받지 못했다고 느꼈다면, 나에게 사실을 이야기하고 자신이 나를 존경하지 않는 것처럼 보였느냐고 묻는다. 성경은 "분을 내어도 죄를 짓지 말며 해가 지도록 분을 품지 말"(엡 4:26)라고 말한다. 이것은 아주 큰 효과가 있다.

영혼이 겸손한 남편은
항상 지혜롭게 처신한다.

이런 노력은 두 사람을 겸손하게 하고, 정직한 토론을 끌어낸다.

내가 할 수 있다면, 당신도 할 수 있다

남자들은 자신이 존경받고 있다는 사실을 확인하고 싶어 한다. 마찬가지로 그들은 아내의 감정을 알아야만 한다. 그녀 역시 사랑받고 있다는 확신이 필요하다. 이 부분을 피하거나 다른 일로 시간을 사용한다고 해도 치유되는 것은 아무것도 없다. 한 남자는 나에게 이렇게 이야기했다.

아내가 저를 미워한다는 것을 알았지만, 이 문제를 어떻게 다뤄야 할지는 몰랐어요. 그녀와 이야기할 때 어떻게 이야기를 시작할지, 어떤 식으로 이어가야 할지를 알지 못한 거죠. 그녀와 싸우는 데 많이 지쳐 있었고, 그저 논쟁이 더 커지지 않게 하려고 대화를 피했습니다. 아내는 이러한 대화 부족을 관심이 없거나 정직하지 못한 것으로 받아들였어요.

다른 남편은 이렇게 말했다.

저희의 불일치와 다툼은 그녀의 정서적인 불편감과 감정 부족에 중점을 두었지요. 아내에 대한 제 감정을 곰곰이 검토했습니다. 저는 사랑이 행동으로 표현되어야 하고, 감정적 반응으로 끝나서는 안 된다고 믿습니다. 저는 아내가 가진 감정들을 사랑하고, 하나님은 우리가 그분의 영광을 구하는 것같이 서로를 사랑하고 존경하길 원하신다는 것을 알고 있습니다. 하지만 제 아내가 통제할 수 없는 감정적 반응으로 자신의 행동을 정당화할 때는 고심하게 되죠.

존 가트맨 박사는 결혼에 대한 방대한 연구에서, 남편이 아내의 분노를 얼마나 보듬을 수 있는지가 행복한 결혼생활의 중요한 요건이라고 결론지었다. 행복한 결혼생활을 원한다면, 갈등을 피하지 말라고 충고한다. 문제에서 한발 비켜서기 위해 갈등을 해결하지 않은 채 그대로 둔다면, 아내를 더욱 힘들게 할 뿐이다. 아내는 감정을 표출함으로써 결혼이 건강하게 유지되고, 그 관계가 좀 더 부드럽게 될 것이라 믿는다. 그녀는 남편을 인격적으로 공격하려고 하지 않을 것이다. 가트맨은 "이런 불편함을 감수하고 아내의 말에 귀를 기울인다면, 그녀는 진정된다. 하지만 돌담이 된다면, 그녀는 짜증을 낼 것이고 갈등은 더욱 심화할 것이다."[1]

당신은 아내를 피하지 않고 그녀를 향해 움직일 것인가, 아니면 아내가 잔뜩 독기가 오른 채 당신을 향해 다가오도록 내버려 둘 것인가? 당신이 받아들일 준비가 되었다면, 악순환을 멈출 수 있다. 그녀가 모든 것을 쏟아 낸 이후에, 당신은 사랑스럽게 이야기할 수 있다. "여보, 난 당신을 사랑하오. 당신이 그런 식으로 얘기할 때, 사랑받지 못한다고 느낀다는 것을 알아요. 나는 더 사랑하는 사람이 되었으면 좋겠고, 당신은 좀 더 존경하는 것처럼 보이길 바라오." (더 많은 아이디어를 얻으려면 부록 A, B, C를 보라.)

사랑하길 멈추지 않는 남편

우리 세미나에 참석하려고 1,000킬로미터를 달려온 한 부부가 있었다. 그들의 결혼생활은 이미 심각한 상태였다. 둘은 세미나에서 많은 유익을 얻었지만, 집으로 돌아가는 길에서 아내는 여전히 부정적인 마음이 가득했다. 그녀는 자기 인생과 남편에게 지쳐 있었다. 하지만 남편은 포기하지 않았다. 그녀의 이메일은 나머지 이야기를 전해준다.

저희는 오늘도 함께 있습니다. 지난 몇 달 동안 남편은 박사님의 세미나에서 배운 그대로 행동하고 있어요. 그는 제가 더 이상 남편을 사랑할 수 없음에도, 이 결혼과 그의 가족을 더 이상 견딜 수 없음에도 저를 사랑했습니다. 남편은 저희의 사랑을 붙잡기 위해, 아무것도 없을 때도 그렇게 했습니다.

"너희가 만일
너희를 사랑하는 자만을
사랑하면 칭찬받을 것이 무엇이냐
죄인들도 사랑하는 자는
사랑하느니라"(눅 6:32).

지난 10월, 저는 그에게 집을 떠나달라고 했습니다. 저는 혼자 있고 싶었고, 저만의 공간을 원했고, 더 이상 그를 사랑하지 않는 것처럼 느꼈죠. 마지못해 그는 2주 동안 떠나 있었습니다. 저는 이혼으로 인해 저와 딸아이들의 삶이 급격하게 변할 수 있음을 알았죠. 그리고 집을 어떻게 팔지도 생각했죠. 최근에 리모델링을 마친 상태였지만, 개의치 않았어요. 단지 그가 떠나길 원했죠. 하지만 그동안 그는 기도했고, 성경과 결혼을 다시 공부하면서 무슨 일이 있어도 저를 사랑하기로 했지요.

아이들은 아빠를 진심으로 그리워하기 시작했고, 저는 좀 더 생각해 볼 때까지만 집으로 돌아오게 해야겠다고 결정했어요. 그는 매일 밤 제 손을 잡고 저와 이 결혼을 위해 기도했고, 저는 그가 기도를 끝낼 때까지 기다리면서 천정만 쳐다보았죠. 그는 욕실 거울과 제 차에 작은 메모나 꽃을 두었어요. 그 모든 것들로 남편은 아직도 절 사랑하고 있고, 이 결혼이 쉽게 끝나길 원하지 않음을 보여주었어요.

그것은 저를 혼란스럽게 했어요. 이런 생각이 들었어요. '내가 그를 사랑하지 않고, 더 이상 함께 있고 싶지 않다는 것을 그는 이해할 수 있을까? 왜 그는 이렇게 힘든 일을 계속하는 거지?' 실제로도 저는 그에게 더 이상 사랑의 감정을 느끼지 못했지요.

결국, 결말이 나길 원했던 (이기적이고 미성숙한) 저의 바람은 이루어지지 않았어요. 그는 끝까지 거기 머물러 있었고, 이 모든 과정을 견디면서 저를 사랑했어요. 저는 점차 무너졌어요. 어떤 여자라도 그 많은 사랑을 저버리지 못할 거예요.

지금 저는 남편을 아주 많이 사랑하고 있어요. 저는 사랑이 곧 감정이 아님을 배웠어요. 그것은 선택이고 책임이에요. 남편은 제가 어떻게 반응하든지 저를 사랑하기로 선택했기 때문에 저희는 이혼하지 않았지요. 뒤돌아보면 그가 저를 얼마나 사랑하고 인내했는지를 보면서 정말 겸허해진답니다. 저희가 완전히 터널을 빠져나왔다고는 말할 수 없지만, 확실히 매우 친밀해졌어요.

이 여자의 이야기에 "아멘!" 외에는 덧붙일 말이 없다. 그녀의 남편은 함께 기도할 때 옆에서 천정으로 눈을 돌리고 있을 때조차 그녀에게 관심을 기울였다. 결국, 그는 게임에서 이겼다. 그가 이 악순환을 멈추기 위해 무엇이든 기꺼이 하려 했기 때문에 그들은 지금 함께 있는 것이다.

결혼생활이 아무리 절망적으로 보일지라도, 남편과 아내가 마음속에 기본적인 선의를 가지고 있다면, 그들은 악순환을 멈출 수 있다. 하지만 절대 포기하지 않았던 그 남편처럼, 무엇이든 기꺼이 할 수 있어야만 한다.

하나님의 법은 끊임없는 베풂과 용서를 의미하기도 한다. "사랑은 허다한 죄를 덮느니라"(벧전 4:8; 마 5:38~46 참고). 또한, 허다한 죄에서 돌이키는 것을 의미하기도 한다(약 5:20, 마 18:15 참고). 사랑은 강하다.

물론 이렇게 하려면 원치 않는 곳으로 가야만 할 때도 있다. 나는 남편을 용서할 수 없다고 생각하는, 상처받고 학대당한 여성들을 많이 만났다. 그리고 아내가 용서하지 않을 때 무엇을 어떻게 해야 할지 몰라 힘들어하는 남편들도 만났다. 그들은 점차 '누가 이런 여자와 같이 살겠어? 난 확실히 운이 없구나'라고 생각하기 시작한다. 우리는 7장에서 두 가지 염려에 관하여 살펴볼 것이다.

7

아내는 남편을 용서할 수 없다고 말하고, 남편은 아내가 사랑받을 만한 구석이 없다고 말한다

많은 아내는 어떤 희망도 가질 수 없는 남편의 사랑 없는 무자비함을 대하며 그야말로 무너져 내린다. 다시 용서하려 하지만, 그는 상황을 더욱 악화시킬 뿐이다. 그녀가 살아남는 유일한 길은 남편을 존경하지 않는 것처럼 보이기도 한다. 악순환을 멈추고 싶지만, 그가 용서를 구하기 전에는 용서하지 않을 생각이다. 여기서 문제는, 극소수의 남편만 용서를 구한다는 것이다. 특히 아내가 경멸적인 태도를 계속 보인다면 더더욱 그렇다.

용서에 관한 책은 많고 관련 성경 구절 또한 넘쳐난다. 예수님은 용서를 가르치셨고 바울도 그러했다. 베드로가 어떤 사람을 일곱 번 용서하는 것이 충분하지 않으냐고 물었을 때 예수님은 "일곱 번뿐 아니라 일곱 번을 일흔 번까지라도"(마 18:22) 용서하라고 대답하셨다. 다른 말로 하면, 한계를 두지 말라는 것이다.

바울이 "서로 친절하게 하며 불쌍히 여기며 서로 용서하기를 하나님이 그리스도 안에서 너희를 용서하심과 같이 하라"(엡 4:32)라고 쓸 때 그는 예수님의 말씀을 마음속에 품고 있었을 것이다.

사랑하지 않는 남편을 용서하라고 아내에게 요구하는 일이 '공정한' 것이 아님을 나도 충분히 인정한다. 하지만 이것은 공정함에 관한 문제가 아니라 남편의 영혼에 감동을 주려는 것이며, 하나님 또한 그를 어루만지신다. 배우자가 악한 의도로 그런 일을 했다는 생각을 버린다면, 용서가 더 쉬워진다.

사랑과 존경 원리는, 아내가 남편을 존경하지 않으려고 의도한 것이 아니듯 남편 역시 아내를 사랑하지 않으려고 의도하지 않았음을 가르친다. 아내가 마음 깊은 곳에서 사랑을 구하면서도 남편을 경멸하는 일이 어떻게 가능할까? 우리는 그렇게 하지 말아야 한다는 것을 안다. 가혹하게 때로는 거칠게 대한다 해도 그의 의도 자체가 악한 것은 아니다.

나의 이런 설명에 여전히 냉소적인 여성이 있을 것이다. 하지만 과거의 기억을 더듬어보면 아내는 남편이 악한 의도로 그렇게 한 것이 아님을 알고 있다. 그는 아침에 일어나자마자 '오늘은 어떻게 아내를 화나게 할 수 있을까?'를 생각하지 않는다. 아내 역시 그를 불쾌하게 할 목적을 품고 잠자리에서 일어나지는 않을 것이다. 하지만 그들은 자기도 모르게 서로 공기 호스를 짓밟고 있다.

그렇다. 남편의 사랑 없는 행동이나 반응은 아내에게 상처를 입힌다. 하지만 바울은 "누가 누구에게 불만이 있거든 서로 용납하여 피차 용서하되 주께서 너희를 용서하신 것 같이 너희도 그리하고"(골 3:13)라고 썼다. 용서하는 대상에는 남편이 포함되는 것이 확실하다. 왜 먼저 움직이는 성숙한 사람이 되려 하지 않는가? 사랑을 베풀지 않는 그를 용서할 때, 아내는 존경하지 않는 것으로 원한을 갚으려는 자기 권리를 포기하는 셈이다. 용서하면, 아내는 힘과 자유를 얻을 것이고, 많은 사례에서처럼 악순환은 멈춘다. 한 아내는 이렇게 썼다.

저는 남편을 존경하지 않았어요. 엄마는 두 번 이혼했고, 저를 길러 준 의붓아버지는 알코올 중독이었죠. 저희 엄마나 여동생들은 아버지를 존경하지 않았어요. 저 또한 제 남편에게 필요한 것이 존경이라는 것을 이해하지 못했고요. 그는 사랑이 많은 사람이지만, 저희 결혼생활에 많은 상처를 입혔고, 이런 그를 용서하기는 쉽지 않았어요. 하지만 지금은 알아요. 하나님은 행동이 아닌 그 마음을 눈여겨보신다는 것을요. 이것 때문에 저는 남편을 용서하기가 더 쉽다는 것을 발견했어요. 이런 깨달음이 저를 자유하게 했고요.

만일 아내가 결혼생활에서
어려움을 겪는다면,
남편과 화해하려고
노력하는 일은
하나님 눈으로 볼 때
어리석은 것이 아니다.
(고전 7:1 참고)

예수님은 말씀하셨다. "너희 중에 죄 없는 자가 먼저 돌로 치라"(요 8:7). 당신은 사라가 왜 사랑을 먼저 주지 못하는 나를 쉽게 용서하는지 아는가? 성숙한 아내는 그것을 믿음으로 받아들인다. 하나님 눈앞에서, 자신이 남편을 존경하지 않는 모습은 사랑이 부족한 내 모습과 똑같다는 것을 말이다. 에베소서 5장 33절의 핵심은 그것이다. 그래서 그녀는 들고 있던 돌을 내려놓을 수 있었다. 그녀는 자신에게 남편을 엄격하게 판단할 권리가 있다고 생각하지 않았다. 그녀의 본을 보며 나도 깊은 영향을 받았다. 그녀가 나를 멸시하는 행동을 할 때도, 나는 아내를 원망하지 않았다. 그녀를 판단하고 화가 나다가도, 섬김과 사랑이 부족한 내 모습이 떠올랐다.

예수님이 경고하신 말씀을 보자. "비판을 받지 아니하려거든 비판하지 말라. 너희가 비판하는 그 비판으로 너희가 비판을 받을 것이요 너희가 헤아리는 그 헤아림으로 너희가 헤아림을 받을 것이니라. 어찌하여 형제의 눈 속에 있는 티는 보고 네 눈 속에 있는 들보는 깨닫지 못하느냐"(마 7:1-3).

만약 당신이 사랑을 보이지 않는 남편을 판단하려 한다면, 이렇게 반문해보자. '나에게 남편을 존경하지 않는 죄는 없는가?' 어떤 여성은 사랑과 존경 메시지를 듣고, 다음과 같은 편지를 보내왔다.

> 저는 남편을 향한 평소 태도에 변화를 주려고 열정에 불타오르고 있었어요. 그렇지만 남편은 갑작스러운 소식으로 이런 저의 열정을 가로막았죠. 그는 외도 중이었고, 저를 떠나려던 참이었어요. 세상이 무너져내리는 느낌이었죠. 남편은 저를 사랑하는지 확신하질 못했고, 자신이 가고 있는 방향을 결정할 준비도 되어 있지 않았어요. 저는 하나님의 원리를 받아들이고 싶었지만 이런 상황에서 그것을 적용해야 할지를 확신할 수 없었어요. 저는 이 사기꾼이 여기에 반응이나 할지, 그리고 이 순간 제가 어떻게 해야 하는지 조언을 듣고 싶어요.

나는 이 여성이 고통스러운 상황 속에서 사랑과 존경 원리를 사용하는 것이 남편에게 효과적이라고 대답했다. "그는 죄악 속에 있습니다." 나는 계속 이어갔다. "그는 당신뿐만 아니라 하나님께 죄를 범한 것입니다. 여기에 대해선 의문의 여지가 없어요. 하지만 많은 아내가 이러한 상황 속에서도 남편의 마음을 얻고 있습니다. 2주 전에 만난 한 부부의 사례가 그랬습니다. 아내는 남편을 돌아오게 했지요. 당신에게도 이런 일이 일어날 수 있습니다. 또 그럴 만한 가치도 있고요." 몇 달 후 나는 그녀가 어떻게 했는지를 알아보려고 다시 이메일을 보냈다. 그녀는 답장을 보내 왔다.

> 박사님의 조언을 듣는 일은 쉽지 않았어요. 주님이 말씀하시는 것조차 받아들이기 힘들었으니까요. 하지만 이 모든 것에서 벗어나기 위해 저는 몇 달 동안 무릎을 꿇었답니다.

제 마음속에 일어난 변화를 설명하는 것은 쉬운 일이 아니네요. 절대 용서할 수 없다고 생각했는데, 그것을 용서하는 능력이 여전히 나에게 있다는 것에 놀라고 있어요. 저 자신과 싸울 때, 하나님이 주신 안정감과 통제력에도 놀랐고요. 저는 날마다 기도했고, 남편을 존경할 만한 부분을 하나라도 찾아보려고 했죠. 사실 마음속으로 그를 경멸했기 때문에, 저는 과연 그것을 찾을 수 있을지 몰랐어요. 하지만 박사님은 아이디어를 몇 개 주었고, 저는 거기에서 시작했어요. 저희가 상담을 받는 동안, 남편은 그녀를 떠났으며 이제 그들 사이에 더 이상 어떠한 진전도 없음을 알리며 저를 안심시키기 위해 애썼습니다.

저는 마음의 조각들을 모으면서, 그를 용서하려면 무슨 일이라도 해야 한다고 생각했어요. 하지만 하나님이 그 일을 하셨습니다. 남편은 다시금 저를 사랑하기 시작했고, 진심으로 뉘우치고 있어요. 외도는 끝이 났고, 그녀는 완전히 과거, 즉 마침표가 되었죠. 저희는 여전히 상담을 받고 있지만 결혼생활은 전보다 정말 나아졌어요. 여전히 갈 길이 멀지만, 하나님은 고통 속에서 저를 도우시고 치유해주셨어요.

그것은 효과적이었어요. 저는 그를 되돌릴 수 있었죠. 당신이 저에게 할 수 있다고 얘기했을 때, 저는 의심했죠. 하지만 하나님은 제가 예상했던 그 이상으로 남편을 바꾸셨고, 저는 계속 그것을 지켜보고 있습니다. 저 역시 변화되었고요. 항상 그렇게 되길 원해왔던 아내의 모습으로 말이에요.

이 아내의 편지에는 두 가지 핵심 메시지가 담겨 있다. 하나는, 그분 말씀에 순종하려고 헌신하자 하나님이 마음속에 용서를 주셨다는 점이다. 그녀는 남편을 용서하지 못했다. 하지만 오직 주님께 순종하는 자리에 나아가려 했고, 그렇게 하자 마음속에는 용서의 능력이 부어졌다. 두 번째, 그녀는 자신이 '항상 그렇게 되길 원해왔던' 모습이 되었음을 깨달았다. 그녀는 남편에게도 들보가 있었지만, 그에 못지않은 들보가 자신에게도 있음을 알았다. 용서와 판단은 정반대에 있다. 판단하는 것은 정말 쉬운 일이다. 반면 용서보다 더 어려운 일은 없으며, 그보다 더 많은 복을 받을 수 있는 것 또한 없다.

아내는 사랑 없는 남편을 용서하는 것을 힘들어하지만, 남편은 자신이 결혼한 이 여자를 사랑할 수 없고, 상황을 극복할 방법을 찾기 힘들다는 생각에 굴복한다. 하지만 이런 막다른 길에서 벗어날 수 있다. 아래에서 볼 것처럼 우리는 결국 이길 수 있고, 자기 여자를 사랑할 방법은 분명히 존재한다.

그녀를 사랑하는 데 실패한다면, '리바운드'를 해라!

농구 코치들은 슈팅에 못지않게 리바운드를 많이 강조한다. 훌륭한 선수들은 항상 코트 양쪽 끝에서 리바운드를 잡아낸다. 그들은 빗나간 슛의 각도를 계산해 공을 잡거나, 그 공이 골대 가장자리로 떨어지는 순간에 공을 잡기 위해 자세를 취한다. 그 공이 살아난 후, 그들은 점수를 올리거나 파울을 얻을 때가 많다. 어떤 코치는 리바운드를 잘해야 팀이 잘 풀린다고 말한다.

어떤 남편은 아내의 깊은 울부짖음을 읽어내는 데 또다시 실패한다. 아내의 경멸에 사랑하지 않는 것으로 소극적으로 반응하다가 다시 실패할 수 있다. 온갖 구설수에 지치고, 계속되는 비난을 만나 움츠러들거나 돌담이 되기도 할 것이다.

그래도 절대 포기하지 말라. 놓친 게 있다면 리바운드를 해라! 다시 구하라. 당신은 할 수 있고, 아내의 마음을 얻을 수 있다. 첫 번째, 두 번째 또는 세 번째 시도한 결과가 그다지 좋아 보이지 않더라도 말이다. 결심한 바를 깜빡 잊고 사랑하지 않는 방식으로 반응한 사실을 깨달을 때마다 다시 정신을 차리고 리바운드를 해라. "미안하오. 그렇게 사랑 없이 대했던 것을 용서해주겠소?"라고 말하라.

이 글을 읽는 남편 중에는 이렇게 생각하는 사람도 있을 것이다. '에머슨, 당신에게는 그게 정답이겠지만, 지금 내 상황은 전혀 달라요.' 음, 나의 고백을 들어보라. 나는 사랑과 존경 메시지를 수십 년간 설교해왔지만, 여전히 화가 나고 위축되는 순간이 있다. 나는 여전히 한 남자일 뿐이다. 아무리 경험이 많더라도, 육체는 약할 수 있다.

사랑하는 일에 실패한 뒤
리바운드를 하려면
서로 죄를 자백해야만 한다.
(약 5:16 참고)

그리고 나는 어떤 남성보다도 중압감을 더 크게 느꼈다. 세미나에서는 사랑과 존경과 관련된 좋은 메시지를 한껏 전했지만, 사라가 나를 비난할 때마다 화가 나고 돌담이 되고 싶을 때가 있다. 그녀는 그런 나에게 이렇게 말한다. "세미나에서는 당신처럼 행동하는 남자들에게 뭐라고 했나요? 아내에게 이렇게 대하라고 말했어요?" 맙소사! 그럴 때마다 나는 지구를 떠나고 싶다! 얼마나 당황스러운지! 얼마나 정직하지 못한지!

하지만 그때마다 나는 자신을 진정시킨다. 성장과 성숙의 시간으로 삼는 수밖에 없다. 〈해피 데이즈〉(Happy Days, 1974년 1월부터 1994년 9월까지 미국에서 방영해 많은 인기를 얻었던 가족 시트콤—옮긴이)의 폰지처럼 나는 이렇게 말하려고 애쓴다. "내가 잘…, 내가 잘…, 내가 잘못했소."

나는 존경받지 못하는 것을 싫어한다. 그리고 아내를 충분히 사랑하지 못한 것에 대해서도 사과해야만 한다. 이런 일은 나에게 자연스럽지 않다. 하지만 제아무리 뛰어난 사람이라 해도 실패할 가능성이 있고, 또 어떤 상황에서라도 회복할 수 있음을 나는 개인적인 경험을 통해 알고 있다. 그러므로 어떤 가능성도 보이지 않더라도 리바운드를 할 수 있다. 연약함을 넘어서기 위해 기도하면서 나는 성경에서 도움을 얻었다. 말라기는 우리에게 말한다. "네 심령을 삼가 지켜 어려서 맞이한 아내에게 거짓을 행하지 말지니라"(말 2:15). 또한, 잠언 24장 16절은 진정한 위로가 되었다. "대저 의인은 일곱 번 넘어질지라도 다시 일어나려니와…."

우리는 모두 완벽하지 않다. 모두 실수한다. 한 남자가 사랑과 존경 고리를 통해 더 나은 결혼을 향한 걸음을 내디딜 때, 일곱 번 이상 넘어질지도 모른다. 그러나 그는 맨 처음 걷는 방법을 배우던 시절을 기억해야 한다. 몇 번 넘어졌다고 해서 영영 엉덩이를 깔고 앉아 있는 아이는 없다. 일어나고, 넘어지고, 일어나고, 넘어지고, 일어나고, 넘어지고, 반복하다가 비로소 조금씩 걷게 된다. 점차 아이는 걷는 방법을 터득한다.

과거의 죄악에 가로막혀 있는 남편도 있다. 아버지의 죄악이 대물림하여 고통을 주기도 한다(출 20:5 참고). 당신은 미끄러질 수 있고, 아내가 너무나 공격적으로 나올 때는 순간적으로 메시지 해독을 못할 때도 있다. 심지어 "이번 기회에 때려치워야겠어"라고 하거나, 더 이상 심사숙고하지 않고 밀어붙이려 들지도 모른다.

정면으로 직면해 다루지 않는 한 이런 오래된 습관은 사라지지 않는다는 것을 하나님도 아신다. 그분은 당신에게 말씀하실 것이다. "돌아가라. 아내의 메시지에 숨은 뜻을 읽지 못했구나. 너는 평소처럼 반응하고선 자존심을 지켰다고 생각하는구나. 나는 네가 아내의 깊은 울부짖음을 듣고, 거기에 맞추어 움직였으면 한다."

당신이 순종한다면 이렇게 말할 것이다. "여보, 내가 그렇게 사랑 없이 행동한 것, 미안해요. 당신이 그렇게 다가왔을 때, 나를 존경하지 않는 것처럼 느꼈기 때문에 화가 났소. 나도 달라지고 싶어요. 날 도와줄래요?"

아내가 눈에서 존경을 찾아볼 수 없는 불빛을 뿜으면서, 혀에서는 맹독을 발사하며 다가올 때, 남편에게는 두 가지 선택지가 있다. 하나는 '똑같이 독을 발사하면서 자존심을 방어하거나 돌담이 되어 가만히 있기'이고, 다른 하나는 '아내의 울부짖음을 기꺼이 들으려 하고, 조건 없는 사랑으로 반응하기'이다.

우리 결혼생활은 전보다 더 나아지고 강해졌지만, 나는 여전히 사랑을 놓칠 때가 있다. 그때마다 나는 리바운드를 한다. 대개 몇 분 안에 진정한 후, "내가 잘못했소. 사랑이 없었구려"라고 사과한다. 그런 후에 이 경이로운 여인은 자신이 보인 경멸에 대해 사과할 것도 안다. 나는 하나님의 도우심으로 옳은 결정을 내릴 수 있었다. 나는 항상 두 번째 선택지를 고를 것이다. 사라의 울부짖음을 들으려 하고, 조건 없는 사랑으로 반응할 것이다.

결혼: 둘이 하나가 되는 일

나는 남편과 아내가 이번 장과 앞서 3~6장을 읽으며 얻는 통찰이 있다고 생각한다. 남편을 무조건 존경하라는 메시지는 무척 낯설고 심지어 혁명적으로 들린다. 남편을 존경하라는 메시지는 에베소서 5장 33절의 짧은 구절 속에 있었지만, 어떤 이유에선지 교회는 이를 놓쳐 왔다.

하지만 이제 그 비밀이 밝히 드러났다. 아내가 남편의 선의를 깨닫고 과거를 용서하면서, 그녀는 그를 다시 존경할 수 있다. 남편을 향한 존경은 그녀가 갈망했던 결혼생활이 실현되도록 그녀에게 힘을 실어준다.

아내가 말로 자신을 힘들게 하여 조건 없는 사랑에 실패할 때 남편이 리바운드할 수 있도록 하는 힘은 어디에서 나오는지를 알리려고 애썼다. 그렇다. 당신의 결혼은 살아날 수 있고 얼마든지 개선될 수 있다. 배우자 한쪽이 대부분 짐을 짊어지고 있는 것 같지만, 하나님의 계획에서 결혼은 '둘이 하나가 되는' 일이다. 남편과 아내가 서로를 존경하고 사랑하는 것을 배우면서 실제로 기적이 일어난다. 나쁜 결혼은 좋아지고, 지루한 결혼은 흥미진진해지며, 좋은 결혼은 더욱 빛이 날 것이다.

이전에도 결혼생활이 좋았는데, 사랑 존경 메시지를 배우면서 진정 괜찮은 결혼생활을 하게 된 한 남편은 우리에게 편지를 썼다. 그들은 23년 동안 같이 살면서 아이들을 잘 양육했고, TV와 라디오 사역을 하고 있었다. 하지만 뭔가를 놓치고 있었고, 하나님이 그의 마음을 움직이셔서 아내와 함께 위기에 처한 부부들을 위해 접근법을 달리 해 일하도록 하셨다. 그는 남자와 여자 사이에는 진정한 차이점이 있음을 알았다. 그 부부는 남자의 가장 큰 필요(존경)와 여자의 가장 큰 필요(사랑)에 관한 이야기를 나누었다. 그리고 며칠 후 라디오에서 사랑과 존경 원리에 대해 들었다. 그들은 우리의 강의 자료 몇 개를 주문했고, 그것을 공부하고 난 뒤 하나님이 그들 삶 속에서 큰일을 행하셨음을 깨달았다. 그의 편지는 이렇게 계속된다.

> 외적으로 보면 많은 부분에서 꽤 괜찮은 결혼생활을 하고 있었지만, 사실 단념하고 지내던 영역도 많았습니다. 10점 척도에서 대부분 시간을 5~6점 정도로 살고 있었다고 할까요. 저희 둘은 9~10점대로 살기를 원했거든요. 박사님의 책을 읽은 후, 아내와 저는 며칠 동안 그 내용을 실천해보았고, 그것은 최선의 결과를 낳았습니다. 하나님은 우리 둘 사이가 비약적으로 성장하도록 해주셨습니다. 저희가 좀 더 우선순위를 두고 사랑과 존경이라는 주제를 살펴보기 시작하자, 하나님께서 저희 마음을 만지셨습니다. 지금 아내와 저는 계속 가까워지고 있어요.

우리는 또한 '나쁜' 결혼을 좋은 것으로 만든 부부들에게서 많은 편지를 받았다. 자신과 남편 둘 다 세 번째 결혼인 어떤 여성의 편지를 소개한다. 덧붙이자면, 그들은 알코올 중독에서 회복되었고, 그녀는 이혼 가정에서 자랐으며, 남자를 존경하는 마음이 거의 없었다. 이 세 번째 결혼을 한 지 2년 후, 두 사람은 이 결혼을 지속할 마음이 있는지를 확신할 수 없었다. 상담자와의 만남 이후 그녀는 '이번에는 하나님 방식'으로 하자고 했다. 그 후 남편은 사고로 수술을 받아야 했고, 2년 동안 일을 할 수가 없었다. 다섯 명의 십 대 소년들로 이루어진 결합 가정을 돌보는 일은 너무나 힘들었다. 남편에게는 자존감이 전혀 보이지 않았고 그는 아내에게도 사랑을 보이지 않았다. 그녀는 남편을 더 사랑한다면 일이 풀릴 거로 생각했지만, 그런 일은 일어나지 않았다. 그들은 결혼에 관련된 비디오와 책을 섭렵했고 상담도 받았지만, 악순환에서 벗어날 수가 없었다. 암초에 부딪혀 희망이 보이지 않았고, 아내는 일주일에 이틀 정도는 울다 지쳐 잠들고는 했다. 더 이상 절망할 것도 없었다. 그녀는 우리의 책《하나님의 방법으로 남편 기를 살려라》(*Motivating Your Man God's Way*)를 읽고 이런 편지를 보냈다.

> 당신의 책을 읽은 후, 저는 남편에게 사과하면서 제가 그를 존경하지 않았음을 고백했어요. 그리고 진심으로 남편을 존경하길 원하고, 이제 그렇게 할 거로 말했죠. 그것은 효과가 있었어요. 이제 감사하는 마음은 이루 표현할 수가 없어요. 마침내 깨달았어요. 제 남편을 존경하는 방법을 알려주셔서 감사해요. 저는 남편에게 존경하는 말투를 사용하고 있고, 제 태도는 180도 바뀌었어요(그리고 남편의 태도와 행동도 많이 달라졌고요). 이 결혼이 최상의 결혼이 될 것이고, 하나님께 영광 돌릴 수 있으리라는 소망이 생겼습니다.

악순환을 멈추려면, 믿는 자들 중에 살아 역사하시는 하나님 말씀에 순종하라. (살전 2:13 참고)

사랑과 존경 메시지가 자기 부모의 결혼생활에 어떤 변화를 만들어냈는지를 들뜬 마음으로 써 보낸 한 아이의 편지도 함께 소개한다.

> 엄마와 아빠는 과거의 일들을 고백하고 있어요. 엄마는 아빠가 생각하고 행동하는 방식에서 큰 변화가 있었음을 알았고, 그로 인해 희망을 품게 되었어요. 엄마는 또한 자신이 존경의 언어를 사용하자, 그 즉시 아빠의 반응이 달라졌다고 말했어요. 두 분은 목소리 높이는 일 없이 심각한 이야기를 나누는 것이 불가능했기에, 이러한 변화는 정말 놀라워요. 엄마와 저, 여동생들에게 희망을 주셔서 감사드려요.

관계의 악순환에서 힘이 되는 선순환으로

이러한 편지들은 계속 오고 있다. 사랑과 존경 원리를 소개하는 우리의 메시지는 이 땅 여기저기 결혼생활에서 악순환을 멈추는 데 큰 힘이 되고 있다. 남편과 아내가 서로의 일차적인 필요(아내를 위한 조건 없는 사랑과 남편을 위한 조건 없는 존경)를 채우는 일에 헌신한다면, 그들은 악순환을 자신의 통제 아래 둘 수 있을 것이다.

악순환을 벗어나는 일은 한 번에 끝나지 않는다. 백 퍼센트 성공이란 없다. 우리 중 누구도 완벽하지 않기 때문에, 우리는 모두 수시로 악순환에 들어설 수 있다. 사라와 나는 여전히 그 악순환 통제법을 배우는 중이다. 우리는 겉으로 보기에는 무의미해 보이는 방식들로 서로에게 부정적으로 반응할 수 있기 때문이다. 그녀는 분홍색으로 보고 나는 파란색으로 본다. 그녀는 분홍색으로 듣고 나는 파란색으로 듣는다. 그러므로 갈등은 틀림없이 일어난다. 그렇지만 그것이 가속화되지 않도록 유지하는 것은 우리 몫이다(악순환을 통제하는 방법에 관해서는 부록 A, B를 보라).

사라와 나는 관계의 악순환이 지속하는 것이 아닐까 하는 두려움이 생길 때 그것에 어떻게 대처할 수 있는지를 배웠다. 그리고 우리는 그것을 어떻게 가라앉힐 수 있는지, 어떻게 멈출 수 있는지를 안다. 무엇보다도 우리는 악순환을 새장 속에 가둘 수 있는 비밀 병기를 가지고 있다. 우리는 그것을 '힘이 되는 선순환'이라 부른다.

그의 사랑은 그녀의 존경을 끌어낸다.
그녀의 존경은 그의 사랑을 끌어낸다.

이 책의 두 번째 부분에서 나는 당신의 결혼생활에 활기를 더해주는 선순환을 위한 전략들(개념, 아이디어, 원리)을 확실하게 알려주고 싶다. 이것을 마음을 다해 배우고 적용한다면 당신은 그 행복한 순환 과정에 머물 수 있을 것이다.

Love
&
Respect

2부

힘이 되는 **선순환**

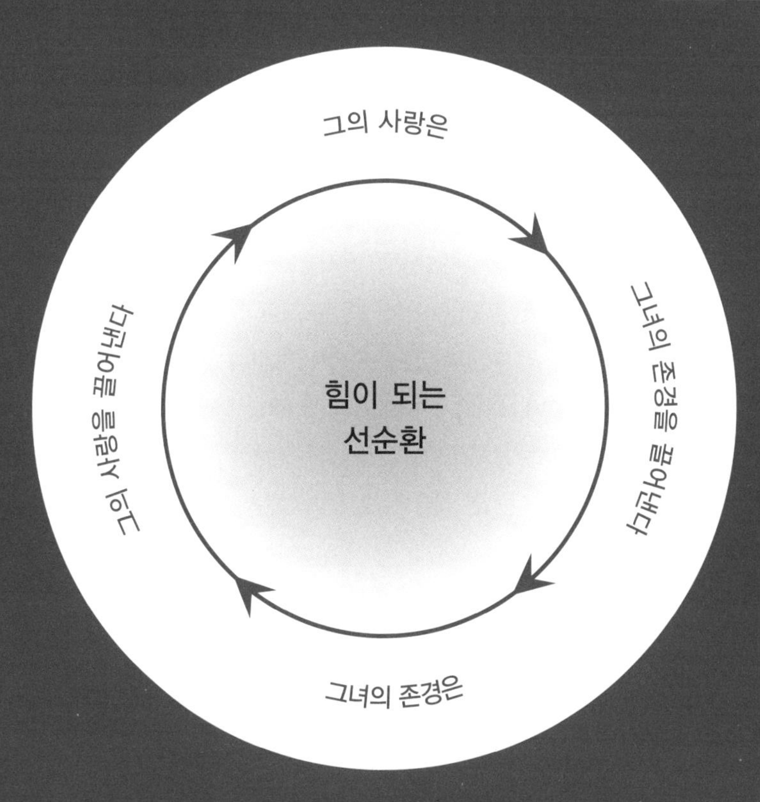

그의 사랑은 그녀의 존경을 끌어낸다.

그녀의 존경은 그의 사랑을 끌어낸다.

관계의 악순환은 조금만 방심하면 언제든지 다시 돌아갈 준비를 하고 있으므로, 두 사람은 "힘이 되는 선순환"Energizing Cycle에 올라서서 거기 머물러 있어야 한다. 다음 장들에서는 사랑과 존경 고리가 결혼생활에 어떻게 적용되는지 소개한다. 또한, 나는 일상적 원리 위에서 사랑과 존경 메시지를 활용하는 방법을 나눌 것이다. 1부에서 배운 것처럼 남편에게는 사랑과 관련된 상세한 도움이 필요하며, 아내에게는 존경과 관련된 상세한 도움이 필요하다.

이를 효율적으로 돕기 위해, 나는 남편과 아내에게 핵심적으로 중요한 여섯 가지 영역을 포함하는 두 개의 머리글자를 사용했다. 남편(남성)을 위해서는 C-O-U-P-L-E가 필요하다. 친밀감Closeness, 솔직함Openness, 이해Understanding, 평화Peacemaking, 충성Loyalty, 존중Esteem이 포함된 조언이다. 아내(여성)를 위해서는 C-H-A-I-R-S가 필요하다. 이는 정복Conquest, 계급Hierarchy, 권위Authority, 통찰Insight, 유대Relationship 그리고 성욕Sexuality으로 구성된다.

힘이 되는 선순환에 머물기 위해서는 끊임없이 노력해야 한다. 이 짧은 장들은 성경적 도움과 함께, 당신이 더 나은 결혼생활을 이어가는 데 도움을 주는 실제적인 정보로 가득 차 있다.

8

C-O-U-P-L-E : 아내를 어떻게 사랑할 것인가?

(8~14장은 남편을 위한 것이지만, 아내도 함께 읽었으면 한다.)

우리는 지금까지 어떻게 하면 악순환을 멈출 수 있을지를 배웠다. 이번 장에서 시작하여 22장까지 탐구하면서는 힘이 되는 선순환(Energizing Cycle)에 어떻게 올라서고, 오랫동안 머물 수 있을지에 초점을 맞추려고 한다. 이 선순환 프로세스는 주도적이고, 긍정적이며, 예방을 목적으로 한다. 이 선순환에 머무른다면 관계의 악순환(Crazy Cycle)이 가동되지 못한다.

하지만 우리는 모두 연약한 인간이기에 악순환에 다시 빠질 수도 있다. 우리가 힘이 되는 선순환에서 배운 도구와 기술을 잊어버릴 때 그런 일이 일어난다. 9장에서 14장까지 다루게 될 내용은 당신에게 자연스럽게 다가오지 않을 수도 있다. 사랑은 남편의 모국어가 아니기 때문이다. 하지만 C-O-U-P-L-E라는 머리글자로 요약한, 남편을 위해 제시하는 여러 가지 원리를 배우고 실행한다면, 큰 동기부여가 될 것이다. 그녀는 (당신의 모국어인) 존경으로 반응할 것이다.

친밀감, 솔직함, 이해, 평화, 충성, 존중이라는 세부적인 부분으로 들어가기 전에, C-O-U-P-L-E라는 단어 자체에 담긴 개념을 살펴볼 필요가 있다. 이는 두 사람의 연결을 의미하며, 여성이 관계를 어떻게 바라보는지를 보여준다.

당신이 지혜를 소중히 여긴다면, 지혜도 당신을 귀중히 여길 것이다. 당신이 아내를 사랑할 때, 선의를 가진 아내도 당신을 존경한다.

아내는 결합을 원한다. 부부 사진을 떠올려 보라. 크고 작은 문제로 결혼생활이 상처를 입을 때마다, 사진이 위에서 아래로 길게 찢긴다고 상상해보라. 아내는 그 관계를 다시 이어 붙이는 것을 사명으로 생각할 것이다. 그녀는 당신과 결합하길 원하고, 그런 의도로 당신에게 다가온다.

여자는 결합하려고 다가서지만 남자는 아내가 자신을 통제하려 든다고 생각한다. 아내가 싸움을 거는 것처럼 느껴지기도 한다. 다른 남자가 그런 식으로 행동했다면 한판 붙어보자는 식으로 들렸을 것이다. 부부가 서로에게 보내는 그 암호들은 극명하게 다른 필요로 인해 상당한 오해를 불러일으킨다. 1부에서 우리는 서로의 메시지를 해독하는 방법을 배울 필요가 있음을 보았다. 선의를 가진 당신의 아내가 부정적이고 공격적으로 나올 때, 그녀는 C-O-U-P-L-E를 요청하는 것이다. 순간, 당신은 그녀가 비판적으로 나오면서 남편을 존경하지 않는다고 느낄지도 모른다. 하지만 그녀가 정말로 원하는 것은 결합이라는 사실을 믿어라. 그녀는 당신의 사랑을 원한다.

남편의 깨달음

내게 와서 이 문제를 상담했던 부부가 있었다. 아내는 남편에게 다가섰고, 그는 아내의 통제하려는 태도가 '존경의 부족'처럼 보여 숨이 막히는 것 같았다. 나는 남편에게 말했다. "아내는 지금 선생님과 연결되기 위해 그렇게 하는 것입니다."

그는 재빨리 대답했다. "아닙니다. 그녀는 절 통제하려고 해요."

나는 아내를 바라보며 물었다. "정말로 남편을 통제하려고 그러는 건가요?"

"물론 그렇지 않지요." 그녀가 대답했다. "당신이 말한 대로예요. 저는 그와 하나가 되고 싶어요."

> 악순환에 있을 때
> 사람들은 어리석게도
> 자기 행위를 옳다고 여긴다.
> (잠 12:15 참고)

나는 남편에게 다시 물었다. "당신도 보셨죠?"

하지만 그는 인정하지 않고 "절 통제하려고 한다니까요!"라고 주장했다.

남편은 아내가 자신을 통제하려고 한다는 식의 '해석'을 내려놓으려 하지 않았다. 그녀가 어떤 의도로 그렇게 하는지 안다고 생각했고, 자기주장을 굽히지 않았다. "그녀는 통제하려는 사람이에요."

그는 아내를 좀 더 정확하게 해독하려 하지 않았다.

그러다가 부부는 우리 세미나에 참석했고, 나에게 이런 말을 전했다. "저희는 지금 서로를 사랑하고 존경하는 부부가 되었어요. 저희는 서로에게 건네는 암호를 제대로 읽지 못함을 알았고, 저희 느낌을 전달하려 할 때 의도와는 다른 방식으로 보일 수 있음을 깨달았어요."

이 부부는 깨달았다. 특히 남편은 더욱 그랬다. 아내가 자신을 통제하거나, 너무 부정적이거나, 지나치게 불평하거나 존경하지 않는 것처럼 여기면, 자신이 아내의 암호를 쉽게 오해할 수 있음을 알았다. 그녀의 외침은 '날 사랑해줘요!'라는 의미였다. 아내는 남편의 연인이 되길 바랄 뿐, "당신 나빠요!"라고 꾸짖으며 엄마 노릇을 하려는 것이 아니었다. 그것은 남편의 마음에 다가가기 위한 몸짓이었다. 아내가 자신을 가까이 끌어당기려 할 때마다 남편은 그녀의 통제 속에 자신을 단단히 매어두려는 것으로 잘못 추측하고 있었다. 정확하게 해독법을 배우자, 그는 악순환에서 빠져나와 힘이 되는 선순환에 올랐다.

계기판을 신뢰하라

현기증(vertigo)은 주변 환경이 소용돌이치는 것 같은 어지러운 기분을 말한다. 이 용어는 때때로 비행 조종사들이 운행 중에 어디로 가는지, 어떤 위치인지를 파악할 수 없을 때 사용된다. 이런 때 조종사가 계기판에 집중하지 않는다면, 그는 급격하게 소용돌이치다가 방향을 상실해 산산조각날 수도 있다. 계기판에서 비행기가 뒤집힌 상태라고 알려준다면, 평소 느낌과는 상관없이 계기판에 집중하고 비행기를 똑바로 돌려야만 한다. 계기판은 '감정'에 방해를 받지 않으며, 구름 봉우리에 시야가 가리거나 안개 사이를 지날 때도 마찬가지다. 말하자면 계기판은 거짓말을 하지 않는다.

다음 여섯 장에서 C-O-U-P-L-E에 담긴 비밀과 부부 사이의 결속과 관련해서 다양한 측면을 언급할 텐데, 이를 계기판처럼 여기길 바란다. 보고 듣고 느끼는 것만으로 상황을 해석하지 말라. 당신이 파란색 선글라스를 낀 상태임을 잊지 말라. 그것들은 당신이 보고 듣는 것에 색을 입히고, 영향을 주며, 아내에게 받는 암호를 해석한다.

'어떤 여자들은 그렇게 남자들에게 가까이 다가갈 수도 있겠지만 내 아내는 아니야. 나를 통제하려고 한다고.' 여전히 이렇게 생각할지도 모른다. 하지만 이런 생각은 치워두는 게 좋다. 이제 살펴볼 C-O-U-P-L-E이라는 계기판을 신뢰해야 한다. 그러면 당신은 방향 감각을 잃지 않고 아내에게 힘을 실어주게 될 것이다.

C-O-U-P-L-E은 남편과 연관된 성경 구절에 기초를 두고 있다. 하나님의 계시를 신뢰하고 복종하면 그른 길로 가지 않는다. 돌담이나 짜증의 상태로 당신을 밀어 넣는 갈등을 만나더라도, 목소리, 단어, 얼굴에서 어떻게 사랑을 보일 수 있는지를 배우게 될 것이다. 그리고 아내의 마음도 녹아내린다.

갈등의 대양에서 남자들은 이렇게 헤엄쳐 나온다

1부에서 본 것처럼, 남자들은 갈등 상황을 만나면 뒷걸음질 치는 경향이 있다. 감정의 대양에 폭풍우가 몰아칠 때, 남편은 이러다가 익사하는 것은 아닌지 불안해한다. 반면 아내는 그런 상황에서도 꽤 자연스럽고 편안하다. 그러나 남편이 성경 원리를 사용한다면 갈등 속에서도 헤엄치는 방법을 배울 수 있을 것이다.

한 남성은 아내가 자신을 자꾸만 말로 자극한다고 불평했다. 그는 남자 중의 남자, 진짜 '파랑'이었다. 아내가 성을 내면 그는 돌담이 되어 그녀의 화를 더 돋우는 경향이 있었다.

그는 내 제안을 시도한 후 받은 충격을 말했다. 평소처럼 그녀는 사소한 것에 불평하고 짜증을 냈다. 그는 아내의 말을 멈추게 하고, 부드럽지만 단호하게 얘기했다. "이것 봐요. 당신은 나를 계속 힘 빠지게 할 수도 있고, 같이 소파에 앉아 기도하게 할 수도 있소."

마치 풍선 바람이 빠지는 것처럼, 아내에게서 부정적인 것들이 빠져나왔다. 그녀는 고함치던 것을 멈추고 소파로 다가가 앉아 머리를 숙이고 남편에게 손을 내밀었다. 이런 광경 앞에서 그는 어안이 벙벙했다. 이런 일은 처음이었다.

나는 그에게 말했다. "그것 보세요. 아내가 남편을 통제하려는 것처럼 보이지만, 사실 그들은 사랑으로 하나 되는 것을 간절히 원해요. 진정한 사랑을 느끼면 그녀는 즉시 남편을 존경하는 태도를 보입니다. 이제 그녀는 목표를 이뤘어요. 처음부터 그걸 원한 거예요!"

이 남편은 내 말의 요지를 알았다. 마음이 끌리지는 않았지만 내 제안을 시도해보기로 했고, 결과를 보자 결국 믿게 되었다. 그는 계기판을 신뢰하는 법을 배웠다(아내에게 당신의 필요를 어떻게 이야기하고, 그녀의 필요는 어떻게 파악할 것인지에 관한 사례를 보려면, 부록 C를 참고하라).

그녀를 사랑한다고 해서 꼭 '분홍색'이 될 필요는 없다

계기판을 신뢰하고 아내와 함께 사랑을 추구하라고 했을 때, 나는 당신에게 여자들과 똑같이 하라는 것이 아니다. 교회에서, 특히 복음주의권에서는 이 부분에서 실수한다. 우리는 남성들에게 "자신의 여성적 측면과 조화를 이루라"라고 하면서도 여성들에게는 "자신의 남성적 측면과 조화를 이루라"라고 하지는 않는다.

남자들이 여성화되라는 것이 아니다(고전 6:9 참고). '분홍색'이 되라는 것이 아니다. 명예를 지닌 남자가 되라는 것이며, 파란색 선글라스를 조절하고, 사랑을 덧입으라고 하는 것이다.

자신을 경멸하는 아내를 향해 사랑으로 다가가기보다는 명예롭게 죽기가 더 쉽겠다는 남자들이 많다. 하지만 "내가 틀렸어요. 우리 이것을 놓고 얘기 좀 합시다"라고 말하는 것이 진정 남자의 명예다. 갈등을 겪을 때, 아내를 향해 "미안해요. 날 용서해줄래요?"라고 얘기하는 일은 속이 뒤틀리는 경험이다. 나도 그랬기 때문에 잘 안다. 그것은 즐거운 일은 아니지만, 아주 효과적이다. 시간이 지나면 점점 쉬워질 수는 있겠지만, 절대 자연스럽지는 않다. 그러나 이런 반응은 갈등 중에 있는, 한바탕 갈등을 겪은 당신의 아내에게서 부정적인 것들이 빠져나오게 한다. 가장 놀라운 일 중 하나는, 그렇게 했을 때 남자인 당신이 아내가 열망하던 부드럽고 사랑스러운 방식으로 아내를 어루만지리라는 것이다. 아내의 마음은 대부분 녹아내리고, 활력을 얻는다.

C-O-U-P-L-E 원리를 적용할 때, 당신은 사랑하는 아내와 더불어 삶을 즐기게 된다. (전 9:9 참고)

성경이 하나님의 마음을 어떻게 묘사하는지를 보면서 그런 남편이 되는 법을 배우기를 바란다. 이를 위해 성경학자가 될 필요는 없다.

한 남자는 나에게 이렇게 고백했다. "그 원리를 부부 사이에 적용할 때, 아내의 눈이 빛나는 것을 봤어요. 반면, 그 원리를 실행하지 못했을 때는 좌절감과 절망감이 보였죠."

아내의 눈에서 계속하여 빛을 보고 싶다면, 다음 장에서 묘사하는 성경 원리대로 실천해보라. 그러면 아내는 사랑받고 있음을 느낄 것이다. 그것은 결합이고, 연결이다. 당신은 아내에게 하나님의 방법으로 활기를 주게 되고, 선의를 가진 여자의 마음속에서 그분이 어떻게 역사하는지를 보게 될 것이다.

'친밀감'에서 시작해보자.

9

친밀감:
그녀는 당신과 가까워지고 싶어 한다

인간 역사의 첫 결혼이 묘사된 곳에는 친밀감에 관한 살아 있는 정의가 등장한다. "이러므로 남자가 부모를 떠나 그의 아내와 합하여 둘이 한 몸을 이룰지로다"(창 2:24). 여기서 '합하다'라는 히브리 단어는 밀착하거나 붙잡거나 친밀함을 유지한다는 말이다.

두 사람이 함께 마주 보고 서서 결합해 한 몸이 되었다. 하나님의 모든 창조물 중에서 오직 사람만이 서로 마주 보며 성적인 친밀감을 느낀다.

결합은 또한 영적 · 정서적인 친밀감을 의미한다. 이것은 남편에게 많은 통찰을 안겨주는 구절이다. 당신이 아내를 향해 다가갈 때, 바라보거나 만지거나 미소를 지으며 친밀함을 전달할 때 아내는 자신이 사랑받는다고 느낀다.

신명기를 보자. "사람이 새로이 아내를 맞이하였으면 그를 군대로 내보내지 말 것이요 아무 직무도 그에게 맡기지 말 것이며 그는 일 년 동안 한가하게 집에 있으면서 그가 맞이한 아내를 즐겁게 할지니라"(신 24:5). 이것은 이스라엘이 결혼을 얼마나 잘 이해하고 있었는지를 보여주는 매력적인 구절이다.

왜 '일 년 내내'인가? 그들은 결혼생활 첫해는 평생의 토대가 된다는 사실을 알고 있었다. 인생이 비탄에 빠져 남편을 데려가기 전에, 그들에게 또 다른 문제들이 닥쳐오기 전에 관계에서 친밀함을 만드는 것이 중요하다.

사랑받는다는 느낌을 주어라

이 시대에는 일 년이라는 시간을 두 사람이 한가하게 집에서 함께 보내는 일이 거의 불가능하다. 하지만 당신은 여전히 매 순간 긍정적인 분위기를 조성할 수 있다. 서로 떨어져 있다가 집으로 돌아왔을 때, 재결합을 위한 약간의 시간을 들인다면 나머지 저녁 시간을 위한 분위기가 조성된다. 오늘날에 부부는 종종 경제적인 이유로 맞벌이한다. 아내는 남편보다 늦게 집에 올 수도 있지만, 친밀감의 기본 역학은 여전히 적용된다.

그녀는 연결(connect)을 원한다는 것을 기억하라. 그녀는 얼굴을 마주하며 서로 관심을 기울이기를 바란다. 물론 두 사람 모두 길고도 (어쩌면) 힘든 날을 보냈다. 하지만 당신이 그저 소파에 주저앉아서 아내가 맛있는 저녁을 준비하는 동안 TV만 보고 있다면, 큰 실수를 하는 셈이다. 이런 식의 행동은 아내에게 사랑받는다는 느낌을 주지 못한다. 당신이 부엌에 들어가서 저녁 준비를 도운다면 (설사 그것이 식탁을 정리하는 정도라 해도), 그녀는 사랑받는다고 느낄 것이다. 또는 아내가 집에 오기 전에 저녁을 준비할 수도 있다(꽤 괜찮은 발상이지 않은가).

> 남편은 형제보다도 더 친밀한 연인이 되고 싶어 한다.
> (잠 18:24 참고)

아내와 함께 앉아 저녁을 먹으면서 이야기하는 방법도 좋다. 그날 어떤 일이 있었는지 말하고, 아내에게는 어떤 하루를 보냈는지를 물어보라. 그녀는 당신이 잠자코 곁에 와서 자기 마음을 헤아려주기를 바란다. 특히 괴로운 일이 있을 때 참으로 그러한데, 현명한 남편이라면 그것이 어떤 상황인지를 알아차리려고 애쓴다.

부엌에서 이런 시간을 보내는 것이 남자답지 못하다고 생각하는 사람도 있겠지만, 신명기 24장 5절에서 본 것처럼, 히브리 사람들은 집에 머물러 있는 용사들을 비웃지 않았다. 오히려 명예로운 남자라면 아내와 함께 결혼 첫해를 보내도록 명을 받았다. 젊은이들은 동료와 함께 적과 싸우러 나가고 싶겠지만, 명예를 가진 남자로서 그는 두 가지를 해야 함을 배운다. 전장에서는 존경받을 만한 일을 하고, 가정에서는 사랑을 베푸는 일을 할 것이다. 그는 모자 두 개를 바꾸어 쓸 수 있어야 한다.

길거리에 있는 커피 전문점에서 카푸치노와 카페라테를 홀짝거리는 모습을 떠올려보자. 대부분 카페에는 서로 마주 보고 있는 두 개의 의자 사이에 작고 둥근 탁자가 놓여 있다. 대개는 두 사람이 이런 작은 탁자를 사이에 두고 앞쪽으로 기대앉아, 손으로 턱을 받친 채 얼굴을 마주 보고 이야기를 나눈다. 이들은 대부분 여성이다. 그들은 둥그런 탁자를 좋아한다. 서로 마주하며 사적인 대화를 나누면서 친밀해지는 것을 즐거워한다.

딸 조이가 네 살이었을 때 나는 그 아이에게서 여자들의 이러한 필요, 즉 얼굴을 마주 보면서 연결되는 것을 배웠다. 어느 날 저녁, 나는 잠을 재우기 위해서 딸아이의 침대로 가서, 얼마 동안 함께 누워 있었다. 방은 칠흑같이 어두웠고, 조이는 이런저런 이야기를 했다(딸아이는 귀여운 수다쟁이 소녀였다). 어둠 속이어서 상대방을 볼 수는 없었다. 딸아이는 이야기를 하다가 갑자기 "아빠, 날 봐요!"라고 말했다. 그러고 나서 자신의 작은 손을 뻗어서 내 얼굴을 감싸고, 자신을 바라보도록 얼굴을 돌렸다. 어두움에서조차 딸아이는 아빠가 자신을 보지 않고 있다고 느꼈으며, 그렇다면 듣고 있지도 않은 것이라고 여겼다! 아들 조나단과 데이비드는 내 얼굴을 감싸 쥐면서 "날 봐요"라고 요구한 적이 없었다.

여자들은 어떠한 관계에서든 이런 것을 기대한다. 특히 부부 사이에서는 더더욱 그렇다. 그녀는 결혼할 때, 당신을 친한 여자 친구처럼 여겼다. 작고 둥그런 탁자에 앉아 마주 보며 이야기하고 싶어 했다. 하지만 그런 일은 좀체 일어나지 않는다.

몰입과 독립 사이

어떤 남자도 여자의 이런 정서적인 필요를 모두 채울 수는 없다. 물론 신문을 내려놓거나 스포츠 프로그램을 끄고 아내에게 맞춰주려고 애쓰는 때도 있다. 그녀가 당신을 향해 다가올 때 어떤 행동을 취하는지를 이해할 것이다. 저녁 내내 당신을 따라다니는 이유가 거기 있다(또는 결혼 초기에 그랬을 것이다). 그녀는 그런 식으로 사랑을 나타낸다.

결혼생활이 어떤 상태인지 파악하는 방법 중에 아래와 같은 방법이 있다. 일직선을 긋고 한쪽 끝에는 몰입이라고 쓰고, 다른 한쪽 끝에 독립이라고 쓰라.

몰입 ____ 독립

대부분 결혼관계에서 아내는 몰입 쪽에 있지만, 남편은 독립 쪽에 더 치우쳐 있다. 당신이 너무 독립적일 때는(특히 돌담이 될 때는), 그녀

는 당신에게 친밀감을 느끼지 못하며 남편이 자신을 사랑하지 않는다고 느낀다. 반면 당신에게 필요한 공간을 그녀가 주지 않으면, 당신은 그녀가 너무 몰입하려고 하며 남편을 존경하지 않는다고 느낀다. 이 일직선은 몰입과 독립 사이에 존재하는 긴장을 보여준다. 긴장은 나쁜 것이 아니다. 사실관계를 위해 어느 정도의 긴장은 필요하다. 실제로 약간의 긴장은 관계를 더 좋게 만들어준다(12장에서 이에 관해 다룬다).

사랑하는 여자는 친밀감을 갈망한다. "마음에 사랑하는 자를 만나서 그를 붙잡고 … 놓지 아니하였노라"(아 3:4).

취여사는 것이 아닌 연합의 삶

몰입과 독립 사이의 긴장은 분홍과 파랑 사이의 차이와 비슷하다. 나는 남자들에게 카페의 작은 탁자에 앉아 마주 보고 이야기를 나누는 여자처럼 하라는 것이 아니다. 아내는 당신의 여성성을 기대하는 것이 아니라 아주 친밀한 방식으로 연합되기를 원한다. 당신의 그런 모습은 그녀에게 동기를 제공한다. 아내에게 힘을 실어주고, 결혼이 악순환에서 벗어나 힘이 되는 선순환에 접어들도록 한다.

물론 당신은 독립적인 공간을 요구할 수 있다. 일주일 내내 열심히 일했으니, 원하는 골프 모임에 나갈 자격이 있다(아니면 마음 편히 TV를 시청하거나 낚시를 갈 수도 있다). 독립이라는 필요가 만족하기 전에는, 그녀를 향해 다가가지 않을 수도 있다.

하지만 이렇게만 하면 아무 효과가 없다. 지금까지도 그랬고, 앞으로도 그럴 것이다. 아내가 정말로 필요로 하는 것을 주지 않으면서 당신에게 필요한 것을 달라고만 요구할 수는 없다. 만약 그렇게 한다면, 관계의 악순환이 지속할 뿐이다. 아내를 사랑하지 않으면 그녀는 존경하지 않을 것이며, (그렇게 하여) 남편을 존경하지 않으면 당신 역

주님 안에서는,
남자 없이 여자가
있을 수 없고,
여자 없이 남자가
있을 수 없음을
알아야 한다.
(고전 11:11 참고)

시 사랑 없이 반응할 것이다.

아내와의 친밀함을 방해하는 큰 장애물 중 하나는 당신이 그렇게 사랑으로 대할 때 아내에게 통제당하게 될 것이라는, 해묵은 두려움일지도 모른다. 하지만 아내에게 쥐여살게 될 것이라는 그런 두려움은 유치한 것이다. 창세기 2장 24절은 아내와 결합하여 한 몸이 되는 것을 이야기한다. 거기에는 쥐여사는 것에 관한 말이 없다.

관계의 악순환이냐, 힘이 되는 선순환이냐

그러므로 성숙한 남자가 되는 길을 택하라. 나는 그렇게 했고, 그것은 효과가 있었다. 마침내 악순환을 멈추고 힘이 되는 선순환에 머무르는 법을 깨닫게 되자, 나는 사라가 정말 필요로 하는 것을 줄 수 있었다. 내가 그렇게 하자 재미있는 일이 일어났다. 사라도 내가 정말 필요로 하는 것을 주고 싶어 했다. 황금률이 실현되었다. 배우자가 당신을 대해주길 원하는 방식대로 배우자를 대하라(눅 6:31 참고).

여기에는 중립이 없다. 어떤 의미에서 이것은 관계의 악순환과 힘이 되는 선순환 사이의 끊임없는 싸움이다. 당신은 아내에게 올바르게 동기를 줄 수도 있고, 그녀를 힘들게 할 수도 있다. 그것은 당신의 선택에 달려 있다.

레스토랑에서 저녁을 먹고 있던 노부부 이야기가 있다. 아내는 바로 옆 테이블에 앉은 자기 또래의 다른 부부를 보았다. 그 부부는 남편이 아내에게 팔을 두르고 가까이 앉아 있었다. 그는 아내의 귀에 뭔가를 속삭이고 있었고, 그녀는 얼굴을 붉히며 미소를 지었다. 그는 어깨를 부드럽게 주물러 주고, 머리를 매만졌다.

그것을 본 후 아내는 남편을 향해 돌아앉아서 말했다. "저기 저 부부를 봐요. 저 남자가 아내와 얼마나 가까운지, 어떻게 이야기하는지를 봐요. 얼마나 달콤해요! 왜 당신은 저렇게 해주질 않죠?"

남편은 시저 샐러드에서 시선을 돌려 건너편 테이블에 앉아 있는 부부를 흘끗 보았다. 그러고서 아내에게 고개를 돌려 말했다. "여보, 난 저 여자를 전혀 몰라."

이 농담은 분홍색과 파란색에 관련된 요점을 보여준다. 분홍색은 친밀감을 원하고, 파란색은 다음에 나올 스테이크를 기대하면서 눈앞의 시저 샐러드를 먹는 데 바쁘다. 두 사람이 자신의 선글라스와 보청기를 조절하기 전까지는 행복한 결혼을 방해하는 긴장은 계속될 것이다. 행복한 결혼은 그 긴장이 창조적으로 다루어질 때, 그리고 몇몇 긍정적이고 사랑하는 행동을 통해 그 긴장을 극복할 때 생겨난다. 이것은 매우 좋은 효과를 가져온다. 특히 아내 편에서 더욱 그렇다.

친밀하게 되는 데에는 비용이 들지 않는다, 하지만 시간과 사랑이 필요하다

이제부터 이야기할 많은 친밀함의 비결들은 아내 사라가 확인해준 것이다. 사라는 모든 세미나에서 힘이 되는 선순환을 이야기한다. 그녀는 남편을 돕기 위한 아이디어 목록을 모았고, 자신에게 더 끌리는 것을 메모했다. 또한, 많은 여성을 만나 남편과 더 친밀함을 느끼게 해주는 것이 무엇인지를 물었다. 그런 다음 간단하면서도 효과적인 아이디어를 제안했다. 예를 들면, 단지 손을 살짝 잡아주는 것으로도 아내는 힘이 난다. 내가 사라와 함께 산책하던 어느 날, 아내는 "여자는 남편이 손을 사랑스럽게 잡아주기만 해도 사랑받는다고 느껴요"라고 말했다. 물론, 나는 그 즉시 그녀의 손을 잡았다.

또는 포옹의 힘을 생각해보라. 몇 년 전, 사라의 어머니와 나의 어머니는 11개월 차이로 급작스럽게 돌아가셨다. 그 후, 나는 그녀가 때때로 부엌에 서서 훌쩍이는 것을 보았다. 내가 그녀를 위해 해줄 수 있는 일은 그저 아내를 살짝 안아주는 것뿐이었다. 나는 아무 말도 하지 않고, 아내가 울음을 멈출 때까지 계속 안고 있었다. 사라는 후에 이렇게 이야기했다. "그때 당신과 무척 가깝다고 느꼈어요."

또는 성관계를 갖지 않고 애정을 베풀 수도 있다. 그것은 남자에게는 다소 모순으로 들릴 수 있겠지만 사실이다. 그녀를 끌어안고, 손을 잡고, 당신이 그녀를 얼마나 귀엽고 사랑스럽게 여기는지를 말해보라. 당신이 성관계를 갖고 싶을 때만 그녀를 어루만지고 키스한다면 대개 아내는 냉담해진다. 그녀는 대부분 남자인 당신보다 더 천천히 성관계로 향한다. 그러므로 애정이 허락하는 영역 안에서만 진도를 유지하라.

기억하라. 매일매일 애정을 베풀고 마음을 쓰되, 당신이 관계를 원하는 날에만 그렇게 하지 말라. 애정은 목표이지 수단이 되어서는 안 된다. 한 여성의 이야기를 들어보자.

> 남편은 〈스포츠센터〉를 열심히 보지만, 저는 열 시만 되면 기력이 빠져요. 저는 신혼 때처럼 그가 편안하게 껴안아주길 원했어요. 하지만 아이도 없는 저희는 전혀 다른 길을 가는 두 이방인이나 다름없었어요. 저를 그저 성적인 친밀감을 주는 존재로만 여기는 것 같아요. 오직 그때만 가까워지는 느낌이었죠. 이런 상황에서 벗어나고 싶어요.

아래 목록을 보라. 이 제안은 간단하면서도 비용이 들지 않지만, 충분한 시간과 가까워지려는 마음이 필요하다. C-O-U-P-L-E 원칙의 다른 장 말미에도 이러한 목록을 제시했다.

아내는 이럴 때 친밀함을 느낀다

- 당신이 손을 잡을 때
- 당신이 안아 줄 때
- 당신이 성적인 의도 없이 애정을 베풀 때
- 당신과 아내가 단둘이 있으면서, 서로에게 초점을 두고 함께 웃을 수 있을 때
- 당신과 아내가 함께 산책하거나 조깅을 할 때 혹은 함께 할 수 있는 뭔가를 할 때
- 당신이 밤 데이트를 제안할 때, 촛불 아래에서 식사할 때
- 아내를 위해 당신이 하던 일을 멈출 때
- 당신이 아내와 함께 보내는 시간에 최우선순위를 둘 때
- 당신이 아내와 함께 토론하는 것을 즐기며 그녀의 통찰을 얻고 싶다고 할 때
- 당신이 아내가 평소 기대하지 않았던 것을 제안할 때(간단한 도시락을 마련해 야외에서 먹거나, 보름달을 보면서 산책을 하거나, 차 안에서 노을 구경을 하자고 제안할 때)
- 사랑을 나누고 난 뒤에 팔베개를 해주면서 이야기를 나눌 때

솔직함:
그녀는 당신이 솔직하기를 원한다

결혼생활 상담을 하러 오는 부부 사이에서 나는 두드러지는 사실을 한 가지 발견했다. 부부가 상담실에 들어오면, 남편은 나를 보며 자리를 잡고 앉는다. 때때로 올려다보거나 내려다보거나 반대쪽을 보긴 하지만, 흘끗 보는 것 외에는 직접 아내를 눈여겨보진 않는다. 반면 아내는 남편과 나를 바라볼 수 있도록 자리를 잡는다. 그녀는 남편의 내면에서 어떤 일이 일어나는지, 그가 무슨 생각을 하는지를 이해하고 싶어 하므로 그렇게 한다. 여자인 아내는 뭔가를 표현하거나 반응하고 싶어 함을 기억하라. 그녀는 문제 해결을 위해 솔직하게 속마음을 꺼내놓을 수 있다.

그러나 남편은 그것을 조끼 안쪽에 넣어 둔다. 아내는 그의 내면에 어떤 일이 일어나고 있음을 느끼지만, 남편은 그것을 말하지 않는다. "잘못된 것은 없소"라고 하지만 그녀의 직관은 남편이 확실히 동요하고 있음을 안다. 그래서 아내는 혼란스러워하고 "뭘 믿어야 할지 모르겠어요"라고 말한다. 하지만 그녀는 중단하지 않는다. 계속 문제를 찾고 이해하려고 노력한다. 그녀는 남편의 사랑을 갈구하는데, 이는 자신의 세계 안에서 남편의 마음과 솔직하게 결합한다는 의미이다.

그녀의 전구 하나가 부서지면 전체가 꺼진다

부부가 상담하러 사무실에 들어와서 앉을 때 일어나는 일들을 온전히 이해하려면, '표현적-반응적'(expressive-responsive)이라는 용어와 '구획으로 나뉘었다'(compartmentalized)라는 용어를 제대로 정의해야 한다. 우리는 이미 남자와 여자가 매우 다르다는 것을 알고 있다. 이러한 차이점은 전기 회로 구성이 서로 다른 것과 같다. 어떤 회로에는 3,000개의 전구가 있는데, 만약 하나의 전구가 부서지면 다른 전구도 모두 꺼지게 되어 있다. 다른 회로는 3,000개의 전구 중 2,000개가 망가져도 나머지 1,000개가 여전히 작용하도록 만들어졌다.

> 개방적이지 않은 남편은 아내에게는 말조차 붙이기 힘든 적대적인 사람으로 보인다.
> (삼상 25:17 참고)

친밀감의 측면에서 보자면, 아내는 첫 번째 회로와 같다. 만약 결혼생활에 심각한 갈등이 있다면, 이것은 그녀의 존재 전체에 영향을 끼친다. 전구는 모두 꺼지고, 그녀는 완전히 지쳐 버린다. 이것은 여성 대부분이 통합된 성격이기 때문이다. 그녀의 정신과 몸과 영혼은 연결되어 있고, 그녀의 전체 체계는 상처받은 느낌에 반응한다. 남편에게서 단 한 가지라도 사랑받지 못한다고 느끼는 부분이 있다면, 아내는 그것이 회복될 때까지 혼란스러워한다. 어떤 여성은 나에게 이렇게 말했다. "제가 어느 한 가지 영역에서 싸우고 있다면, 모든 영역에서 그와 전쟁을 벌이는 거예요."

때때로 여자는 남편이 자신을 외롭게 만들었기 때문에 남편과 전쟁 중이라고 느낀다. 많은 편지들은 대부분 이런 내용을 담고 있다.

여러 날, 그는 밤에 집에 와서 늦게까지 TV를 본 다음, 침대로 와서 성관계를 원했어요. 저는 그저 이용될 뿐 사랑받지 못한다고 느꼈지요. 지난 밤 저에게는 외로움이 확 몰려왔고, 그 기분이 너무나 싫었어요. 그이는 저보다 TV를 더 중요하게 생각하는 것 같았어요. 그것이 아님을 알지만, 저는 그렇게 느꼈죠. 성관계를 원하는 남편을 몸으로 거부하자 그는 매우 화를 냈어요. 며칠 동안 저와 거의 이야기하지 않았지요.

남자들은 이 여성이 말하는 것을 마음에 새겨야 한다. 그녀가 관계에 문제가 있다고 생각한다면, 상처받고 외롭고 무시당하고 있다고 느낀다면, 성적인 데에 아무런 흥미도 느낄 수 없다. 그녀의 영혼이 부서지면, 몸은 당신에게 반응하지 못한다.

아내의 깨어진 영혼을 보는 것은 어렵지 않다. 그녀의 얼굴이 모든 것을 말해준다. 여성은 표현적이지만, 남성은 포커페이스(poker-faced)를 하고 있다. 자신은 당황스럽고 감정이 무너져 내렸는데, 남편은 아무 문제가 없는 듯 행동하는 것을 보며 아내는 불평한다. 하지만 그는 퇴근한 후에도 아침에 있었던 일을 다시 꺼내 비난하는 아내를 이해할 수 없다. 남편은 대개 그것을 잊어버렸기 때문에 어떤 일이 일어났는지 떠올리려면 시간이 좀 걸릴 수도 있다. 하지만 아내의 하루는 아침에 벌였던 말다툼으로 엉망이 되었다. 그녀는 수십 번이나 당시 상황을 재현하고 어떻게 대응할 것인지 연습했다. 그런데 남편은 저녁에 와서는 "이런…. 난 잊어버렸는데. 이제 그만합시다"라고 말한다.

어떻게 그럴 수 있는지 그녀는 도저히 이해할 수가 없다. 남자는 왜 아내처럼 당황하지 않을까? 이에 관한 대답은 쉽다. 아내가 전구 2,000개를 망가뜨려도, 다른 1,000개가 여전히 작동하기 때문이다. 그것은 그가 문제를 '구획으로 나누어' 대처하고 있음을 의미한다. 남자는 반응을 통제하는 능력이 훨씬 강하다. 혈압은 지붕을 뚫고 올라갈지 몰라도, 그는 그것을 저 아래에서 잘 싸매고 있다. 그는 깊이 상처를 입었을 수 있지만, 마음속에서 이미 그것을 '구분'한 다음에는 자신에게 이렇게 말한다. '그녀가 그렇게 느낀다면, 이것을 왈가왈부한들 무슨 소용이 있겠어?'[1]

아내는 남편을 불가사의한 섬으로 여긴다

내가 방금 밝힌 것은 모든 남편에게 유용한 정보다. 그녀는 왜 남편이 연애 시절에 그랬던 것처럼 표현하지 않는지를 이해할 수 없다. 이 사실을 이해하면, 그녀가 유심히 살펴볼 때 어떻게 반응해야 할지를 알 수 있다.

교제하는 처음 몇 달 동안 두 사람은 서로에게 완전히 솔직했고 내면의 꿈, 열망, 두려움, 실패를 나누었다. 그들은 마음을 마주하고 이야기했으며, 그들의 솔직함은 아가서에 묘사된 연인과도 같았다. "나의 사랑하는 자의 소리가 들리는구나. 문을 두드려 이르기를 나의 누이, 나의 사랑, 나의 비둘기, 나의 완전한 자야 문을 열어다오"(아 5:2). 열린 문이라는 이미지는 두 사람이 서로 마음을 나누고 있으며 친밀한 상태임을 상징한다. 그들은 서로에게 성적으로, 정서적으로 그리고 영적으로 매력을 느끼고 있다.

그런데 결혼 후에는 이러한 남자의 솔직함이 어떻게 달라지는가? 연애 시절 남자는 자신이 꿈꾸던 여자를 찾으려고 애썼다. 그것은 활기를 불어넣는 모험이었다. 남자는 그녀로 인해 꿈이 이루어졌고, 이제는 만족스러운 생활이 지속될 것으로 결론 내린다. 그는 더 이상 마음을 나누고 솔직해질 필요성을 느끼지 못한다. 사실, 그는 그저 함께 하는 것이 좋고, 어깨를 마주 대하는 것이 좋고, 적게 이야기하는 것이 좋다(이에 관해서는 20장을 보라).

연애 시절에 보였던 솔직함이 사랑을 불러일으키는 커다란 이유였고, 그녀가 자신의 그런 모습으로 인해 활기를 얻었음을 그는 이해하지 못한다. 결혼한 지금도, 아내는 남편이 이전만큼 솔직하길 바라고 이전만큼 삶을 세밀하고 구체적으로 말해주길 바라지만 남편은 그런 필요에 민감하지 못하다.

모든 아내는 자신의 달콤한 모험을 세세하게 서술하면서 이야기하는 것을 꿈꾼다.

아내는 그런 남편이 불가사의한 섬처럼 보일 때가 있다. 남편 주위에서 헤엄을 치면서 상륙할 곳을 찾고 있지만, 안개가 그들을 막아서고 있다. 상륙할 만한 곳을 찾기 어렵다. 남편은 그녀의 접근을 거절하는 것처럼 보인다. 어떤 여성은 나에게 이렇게 썼다.

> 그는 완전히 관계를 끊었어요. 남편 주위에 있는 것은 너무나 어려워요. 그는 도대체 입을 열지 않아요. 그의 마음을 어떻게 매만져야 할지 모르겠어요. 마치 어두운 방 안에서 비틀거리면서도 전등이 어디 있는지 도무지 알 수 없는 그런 상황 같아요.

물론, 예외는 있다. 아내는 문제를 잘 참아내고, 남편은 솔직하게 표현하는 부부를 상담하기도 했다. 그렇지만 그런 부부는 그야말로 소수다. 일반적인 남자와 여자는 위의 패턴대로 행동한다.

● 아내는 최근 소식을 듣고 싶어 한다

대부분 여성은 아내 사라처럼 행동한다. 사라는 결혼생활에서 만나는 문제를 매일 이야기하길 좋아했다. 이것으로 어떤 중요한 문제가 예방된다고 여겼다. 하지만 나는 결혼생활 초기에는 그 의미를 이해하지 못했다.

이런 식의 대화는 제대로 사랑하지 못하는 나를 나무라는 것으로 느껴졌고, 그래서 존경받지 못하는 감정을 피하려고 대화를 그만두기도 했다. 내가 그녀의 질문에 침묵으로 반응하면, 그녀는 나에게 더 다가왔고 내가 어떤 어려움을 겪고 있는지 찾아내려고 애썼다. 그럴수록 나는 더 위축됐다. 그런 식으로나마 아내와 나 사이에 놓인 차이를 배웠지만, 그렇게 되기까지 관계의 악순환 기간은 필요 이상으로 늘어났다.

힘이 되는 선순환에 들어선 지금은, 아내가 이런저런 정보를 얻기 위해 나를 밀어붙이거나 질문하기 시작하면 곧바로 사라의 메시지를 해독하려고 노력하는 편이다. 나는 여전히 그런 그녀에 대해, 캐묻고 엿보고 비난하고 통제하려 한다고 생각하는 천생 남자다.

"제 아내는 항상 절 감시하려고 해요. 아내가 큰 갈고리를 가진 것 같죠. 그녀는 제 내면을 간섭하고 있어요. 저에게는 나만의 공간이 필요해요. 독립이 필요하다고요." 언젠가 나에게 이렇게 말한 남자의 말을 잘 이해한다. 이 남자가 이런 말을 할 때 어떤 느낌이었을지 안다. 하지만 나는 이런 생각들을 옆으로 치워두었다. 나는 사라가 그런 식으로 나를 통제하려는 것이 아님을 알고 있었다. 그녀가 선의와 진심을 알았다. 나는 그녀가 나와 연결되기를 원할 뿐이며, 우리 사이에서 솔직함과 친밀감을 느끼고 싶어 하는 마음을 이해했다. 이것은 그녀 안에 있는 강력한 여성성이 표현된 것이고, 나는 그런 것이 좋아 사라와 사랑에 빠지지 않았던가!

남편인 당신은 그렇게 여러 가지를 궁금해하는 아내를 두고 불필요한 질문을 해대는 사람으로 생각하지 말아야 한다. 아내가 왜 그렇게 하는지를 생각하라. 그녀는 당신의 최근 소식을 듣고 싶어 한다. 그것이 아내가 당신을 사랑하는 방식이다. 사랑하기 때문에 그렇게 다가가는 것이다.

원한을 품지 않도록 조심하라

불행하게도, 몇몇 남편은 자신이 존경받지 못하게 될까 두려워 아내를 제대로 대하지 못한다. 힘이 되는 선순환에 좀 더 오래 머무르기 위해 아내와 씨름하고 있는 한 남자는 자신의 두려움이 문제였다고 고백했다.

> 저는 그녀에게 자신을 드러내지 않았어요. 제 생각, 감정, 필요를 가득 안고 있었지만 그것을 말하면 거절당할까 봐 두려웠지요. 저는 그것이 책임을 떠넘기는 행동이라고 믿었어요. 정직함과 솔직함이 하나님의 방식이라고는 알고 있었지만, 최근까지 그것을 진심으로 받아들이지 못한 거죠.

> "그의 아내는 살아 있는 동안, 오직 선행으로 남편을 도우며, 해를 입히는 일이 없다"
> (잠 31:12, 새번역).

표면 아래에서 부글거리는 분노를 안고 괴로워하는 많은 남편을 만났다. 이들은 달콤하지는 않지만 아내에게 마음을 연다. 하지만 그녀를 의심하고 귀찮아하기도 한다. 그는 아내에게 계속 화가 나 있다. 바울은 이런 남자들의 마음속에 뭐가 있는지 잘 알았다. 남편이 자신의 아내를 어떻게 대해야 하는지를 언급하면서 바울은 부정문을 사용했다. "남편들아 아내를 사랑하며 괴롭게 하지 말라"(골 3:19).

아내를 괴롭게 하는 남편은 거칠거나 날카롭거나 화를 잘 낸다. 그들은 아내에게 솔직하지 않고, 자신의 마음 깊은 곳을 닫아 버리고 아내에게는 최소한의 관심만을 보이고 있다는 인상을 준다. 이런 남편은 아내에게 진심으로 솔직해지지 않는다. 부부는 악순환에서 벗어나 서로에게 힘이 되는 선순환을 시작하길 바라지만, 여전히 이 부분은 결혼생활에서 문제가 된다. 우리는 이에 대해 성령의 세미한 일깨우심을 듣고자 귀를 기울여야 한다(요 14:17, 26; 롬 8:9 참고).

한 여성의 편지를 보자. 부부는 우리의 사랑과 존경 세미나에 참석했다. 하지만 자신이 보기에 그들은 여전히 정서적으로 미숙하고 취약했다. 다음날 남편은 아내의 운전을 날카롭게 비판했다. 그녀는 상처를 받았고, 시간이 흐른 후 남편은 괜찮은지 물었다. 그녀는 자신이 어떻게 느끼는지를 솔직하게 말했다(그녀는 운전할 때 남편이 옆에 있는 것을 좋아하지 않았다). 남편은 이런 그녀의 감정이 틀렸다고 큰소리를 냈고, 결국 그녀는 더 속상했다. 편지는 계속되었다.

> 5분 정도 후, 그는 저에게 와서 자신이 잘못했다고 말하고, 자신은 돕기 위해서 한 행동이지만 사실 상처를 준 것이었고, 즉시 그만하겠다고 말했어요. 그리고 저희는 껴안았고, 모든 것이 끝났어요. 얼마나 놀라운지! 아주 작은 것이었지만, 정말 대단해요!

"네 심령을 삼가 지켜 어려서 맞이한 아내에게 거짓을 행하지 말지니라" (말 2:15).

이 남편은 내면의 목소리에 집중하기로 했다. 자신의 부정적인 태도와 비난을 합리화하지 않고 사과했다. 그는 자기 안에 있는 세미하고 작은 목소리를 들었다. 아내에게 솔직해지자, 그녀는 남편의 사랑을 느꼈다! 남편들이 이런 사랑의 힘을 깨달을 수 있다면, 그리고 아내가 그것을 얼마나 원하는지를 깨달을 수 있다면 얼마나 좋을까. 여기 솔직함과 작은 부드러움을 갈망하는 다른 여성들에게서 온 편지가 있다.

> 저는 그의 마음을 깊이 파고 들어가, 분노의 감정이 아닌 마음에 대답하려고 했어요. 하지만 아무 소용이 없었죠.

남편은 마음을 움츠리거나 쌀쌀맞게 대하지 않고, 제가 과거에 그렇게 바랐던 일을 하기 시작했어요. 가령 저에게 자기 마음을 나누는 일 같은 거요.

놀라운 일이 시작되었어요. 남편이 자기 마음을 드러내기 시작했거든요. 우리는 실제로 독백이 아닌 대화를 나누고 있어요.

이토록 섬세한 피조물과 어떻게 살아갈까

이쯤 되면, 많은 남성은 이렇게 말한다. "맙소사! 내가 이토록 섬세한 피조물과 결혼했다니. 어떤 일이 일어날지 몰랐어." 맞다. 당신은 몰랐다. 하지만 당신은 아내의 섬세함과 그 외의 많은 측면에 감사해야 한다. 그녀의 섬세함은 아픈 아이를 밤새도록 돌볼 수 있게 한다. 그녀의 섬세함은 당신이 몸살로 신음하고 끙끙댈 때 그녀를 부지런하게 한다. 그렇다. 그녀의 섬세함 때문에 때때로 당신 마음이 닫힐 때도 있고 화가 날 때도 있다. "제발 그렇게 민감하게 굴지 말아줘"라고 말하고 싶기도 하다. 하지만 당신은 그녀의 강함 속에 있는 약함을 받아들여야 한다.

모든 남편은 아내의 섬세함과 욕구를 보며 결정을 내려야 한다. 마음을 닫아 버리거나, 솔직하게 연합하거나. 가장 단순한 것을 택하라. 그것이 가장 효과적인 방법이다. 하루에 있었던 일을 나누는 일부터 시작하면 된다. 당신이 별로 이야기하고 싶지 않다면, "오늘 직장에서 일이 좀 있었어요. 그것에 대해서는 좀 나중에 말해주고 싶소. 지금 당장은 이야기하고 싶지가 않군. 그렇지만 우리 사이에 문제가 있다는 건 아니오"라고 할 수 있다. 아내는 당신의 기분이 자신과 관련된 것이 아님을 확인하고 안심한다.

이야기할 때는 너무 냉정하게 들리지 않도록 특히 주의해야 한다. 남자는 자기 의견을 피력할 때 대체로 강하게 말한다. 당신이 깨닫지 못하겠지만, 그것은 상대에게 가혹하게 들릴 수 있다. 그럴 의도가 없었다고 해도, 아내는 상처를 입는다. 당신이 사실만 간단하게 진술하거나 의견을 강하게 전달할 때는, 아내의 공기 호스를 밟는 것이 될 수 있다.

몇 년 전, 십 대였던 아들은 매우 거친 방식으로 사라와 이야기를 하고 있었다. 사라는 단호하게 말했다. "데이비드, 제발 나에게 그런 식으로 말하지 마라." 사라에 따르면, 아이는 마치 다른 행성에서 온 것처럼 엄마를 바라보았다.

아들은 말했다. "이건 제가 친구들과 이야기하는 방식인데요."

사라가 대답했다. "얘야. 난 네 친구가 아니잖니. 난 네 엄마고, 더군다나 여자야." 데이비드는 그날 얻은 좋은 교훈을 마음에 새기고 '당신이 가혹하게 굴지 말아야 하는 이유 101'라고 이름 붙였다(다른 예를 보려면, 부록 A, B, C를 참고하라).

한 가지 더 있다. 깨진 레코드판 같은 소리를 듣는 순간일지라도 당신이 선의로 아내에게 마음을 연다면, 그녀는 당신에게 친밀함을 느낄 것이고 성적으로도 친근하게 다가갈 것이다. 당신은 '성관계를 위해' 마음을 열어서는 안 된다. 아내는 그런 의도를 꿰뚫어 보고 오히려 성적인 흥미를 잃는다. 그렇지만 당신이 아내의 정서적 필요를 진심으로 마주한다면, 그녀도 당신의 성적인 필요에 공감하게 될 것이다. 하나님은 서로 도우며 함께 살도록 결혼을 설계하셨다.

아래 목록에는 더 많은 아이디어가 나와 있다. 하지만 가장 중요한 것은 아내를 신뢰하는 것이다. 아내에게 마음을 열어라. 그러면 기분 좋게 힘이 되는 선순환에 들어섬과 동시에 악순환에서는 자연스럽게 내려올 수 있을 것이다.

아내는 이럴 때 당신이 마음을 열고 있다고 느낀다

- 당신이 자기감정을 나누고, 일과와 어려움 등 소소한 일을 이야기할 때
- 당신이 아내 기분이 어떤지 묻고 의견을 구할 때
- 당신의 대화를 원하고 있음을 보여줄 때(예를 들면, 부드러운 몸짓과 따뜻한 눈 맞춤)
- 당신이 대화를 나누기 위해 아내와 산책하고, 두 사람이 처음 만났을 때를 회상하거나 가족에게 있는 어려움에 관해 이야기를 나눌 때
- 아내와 함께 기도할 때
- 당신이 아내에게 관심을 집중할 때(예를 들면, TV나 신문에 빠져 있거나 툴툴거리며 반응하지 않을 때)
- 당신이 재정적인 어려움, 직업의 변화 또는 미래와 관련된 생각에 관해 이야기하자고 할 때

11

이해:
해결책을 주려 하지 말고 그냥 들어라

우리는 2장과 3장에서 베드로전서 3장 7절을 상세히 다룬 적이 있다. 이제는 "어떻게 아내에게 공감할 수 있을까?"라는 렌즈를 통해 이 구절을 살펴보고자 한다. 베드로는 남편들에게 "지식을 따라 너희 아내와 동거"하라고 충고한다. 나는 베드로가 자기 아내를 '이해해야 한다'라고 하지 않았다는 사실이 마음에 든다. 내가 마음을 다해 사랑하는 여자라도 완전히 이해할 수 없음을 알기 때문이다. 다만 나는 내가 그녀를 신뢰하고 있음을 알아주었으면 한다.

베드로전서 3장 7절은 어떤 면에서는 논쟁의 여지가 있는 구절이다. 왜냐하면, 남편이 아내를 '더 연약한 그릇'으로 여기며 살라고 말하기 때문이다. 페미니스트들은 화를 내면서 "남성이 여성보다 우월한 게 아니에요. 우리는 동등해요!"라고 주장할 것이다. 하지만 우리는 여기서 베드로가 질적인 진술을 한 것이 아니라 상대적인 서술을 했음을 기억해야 한다. 그는 여성이 약하다고 말하지 않았다. 그는 아내가 '더 연약한 그릇'이라고 말했다. 결혼관계 안에서 남편보다 상처를 더 쉽게 받기 때문이다.

아내는 적어도 두 가지 영역에서 남편보다 상처를 더 쉽게 받는다. "나는 당신을 이해할 수가 없어. 그렇게 하는 게 무슨 소용이 있지?"라고 말할 때가 그렇고, 당신이 아내를 '생명의 은혜를 함께 이어받을 자'(벧전 3:7)로 대하지 않을 때가 또한 그러하다. 페미니스트는 '더 연약한 그릇'이라는 구절은 여성을 더 연약한 성으로 선언한다고 이야기한다. 하지만 베드로가 이야기한 것은 아내가 남편에게 상처를 더 쉽게 받는다는 의미이다(물론 모든 여성이 남자들보다 더 약한 것은 아니다). 남편이 아내를 이해하려고 하지 않을 때, 실제로 그녀는 상처를 받는다.

아내는 자기 그릇이다

여기 두 개의 그릇이 있다. 하나는 자기(瓷器)로 만들어진 것이고, 하나는 구리로 되어 있다. 말하자면 남편은 구리이고, 아내는 자기이다. 그녀가 덜 가치 있는 것이 아니다. 사실, 자기 그릇은 때때로 구리 그릇보다 훨씬 더 값이 나간다. 그릇은 모양에 따라 서로 다른 기능을 갖는다.

당신의 아내(자기 그릇)는 부서지기 쉽다. 금이 갈 수도 있으며, 당신이 조심하지 않는다면 깨어질 수도 있다. 남편은 좌절해서 "아무도 여자를 이해할 수 없어. 특히 당신은…" 하는 말을 내뱉을지 모른다. 이쯤에서 그는 방향을 바꾸고 잠시 돌담으로 지내면서, 아내가 자신을 존경하기 전에는 꼼짝 않고 가만히 있으려 한다.

하나님은 이렇게 하라고 아내를 주신 것이 아니다. 하나님은 아내가 "조심스럽게 다루시오"라고 쓰여 있는 자기 그릇임을 알라고 남편에게 주의를 주신다.

어떤 남편은 마침내 베드로가 묘사한 것처럼 아내를 부서지기 쉽고 귀하게 다루어야 할 사람으로 보기 시작했다. 그러자 관계가 바뀌기 시작했다. 그는 말했다.

> 저희는 서로를 이해하는 새로운 시기에 들어섰어요. 지금까지 저는 "하나님, 제발 저희 결혼을 치유해주세요. 고통이 너무나 큽니다. 왜 저희를 만나게 하셨나요?"라고 몇 번이고 기도해왔지요. 지금 저는 하나님이 그렇게 하셨음에 정말로 감사하고 있어요! 아내는 모든 부분에서 제 짝입니다. 이전에는 그것을 깨닫지 못했지요. 괴로움의 시절은 지나갔고, 저는 달라졌어요.

C-O-U-P-L-E 원리들은 서로 연결된다

당신은 아마도 C-O-U-P-L-E라는 글자로 대표되는 원리들이 서로 연관되어 있음을 보았을 것이다. 가령 친밀감과 솔직함은 매우 유사하며 하나는 다른 하나를 촉발한다. 그리고 이해심은 친밀감과 솔직함을 가능케 한다. 당신이 아내와 친밀해지고 그녀를 솔직하게 대하면, 아내는 그런 당신을 이해심이 깊다고 혹은 적어도 그렇게 노력한다고 느낀다.

남편은 그리스도의 상징이고 아내는 교회의 상징임을 기억하라. 교회가 그리스도에게 자기 짐을 맡긴 것처럼 아내는 남편이 자신의 짐을 져주었으면 한다. 그런 부분을 확실히 말하지 않을지라도, 아내는 당신을 커다란 어깨에 짐을 짊어지는 사람으로 생각한다. 그녀가 이해받기 위해 당신에게 다가올 때, 그것은 선물과도 같은 순간이다. 그런데 당신이 그녀를 문전박대하거나 말을 꺼내지 못하게 하고 말을 듣지 않을 때, 아내의 영혼은 황폐해진다.

"남편들아,
아내 사랑하기를
그리스도께서 교회를
사랑하시고 그 교회를 위하여
자신을 주심같이 하라"
(엡 5:25).

해결책 제시가 아닌 그냥 공감하며 듣기

당신은 어떻게 이해하는 남편이 될 수 있을까? 가장 효과적인 무기는 귀를 사용하는 것이다. 아내가 말을 하면 그저 듣고 있으라. 그러면 그녀는 충분히 이해받는다고 느낀다.

하지만 이 과정에서 커다란 장애물을 만난다. 남자의 보청기는 대부분 파란색이기 때문이다. '그저 듣는 일'은 체질상 맞지 않는다. 그는 분석하고, 질문을 던지고, 상황을 개선하는 일에 더 적합하다. 이것을 깨닫지 못하는 남편은 아내가 문제를 가지고 다가올 때, 그녀가 보내는 메시지를 쉽게 읽어내지 못한다.

한 가지 생생한 사례가 있다. 사라와 내가 휘튼 대학에서 처음 데이트를 하던 때의 일이다. 사라는 스페인어를 수강했는데, 그것을 잘 따라가지 못했다. 우리가 도서관에 있던 어느 날, 그녀는 스페인어 수업이 어렵다고 내게 이야기하기 시작했다. 나는 그 말을 들으면서 이렇게 말했다. "공부 계획표를 만들어보면 어때? 수업을 작은 조각으로 구분하고, 매일 수업 내용을 작은 덩어리로 나눠서 공부해야 해."

그러고선 나는 도서관의 작은 탁자에 앉아 사라를 위한 공부 계획표를 짜느라 바빴다. 몇 분 후 계획표를 완성했다. 하지만 사라는 거기 없었다. 주위를 둘러보자, 사라는 여자 친구들과 함께 웃으며 즐겁게 이야기하고 있었다.

나는 사라에게 손짓을 했다. 그녀는 재빨리 다가와 행복한 표정을 하면서 앉았다. "왜 그렇게 신나? 내가 스페인어 문제를 해결해줘서?" 나는 물었다.

"오, 아니. 정말 아니에요." 그녀는 말했다.

"그러면 왜 그렇게 즐거운 거지?"

"난 단지 이야기를 들어줄 사람이 필요했어요." 사라는 활짝 웃으며 말했다. "이제 기분이 훨씬 좋아졌어요."

사라가 자신의 스페인어 수업 문제를 털어놓을 때, 원했던 것은 자기 말에 귀를 기울여주는 것이었다. 그 상황에서 내가 문제를 해결하려고 들면 안 되는 것이었다. 그녀가 진심으로 원했던 것은 그저 내가 잠자코 들어주는 거였다. 남편인 당신이 아내의 문제를 해결할 생각을 접고 그저 들어준다면, 당신은 그녀에게 공감과 이해심을 보여주는 큰 발걸음을 내딛게 된 셈이다.

"당신은 해결책이 필요한 거요, 아니면 내 귀가 필요한 거요?"

사라가 내게 짐을 가지고 올 때, 나는 두 가지를 질문한다. 첫 번째 질문은 "내가 야단맞아야 할 일인가?"이다. 대개는 "아니!"라는 답이 나온다.

두 번째 질문은 더더욱 중요하다. "해결책이 필요한 거요, 아니면 듣는 귀가 필요한 거요?"

그러면 사라는 대부분 "그냥 들어주길 원해요"라고 말한다. 그런 후에 나는 마음 편히 듣는다. 크든 작든 자신의 문제를 나눈 다음에는 아내의 기분이 훨씬 좋아진다. 그녀는 이해받고 사랑받는다고 느끼면서 자리를 떠난다. 힘이 되는 선순환에 들어선다.

하지만 상담을 할 때나 세미나를 할 때, 나는 이러한 사실을 깨닫지 못하는 남편을 많이 만난다. 이들은 여전히 파란 선글라스와 보청기를 고집하고 있다. 그들은 남자들 방식으로 문제에 접근한다.

남자가 대화하는 방식이 그렇다. 해리는 조가 그저 괜히 말을 건네는 것이 아님을 안다. 조는 그저 '귀 기울이는 것'으로 만족하지 않는다(남자는 정말 중요한 위기에 있을 때, 절대적으로 자기 한계의 끝자락에 있을

현명한 남편은
빨리 듣고, 늦게 말한다.
(약 1:19 참고)

때만 그렇게 한다). 95~98퍼센트는 어떤 도움을 원하기 때문에 자기 문제를 다른 사람에게 나누는 것이다. 그래서 해리는 "조, 이렇게 해보는 게 어때?"라고 말한다. 그리고 가능한 해결책을 내어놓는다. 그런 조언을 들으며 조는 "좋은 생각이네. 정말 고마워"라고 말할 것이다.

이렇듯, 남자들은 자신이 다른 사람의 문제를 해결하는 데 도움을 줄 수 있다고 믿는다. 남자는 분석적인 데 뛰어나고, 여자는 언어적인 부분에 뛰어나다. 남자는 분석하며 생각하는 경향이 있고, 그런 식으로 앞에 놓인 문제를 처리한다(이것에 대해서는 19장을 보라).

조에게 도움을 준 후에, 해리가 집으로 돌아오면 아내는 말을 건네려고 그에게 다가간다. 조에게도 도움을 준 해리가 자신감에 차서 그녀의 문제를 해결하려고 하면, "그냥 들어 줄래요?"라는 말을 듣게 될 뿐이다. 전형적인 남자인 해리는 이러한 반응을 좋아하지 않는다. 그는 아내가 이토록 자신을 존경하지 않고 고마워하는 마음이 없는 것이 믿어지지 않는다. 그는 그저 도움을 주려 했을 뿐이다.

그렇지만 해리는 생각을 바꿀 필요가 있다. 그는 "여보. 지금 해결책이 필요한 거요, 아니면 그저 당신에게 귀를 기울여주기를 원하는 거요?"라는 질문을 던져야 한다. 자연스럽지는 않지만, 효과적인 방법임을 내가 보증한다. 아내가 남편에게 문제를 가지고 올 때는 대부분 그것을 해결해주길 바라는 것이 아니다. 사실 그녀는 뭐가 필요한지 정확하게 알고 있다. 그렇지만 현재 상황을 나누면서 이해받는다고 느끼고 싶고, 전혀 다른 수준에서 대화를 시도하려는 것이다.

남자들은 오직 한 가지 이유, 즉 정보 교환을 위해 대화를 나눈다. 그들은 "왜 대화가 필요한데? 사실을 얻고, 의견을 나누고, 어떤 결론에 도달하려고 그러는 게 아니야? 그거 말고 또 다른 게 있나?"라고 의문을 품는다.

그래서 아내가 다가와 "이야기할 시간 있어요?"라고 하면, 남편은 으레 "뭐에 대해서?"라고 반응한다. 그는 항상 정보를 교환할 준비가 되어 있다. 하지만 그녀는 "아, 난 모르겠어요. 그냥 이야기가 하고 싶어요"라고 말한다. 일반적으로 남자들은 이런 말을 편하게 받아들이지 못한다. 그의 정보 교환 체계에 맞지 않기 때문이다.

한나는 불임이었는데,
그녀의 남편은 아내의 문제를
분석적으로 해결하려고 노력했다.
"당신에게는 열 아들보다도
내가 더 낫지 않나요?"

'그냥 이야기하는 것'은 이해를 위한 핵심 열쇠

9장과 10장에서 나는 아내를 위해 이야기하는 시간을 내는 것이 얼마나 중요한지를 강조했다. 이것은 선택이 아니라 의무다. 여자는 공감대를 형성하려고 말을 한다. 남자에게는 이것이 사소한 것처럼 느껴질지도 모른다. 때로는 이런 일을 위해 시간을 낼 준비가 되어 있지 않을 수도 있다. 특히 힘들게 일을 하고서 집으로 돌아간 후에는 더욱 그렇다. 하지만 가능하다면 아내와 이야기하는 시간을 가져라. 그날 발생한 모든 일을 꼬치꼬치 다 말해야 하는 것은 아니다. 하지만 몇몇 중요한 일에 관한 이야기를 나누려 한다면 아내는 사랑받는다고 느낄 것이다. 왜냐하면, 그녀는 자기 인생에서 가장 중요한 사람과 함께 친밀하고 조화로운 관계를 형성하는 중이라고 생각하기 때문이다.

아내는 자기감정에 관해 이야기하는 것을 좋아한다. 여자들은 '통합된 인격'을 가지고 있다. 하루 내내 자신에게 일어난 것들을 전부 수집하고, 그것을 비축해둔다. 그리고 이런 감정을 소중한 누군가에게 표출하고 싶어 한다. 내일이나 모레까지 기다릴 수 없다. 10장에서 살펴본 것처럼, 남자들은 구획으로 나뉘어 있다. 사소한 것은 옆으로 치워둘 수 있고, 언급하지 않을 수 있다. 그런 남편이 아내로 하여금 사소한 이야기를 나누게 하고 '증기가 새어나가도록' 기회를 주면, 그녀는 기분이 좋아진다. 그리고 당신과 결합했다고 느낄 것이다.

남자는 대개 자신의 기분을 알기에, 필요하다면 이야기할 수 있다. 반면에 여자는 다양한 감정이 있지만, 그것이 무엇인지 정확하게 알지 못한다. 그러므로 자기감정을 정리하려면 이야기가 필요하다. 그것이 아내가 "이야기 좀 할 수 있어요?"라고 말하는 이유이다. "왜?"라고 물으면, 정말 잘 모른다. 남편으로서 당신은 아내가 자신의 감정을 처리할 필요가 있음을, 그래서 자신이 어떻게 느끼고 있는지를 명확히 하려 함을 이해해야 한다. 그녀가 당신에게 이야기하면 감정은 분명해질 것이고, 그로 인해 기분이 좋아지며 이해받고 있다고 느낄 것이다.

하나님은 각기 다른
필요를 따라 아내를 만드셨다.
그녀는 당신 때문에
상처입기 쉽다.
그러니 그녀를 판단하지 말라.

시간 계획이 필요한 이유

사라와 내가 힘겨운 시절을 보낼 때였다. 아이들은 어리고, 할 일은 벅찰 만큼 많았다. 그래서 저녁 식사 후, 우리는 맏이에게 두 동생을 돌보라고 말하고, 침실로 가서 문을 잠갔다. 15분이라는 시간은 엄마와 아빠의 시간이었고, 그 시간이 끝날 때까지 방해하지 않는 것을 규칙으로 정했다. 사라는 이것이 나와 이야기하면서 자신의 감정을 나누는 가장 좋은 시간임을 알았다.

내가 어디로 가고, 어디에서 오는지 사라가 다 알려고 했던 시절에도 긴장이 있었다. 그녀는 나에게 모든 것을 털어놓을 수 있는 솔직한 시간을 더 많이 원했다. 사라와 내가 약속한 시각은 목요일 밤이었다. 그래서 그녀는 생각과 마음에 품고 있는 것을 모아두곤 했다. 사라는 실제로 목록을 만들었고, 어디서 이야기를 나누더라도 그 목록을 가지고 왔다.

이렇게 묻는 남편도 있을 것이다. "좋아요. 그래서 당신과 사라는 어떤 이야기를 했나요?" 당신의 아내가 크게 다르지 않은 여자라면, 그런 상황에서 남편은 대화를 이끌어서는 안 되며 그냥 듣기만 해야 한다. 내일 약속이나 자동차 수리 같은 일에 대해 생각하지 말라. 그리고 그녀 이야기에 계속 맞장구를 쳐라. "그것참 재미있군. 그러니까 당신 이야기는 이러저러하다는 거지?" 이로써 당신은 계속 아내의 말을 경청하고 있으며, 관심이 있음을 알릴 수 있다.

기회가 있을 때마다 아내가 하는 일을 칭찬하라. 어떤 남자는 아내에게 집 안의 여러 허드렛일(빨래부터 요리, 도시락 준비, 숙제를 도와주는 것 등)을 잘 해주어서 고맙다는 마음을 담은 카드를 주었다. 그 아내는 카드를 받고서는 너무나 감동해서 말했다. "제 성경책에 넣어 두고 가끔 꺼내 읽어볼 거예요." 적어도 어느 정도는 이해받고 있다고 느낀 것이다.

하지만 그런 바람에는 끝이 없다는 것도 주의하라. 비록 당신이 그것을 완벽하게 해낼 수는 없겠지만, 모든 노력은 그녀에게 "당신을 사랑해요"라는 메시지를 전달할 것이다. 남편의 편지를 요약하자면 이렇다.

> 아내가 자유로울 수 있도록 안전한 환경을 제공하는 일은 항상 제가 염두에 둔 목표였어요. 저는 이것을 간절히 원했죠. 그녀는 2년 전만 해도 행복하지 않았지만, 지금은 자유롭게 자기 정체성을 찾아가고 있어요. 그렇지만 그녀를 방해하는 것이 있죠. 제가 그녀를 더 잘 이해하기를, 그녀에게 더 좋은 친구가 되기를 바랍니다. 네 아이를 키우면서 매일매일 많은 어려움을 겪지만, 저희는 같은 팀이고, 하나님의 적극적인 도우심으로 그 모든 것을 함께 이겨낼 수 있으리라 믿어요.

아내는 이럴 때 이해받고 있다고 느낀다

- 아내가 말하는 것을 듣고, 그것을 되풀이해서 이야기할 수 있을 때
- 아내가 특별히 해결책을 구하기 전에는 문제를 해결하려고 애쓰지 않을 때
- 아내의 감정 상태를 알려고 노력할 때
- 당신에게는 비합리적으로 보일지라도, 아내의 감정을 무시하지 않을 때
- 당신이 "그것을 말해줘서 고마워"라고 할 때
- 자신의 감정을 이야기하는 아내를 방해하지 않을 때
- 잘못을 인정할 때
- 생리 주기에 그녀가 조금 게으름을 피우더라도 모르는 척 넘어갈 때
- 당신이 할 일을 묵묵하게, 불평 없이 해나갈 때
- "여보, 난 절대 당신처럼 하지는 못할 거요"라면서 아내가 해온 일에 고마움을 표현할 때
- 아내와 함께, 아내를 위해 기도할 때

12

평화:
그녀는 당신의 "미안해요"라는 말을 듣고 싶다

대학원에서 나는 어떤 개념의 구조를 토론하는 수업을 들었다. 그 수업에는 남자가 두세 명밖에 없었다. 나머지는 모두 여자였고 더군다나 페미니스트들이었다. 어느 날 '연결성'(connectivity)이라는 단어가 토론 주제가 되었다. 나는 그들이 실제로 밝아지는 것을 보았고, 활기찬 파도가 밀려오는 느낌도 받았다. 나는 한 가지 질문을 던졌다. "여자들에게 연결성이란 무엇인가요?" 잠시 침묵이 흘렀다. 그러고는 "글쎄요. 이어지는 것이죠." "하나가 되는 거요." "영혼의 친구(soul mate)가 되는 거 아닐까요"라는 식의 대답이 나왔다.

나는 좀 더 알고 싶었다. "실제로 도움이 되는 정의를 내려줄 수 있나요? 명확한 용어를 가지고 이것을 정의하고 토론해야 할 필요가 있어요. 우리는 박사 과정에 있잖아요."

하지만 누구도 정의를 내리지 못했다. "우리는 할 수 없어요. 단지 그것이 있을 때와 없을 때를 알 뿐이에요." 우리는 다음 개념으로 넘어가야만 했다.

나는 그 토론을 절대 잊지 못한다. 그래서 목회를 시작하면서, 특히 결혼한 부부들을 상담하면서, 나는 '연결성'을 정의하기 위해 계속 연구했다. 그리고 점차 이것을 더 확실히 이해하기 시작했다. 우리는 이미 친밀감, 솔직함 그리고 이해를 살펴보았고, 이제는 네 번째를 살펴보고자 한다.

연결성을 위한 네 번째 측면은 '평화'이다. 어떤 점에서 이것은 가장 중요할 수도 있다. 두 사람이 불화, 갈등, 긴장 상태에 있다면, 서로 하나 되었다고 진심으로 느낄 수 없다. 관계 속에 평화가 없다면, 아내는 친밀함을 느끼지 못한다. 또한, 당신이 솔직하다고 생각하지 않을 것이고 이해받는 느낌도 없을 것이다.

연결성을 학문적으로, 또한 성경과 함께 연구하면서 나는 모순점을 발견했다. 하나님이 결혼 안에서 어떤 갈등이 존재하도록 의도하셨음을 깨닫게 된 것이다(고전 7:3~4 참고). 일반적인 연구에서도 훌륭한 결혼관계 안에는 약간의 갈등이 있음을 인정한다. 당신이 열정을 유지할 수 있는 정도의 갈등은 언제나 필요하다. 어떤 부부에게나 작은 논쟁거리는 있으며, 여러 문제로 충돌하기도 한다. 하지만 이러한 갈등을 견디고 조정해나가면서 서로를 점점 더 깊이 이해하게 되고, 서로를 귀히 여기고 감사하게 된다.

> 당신이 짧게라도
> 아내에게 화를 낸다면,
> 그녀는 몹시 슬퍼하며
> 거절감을 느낄 것이다.
> 그때는 당신이 그녀를 사랑한다는
> 것을 다시 확인해주어야 한다.
> (사 54:5~8 참고)

심각하든 그렇지 않든 어떤 갈등이 빚어질 때는 위험한 순간이기도 하다. 불을 잘 통제할 수만 있다면 집을 따뜻하고 편안하게 만들지만, 걷잡을 수 없다면 집을 완전히 태울 수 있는 들불로 변하기도 한다. 부부는 그러한 가능성을 언제나 염두에 둔다. 문제는 "그것을 어떻게 다스릴 것인가?"이다.

내가 만난 어떤 남성은 아무런 사랑을 보이지 않음으로써 아내가 자신을 존경하도록 하려 애썼다. 그는 아내를 멀리했다. 아내의 감정을 존중하지 않았다. 그는 오직 자기 관점만을 관철하려고 했고, 화해할 줄 몰랐다. 한 마디로 아내와 평화롭게 지내지 않았다. "그렇게 하면, 아내가 조금이라도 존경을 보일 거로 생각했어요." 그는 절망감에 빠져 자기 머리를 탁자에 떨어뜨리며 말했다. "우리는 이혼했어요. 저는 그 이유를 모르겠습니다."

두 사람이 힘을 합치면 문제를 해결할 수 있다

남편이 갈등을 느꼈다면, 아내는 아마 그보다 훨씬 더 심각하게 그것을 인식하고 있을 것이다. 그녀는 당신이 미처 생각하지 못하는 방식으로 거절당했다고 느낀다(사 54:6 참고).[1] 아내는 두 사람 사이의 문제를 해결하길 원하고, 그러기 위해 다가올 것이다. 문제를 해결하는 과정에서 마음을 마주 대하게 될 것이다. 이런 경험은 그녀에게 매우 소중하다. 두 사람이 평화 속에 있음을 알도록 하는 데 무척 효과적이다.

갈등에서 도망쳐서 평화를 유지하라. 갈등이 있다고 해서 결혼생활이 불행하다는 의미는 아니다. 사실 성경은 결혼한 사람은 '육신에 고난이 있[다]'(고전 7:28)라고 말한다. 바울은 고린도 교인들에게, 결혼생활에서 일어나는 갈등을 다루는 탁월한 원리들을 알려주었다. "남편은 그 아내에 대한 의무를 다하고 아내도 그 남편에게 그렇게 할지라. 아내는 자기 몸을 주장하지 못하고 오직 그 남편이 하며 남편도 그와 같이 자기 몸을 주장하지 못하고 오직 그 아내가 하나니"(고전 7:3~4).

신실한 그리스도인은 성관계를 완전히 절제하려고 했는데, 1세기에는 드문 일이 아니었다. 고린도교회도 마찬가지였다. 바울은 이러한 오류를 바로잡기 위해, 남편과 아내 사이의 성적인 관계를 격려한다. 이것은 결혼의 울타리 외부에 있는 유혹과 부도덕함에 빠지지 않게 하는 길이기도 하기 때문이다(고전 7:5).

자기 몸에 관한 권리를 자기가 아니라 배우자가 갖고 있다고 한 말씀은 다소 이상해 보인다. 바울은 어떤 의미로 이렇게 말했을까? 나는 그가 신약 성경의 위대한 원리 가운데 하나를 말하고 있음을 믿는다. 즉, 남편은 아내와 독립적으로 행동해서는 안 되고, 아내는 남편과 독립적으로 행동해서는 안 된다. 남편과 아내는 함께 행동해야만 하며, 그렇게 할 수 있다.[2] 우리는 동등하지만 서로 다른 필요를 가진 존재이고, 사소한 갈등을 경험한다. 하지만 우리는 배우자와 함께 이런 문제를 해결할 수 있다.

하나님은 이렇게 말씀하실 것 같다. "나는 네 결혼생활에 갈등을 허락할 것이다. 너희 관계는 이것을 함께 해결하면서 점점 더 깊어지고, 계속 견뎌낼 힘을 얻을 것이다."

"제 아내는 항상 '역사적'이 됩니다"

한 남성과 그의 결혼생활에 관해 이야기를 나눌 때였다. 그에 따르면, 그런 다툼이 있을 때마다 아내는 매번 '역사적'(historical)으로 변한다고 이야기했다. 무슨 의미인지 확실하게 하고자, 나는 '히스테리'(hysteric), 즉 성질을 부린다는 의미냐고 물었다. 그러자 그는 말했다. "아뇨. 말 그대로입니다. 역사적이 되는 거요. 과거에 있었던 일까지 모두 들춰낸다는 뜻이죠."

많은 여성은 이런 일에 유능하다. 남편은 "이제 그만 하자"면서 갈등을 끝내려고 하지만 소용이 없다. 그녀는 그럴 마음이 없다. 잠깐은 문제 삼지 않겠지만, 계속 기억에 남겨둔 채 틈만 나면 남편에게 계속 '역사를 재연하기' 시작할 것이다.

나와 상담했던 거의 모든 남편이 다 그랬다. 누가 어떻게 말했는지, 어디서 무슨 일이 있었는지, 누가 무엇을 입고 있었는지 등등 세부적인 일까지 다 기억하고 있으며, 한계가 없어 보이는 아내의 능력이 대체 어디에서 나오는지 궁금해했다. 당신의 아내 역시 이렇게 '역사적'이 되느라, 당신이 잊어버린 것을 다시 가져오느라, 그것을 해결하느라 지쳤다. 이런 아내 앞에서 당황한 채 서 있는 남편은 이것이 그녀의 분리되지 않는 인격이며, 그것을 그만둘 수 없음을 받아들여야만 한다.

아내가 비난하는 것처럼 보일지도 모르지만, 그녀는 당신을 화나게 하려는 것이 아니다. 그녀는 당신이 솔직하길 원하며, 자신이 사랑받고 있음을 느끼게 해주기를 원한다. 남편은 이런 사실을 잘 믿지 않는다. 배우자가 그렇게 하는 것은 두 사람 사이에 사랑의 감정이 더욱 깊어지게 하려는 것이라고 말하자, 아내가 '역사적으로' 군다고 했던 남성은 도저히 이해가 안 된다는 표정이었다.

"그럴 리가요!" 하지만 이것은 사실이다. 갈등 중에 있을 때, 여성의 접근 방법은 남성과는 무척 다르다. 4장에서 본 것처럼, 좋은 친구 사이인 두 여자는 심각한 의견 불일치가 있을지라도, 머지않아 (아마도 다음날이나 한 시간 안에) 각자 상대방 처지에서 생각해보면서 이 문제를 해결할 것이다. 그녀는 솔직하게 자기 이야기를 다 꺼내놓을 것이고, 마침내는 서로 용서를 구할 것이다. 문제는 대부분 여자가 남편과 생긴 갈등을 해결하려고 시도할 때도 같은 방식을 사용한다는 데에 있다. 하지만 이런 방식은 효과가 없다. 왜 그럴까? 전형적인 남자라면 토론을 하거나 사과를 하는 식으로 문제를 해결하려 들지 않기 때문이다.

일부는 사과할지도 모르지만, 결국 그들은 이 문제를 접어두는 것이 당연하다고 생각한다. 그런 까닭에, 아내가 갈등을 해결할 요량으로 해묵은 감정을 나누면서 남편에게 접근하면 그들은 멈춰 선 후 더는 앞으로 나가지 않는다. 아내가 말을 다 끝내기도 전에 남편은 "그냥 잊어버려요. 이제 끝냅시다"라고 말한다. 하지만 아내에게는 이 문제가 끝난 것이 아니다. 그녀는 얼마 안 가 다시금 이 문제를 꺼낼 것이다.

남편이 "그만두자"라고 하면서 토론을 마무리 지을 때, 아내는 당신이 여전히 속으로는 화를 내고 있으며, 이 일은 정말로 해결된 것이 아니라고 생각한다. 이런 상황은 그녀를 더더욱 불행하게 만든다. 아래 편지는 이러한 좌절감에 사로잡힌 한 여성이 쓴 것이다.

> 제 내면은 계속 죽어 있어요. 주님이 이 관계를 어떻게 풀어가실지 전혀 모르겠어요. 남편은 저희가 서로를 사랑하는 것이 참 희한하다고 말했죠. 대부분은 저희가 때때로 친밀하다는 것조차 모르고 있어요.

가능한 한 말싸움이 벌어지지 않았으면 하는 남편을 위해, 평화로 가는 길은 분명하다. 그는 "여보, 내가 미안해. 날 용서해주겠소? 그렇게 하려던 것이 아니었어요"라고 말하는 것을 배워야 한다. 마음속으로 이건 내 탓이 아니라고 생각할지라도 이렇게 해라. 과실 비율은 문제의 핵심이 아니다. 항상 그렇듯, 문제의 핵심은 사랑과 존경이다.

남자가 "미안해"라고 말하는 것은 왜 어려울까

여자가 "미안해요"라고 말할 때, 그녀에게는 이것이 사랑의 증거이다. 그렇지만 남자가 "미안하오"라고 할 때, 그는 존경을 잃게 될까 봐 두려워한다. 만약 남편이 어떤 일에 대해 미안하다고 했는데 나중에 아내가 그 일을 다시 끄집어낸다면, 정말 그러하다.

아내는 그저 좀 더 이야기가 필요하다고 생각해서 그런 것이겠지만 남편은 자존심에 상처를 입었다고 여긴다. 그것을 다시 끄집어내는 것은 그에게 아주 힘든 일이다. 남자들의 그런 자만심에는 명예와 관련된 깊은 감정 그리고 존경을 원하는 마음도 섞여 있다.

나도 그랬다. 나는 그것을 이겨내야만 했고, 사라에게 "미안해. 내가 잘못했어"라고 말해야만 했다. 마침내 내가 어떤 의미로 말했는지를 그녀가 이해했을 때 그녀의 영혼은 치유를 받았다. 그런 간단한 말로도 아내는 평화를 얻는다.

아내가 극도의 혼란을 느낄 때도 만일 남편이 잘못을 겸손히 뉘우치며 말한다면, 그녀는 녹아내린다. 남자들이 이것을 모두 이해하리라 생각하지는 않는다. 한 아내는 나에게 남편과 지난밤에 싸운 일에 관해 편지를 썼다. 어리석은 싸움이었다. 그들은 키스 이야기를 하다가 싸움으로 끝났다. 그녀는 먼저 잠자러 갔고, 남편은 조금 후에 왔다.

"저는 한동안 거기에 누워 있었고, 그는 (벽을 바라보면서) 말했어요. '미안해. 당신이 여전히 키스를 원한다면, 내가 키스해줄게.' 저는 다시 그와 사랑에 빠졌어요. 저희는 더 이상 싸우지 않았죠."

남편 입장에서 이 여성의 이야기를 들어라. "저는 다시 그와 사랑에 빠졌어요." 여자의 정서 범위는 아주 넓다.

화평으로 가는 지름길

아내와 평화롭게 지내는 것이 여전히 어려운가? 성경과 연관성이 있는 몇 가지 관계의 기술을 소개한다.

먼저, 당신에게는 사랑의 능력이 있음을 절대적으로 확신하라. 당신이 갈등 중에서도 사랑하는 태도를 보일 때, 아내는 마음속 깊이 감동한다. 잠언 15장 1절은 "유순한 대답은 분노를 쉬게 하여도 과격한 말은 노를 격동하느니라"라고 말한다. 하나님이 그렇게 만드셨다. 그리고 그녀는 그런 남편에게 보답한다. 어떤 아내에게도 완벽한 남편이란 없다. 하지만 최선을 다할 때, 당신은 사랑에 능력이 있음을 보게 될 것이다.

하지만 남편 입장에서는 "계속 사랑을 하고, 건네주고도 여전히 존경받지 못한다고 느껴진다면 난 어떻게 하지? 뭘 해야만 하는 거지?"라고 할 수도 있다. 당신에게는 "나는 베풀려고 하고 사랑하려고 하는데도, 여전히 존경받지 못하고 있다고 느껴요"라고 말할 권리가 있다. 선의를 가진 여자라면 그러한 합리적이고 정직한 간청에 반응하며, 이전보다 좀 더 공손해질 것이다. 만약 아내가 처음에 그것을 깨닫지 못한다면, 두 번째에는 분명히 깨달을 것이다.

두 번째, 아내에게 책임을 돌리지 않는다면 평화롭게 지낼 수 있다. 당신의 책임을 먼저 고백하라. 앞에서도 말했지만, 다시 강조하고 싶다. 당신 잘못을 인정하면서 "미안하오"라고 말하며 사과하라. 그것은 여자들에게 위로가 된다. "당신이 왜 그렇게 반응했는지 이해해요. 날 용서해주겠소?"라고 덧붙이면 더욱 좋다.

당신이 고백한 후에는, 그녀 역시 이렇게 말할 것으로 나는 예언한다. "모든 게 당신 잘못만은 아니에요. 사실, 저도 잘못했어요. 어쩌면 제가 더 많이 그랬을지도 몰라요. 그렇게 해서 미안해요. 날 용서해 줄래요?" 대부분 이렇게 나올 것이다.

어떤 남자들은 이렇게 반문한다. "왜 미안하다고 말하는 게 그렇게 중요하다는 거지? 단지 말일 뿐인데." 남편은 아내에게 그리스도를 상징한다. 그녀가 이 부분을 의식적으로 염두에 두지 못할 수도 있지만, 진실로 그러하다. 하나님은 그것을 그녀에게 가르치신다. 당신이 진심으로 사과, 용서, 사랑의 말을 한다면, 그녀는 그 말과 당신을 신뢰할 것이다. 그것은 모든 것을 치유한다. 그리고 두 사람은 '이제 둘이 아니요 한 몸'(마 19:6)인 영혼의 반려자로서 모든 점에서 연합될 것이다. 당신은 하나님이 결혼이라는 제도 안에 계획하신 결합과 조화를 경험할 것이다(부록 A, B를 보라).[3]

화평케 하는 일은 쉽지 않다. 하지만 그럴 만한 가치가 있다. 많은 남자는 자신이 비키니 입은 여성에게 눈을 돌리는 것처럼, 여자들도 우람한 근육질 남자에게 눈길을 주리라는 생각에 미스터 유니버스처럼 보이기 위해 체력 단련을 하는데, 그것은 무모한 일이다. 아무 효과도 없다. 여성은 대부분 남자의 성품과 인격에 끌린다. 묘하게도, 마음에서 우러나오는 겸손함으로 "미안해. 제발 날 용서해 줘"라고 말할 때 매력적으로 보인다. 이런 태도는 그녀의 영혼을 깊이 어루만진다. 그녀는 당신의 손을 잡고, 당신을 침대로 이끌 수도 있다. 이것이 모든 남편에게 효과가 있다고 말하는 것은 아니다. 하지만 상당히 많은 사람에게는 효과가 있다. 한 남성이 우리 세미나에 참석한 후에 내게 와서 이렇게 말했다. "박사님. '미안해'라는 말에는 정말 효과가 있더군요. 이번 주에 저는 여든네 번이나 말했어요!"

"하나님의 능하신 손 아래에서 겸손하라. 때가 되면 너희를 높이시리라"(벧전 5:6).

아내는 이럴 때 평화를 느낀다

- 당신이 아내에게 좌절과 상처를 드러낼 때
- 당신이 잘못했음을 인정하고, "미안해. 날 용서해주겠소?"라고 말할 때
- 뭔가를 의논하고 타협하고 의견을 따르려는 자연스러운 욕구를 이해해줄 때
- 당신이 날마다 새로운 관계가 유지되도록 힘쓰고, 습관적으로 "잊어버렸어"라고 말하지 않을 때
- 아내가 어떤 잘못을 고백하든 그녀를 용서할 때

- 절대 냉소적으로 대하지 않고, 항상 아내에게 사랑을 재확인시켜 줄 때
- 상처를 준 다음에라도 사과하고 아내와 함께 기도할 때

13

충성:
그녀는 당신의 헌신을 알고 싶다

아내는 남편의 사랑을 재확인하면서 "당신은 날 얼마나 사랑해요? 내가 늙고 머리가 하얗게 되어도 사랑할 건가요? 병이 들면? 내가 치매에 걸린다면요?"라고 묻는다. 어떤 결혼생활도 이 질문을 피해갈 수 없다.

이 질문에 대한 답은 크게 두 가지로 나뉜다. 그는 농담으로 이렇게 말한다. "내가 당신 버리고 새 장가 들까 봐 두려운 거요? 그러지 말아요. 잠깐은 가까이 둘 거니까." 아내 역시 남편이 농담하는 것으로 생각하겠지만, 이런 발언은 확실히 그녀의 공기 호스를 짓밟는다. 잘못된 대답은 부부를 악순환으로 잡아끌고 아내는 큰 상처를 받는다. "당신은 날 사랑해요?"라고 물을 때, 그녀는 '정보'를 얻기 위해서 묻는 것이 아니다. 단지 사랑을 확인하고 싶은 것이다.

좀 더 영리하고 현명한 대답은 "물론 당신을 사랑해. 우리는 어떤 일이 있어도 함께 늙고 머리가 하얗게 되어도 그렇게 할 거요"라고 말하는 것이다. 그렇게 하면 그녀는 아마도 다시 "왜요?" 또는 "나의 어

아내는 남편이 항상 "나의 사랑, 내 어여쁜 자야"라고 말하는 것을 듣고 싶다.

떤 점을 사랑하는 거죠?"라고 물을 것이다. 당신의 사랑을 확인하면서 힘을 얻은 아내는 더 구체적으로 듣고 싶어 한다. 한 여성은 이렇게 편지했다.

저희는 멋진 결혼생활을 하고 있어요. 하지만 때로 삶을 소모하는 악순환에 빠질 때도 있습니다. 세미나에 참석해 얻은 정보로 우리는 서로를 새롭게 이해할 수 있게 되었습니다. 남편과 '정서적으로 결합해 있지 않은 상태'라고 느낄 때면 저는 이유를 알려고 애썼어요. 하지만 그는 지금에서야 그 부분을 이해한 것 같아요. 이제는 남편과 하나 되어 있지 못함을 느낄 때면, 그는 제게 먼저 "미안해. 당신이 그렇게 느끼는 줄 몰랐어"라고 하지요. 저희는 둘 다 먼저는 주님께, 그다음은 서로에게 헌신하고 있음을 확신해요. 남편과의 관계가 항상 새로워지는 느낌이에요.

"나는 당신만 사랑하는데, 당신은요?"

아내는 한 사람만을 사랑하며 당신에게 헌신한다. 하지만 때로는 남편도 그러한지 확인하고 싶을 때가 있다. 이런 생각은 자연스러운 것이다. 특히 남편이 길을 가면서나 TV를 보다가 아리따운 여인에게 눈길을 주는 것을 볼 때면 더더욱 그렇다. 아내는 이런 모습을 보며 남편의 속마음을 알고 싶다. 이 부분을 확인하고 싶은 것이다.

반대로 생각해보자. 당신의 아내가 집에 와서 이렇게 말한다고 해보라. "당신, 저 아랫집에 사는 데이브가 승진한 거 알아요? 내 친구 마지가 그의 사무실에서 일하는데 사람들이 데이브를 찾아가 조언을 구한다고 해요. 정말 남자다운 거 같아요. 돈도 많이 벌고 아내와 아이들에게도 잘한대요. 당신은 언제쯤 그 뱃살을 줄일 건가요? 다음 승진은 언제쯤이에요? 여기저기 돈 들어갈 데가 정말 많다고요."

물론 이것은 과장이지만, 지금쯤 당신은 눈치챘을 것이다. 만일 아내가 이런 식으로 말한다면, 기분이 나쁘지 않겠는가?

욥에게 배우라

여자가 분홍색 선글라스를 통해서 세상을 바라보는 방식은 당신이 파란색 선글라스를 쓰고 바라보는 것과는 아주 다르다. 욥은 이에 대해 명확한 관점을 갖고 있었다. "젊은 여인을 음탕한 눈으로 바라보지 않겠다고 나 스스로 엄격하게 다짐하였다. … 불의한 자에게는 불행이 미치고, 악한 일을 하는 자에게는 재앙이 닥치는 법이 아닌가?"(욥 31:1, 3; 새번역). 욥은 자기 행동에 따라 어떤 영향이 미칠지 이해했다. 자신의 영적인 삶뿐만 아니라 아내와의 관계에도 영향이 클 것을 알았다.

모든 남편은 욥에게 배워야 한다. 남편이 하나님과 언약을 맺고, 결혼생활을 포함한 삶의 모든 영역에서 예수 그리스도를 닮으려고 노력한다는 사실을 알 때, 아내는 안전하다고 느낀다. 남편의 사랑과 충성을 확신할 때, 그녀는 활기를 얻고 동기를 부여받는다. 하나님이 아내를 이렇게 만드셨으며, 죽음이 그들을 갈라놓을 때까지 결혼 언약이 충성을 강조하는 이유도 여기 있다.

아내는 아가서의 연인이 무슨 말을 하는지 구구절절이 공감한다. "나를 당신 마음에 도장처럼 새기고 나를 당신 팔에 도장처럼 새겨두세요"(아 8:6, 우리말). 결혼 예식에서 서로에게 반지를 주는 습관은 이 구절을 근거로 한다. 반지는 그녀가 사랑받고 있고 더는 혼자가 아님을 말해준다. '이혼이 두 사람을 갈라놓을 때까지'가 아니라 일생 충성하는 것이다.

많은 남성이 결혼반지를 끼지 않는다. 스포츠에 몰두하는 데 거추장스럽거나, 오랜 시간 끼고 다니는 게 그냥 싫어서, 혹은 반지가 맞지 않는 등 이유는 다양하다. 하지만 안 맞는 반지는 더 크게 만들 수 있고, 다른 반지를 살 수도 있다. 스포츠나 여러 사정으로 잠시 빼어놓을 수는 있지만, 곧바로 도로 껴야 한다. 결혼반지는 충성의 표시다. 반지를 일부러 벗어둔 채 집을 나서지 말아야 한다.

결혼반지를 낀 상태에서는, 농담으로라도 절대 '이혼'이라는 말을 꺼내지 않을 것이다. 이 단어는 어떤 맥락에서 사용했든지 간에 아내를 불안하게 만든다. 두 사람이 함께 살아 있는 한 아내에게 헌신할 것임을 아내가 확신할 수 있도록 할 수 있는 모든 일을 하라.

당신은 충성하는 사람인가

말라기 2장 14~15절은 하나님이 결혼생활에서 충성을 어떻게 여기시는지를 잘 보여준다. 이 구절에서 선지자는 결혼의 유대감을 깨뜨리는 이스라엘 사람들을 책망한다. 당시에 이혼이 만연했던 까닭에, 말라기는 "그 여자는 너의 동반자이며, 네가 성실하게 살겠다고 언약을 맺고 맞아들인 아내인데도, 네가 아내를 배신하였다. … 너희는 명심하여, 젊어서 결혼한 너희 아내를 배신하지 말아라"(말 2:14~15, 새번역)라고 말했다.

말라기의 이 구절은 자기 평가를 위한 좋은 조언이라고 생각한다. 아내를 향한 당신의 감정은 어떠한가? 솔직하고 이해심이 있는가? 아내에게 충실한가?

말라기도 여기서 악순환이 어떻게 시작되는지를 묘사하고 있다. 두 사람을 악순환에 몰아넣는 모든 요소를 피하고 힘이 되는 선순환에 머무르라. 사랑이 없으면, 아내는 다른 반응을 보인다. 아내에게 사랑받고 있다는 느낌을 들게 해주려면 모든 면에서 충실하라.

결혼 서약을 지킨 남자

충성스러운 남편을 이야기할 때 좋은 본이 되는 사람이 있다. 로버트슨 맥퀼킨(Robertson Mcquilkin) 이야기다. 그는 아내가 치매에 걸리자 22년 동안 재직했던 컬럼비아 성경대학대학원(Columbia Bible College and Seminary)[1] 학장직을 물러났다. 그의 아내는 병세가 깊어지면서 남편 없이는 단 몇 시간도 견디지 못할 정도가 되었다. 남편이 안 보이면 그가 '사라졌다'고 생각했고, 그가 일이 있어 외출하면 남편을 찾으러 다녔다.

"많은 사람이 각기 자기의 인자함을 자랑하나니 충성된 자를 누가 만날 수 있으랴"(잠 20:6).

이런 결정은 쉬운 일이 아니었지만 어떤 의미로 보면 단순했다. "이것은 42년 전에 제가 '죽음이 우리를 갈라놓을 때까지' 건강할 때나 병들었을 때나 뮤리엘을 돌보기로 약속했을 때 내렸던 결정입니다."[2] 맥퀼킨은 약속을 지키는 남자가 되길 원했으며, 또한 '공평한' 사람이 되고 싶다고 했다. 아내가 42년 동안 자신을 희생적으로 섬겨왔기 때문에, 앞으로 42년 동안 아내를 돌보아야 할지라도 그는 단지 아내에게 진 사랑의 빚을 갚는 셈이라 생각했다.

그렇지만 그 이상의 이유도 있었다. "아내의 뇌 기능이 저하되면서 망각으로 가는 모습을 지켜보는 일은 어떤 면에서 제 인생의 기쁨이 됩니다. 매일 그녀가 새로운 사람으로 나타나는 것을 발견했거든요. 저는 항상 아내를 사랑했어요."[3]

맥퀼킨은 자신의 경험을《약속을 지키다》(*A Promise Kept*)에 담았다. 이 책에서 그는 아내를 돌보기 위해서 컬럼비아 성경대학대학원 학장직을 사임하면서 스스로 얼마나 놀랐는지를 언급했다. 그의 이야기를 들은 많은 부부는 자신의 결혼 서약을 새롭게 했고, 목회자들은 설교에 인용했다. 죽어가는 사람을 빈번하게 접하는 암 연구 학자들도, 이런 그의 결정에 감탄하면서 “여자들은 대부분 남편 곁에 있지만, 자기 아내 곁에 있는 남편은 극소수입니다”라고 말했다.

“아들에게 좋은 부모가 되어라. 딸에게는 더 좋은 부모가 되어라.” 이런 속담을 들어보았을 것이다. 왜 그럴까? 당신이 노년에 홀아비가 되어 쇠약해지면, 딸들은 부모를 돌보기 위해 가까운 곳으로 이사를 오려고 남편을 설득할 것이기 때문이다. 이러한 마음이 여성성 일부를 이룬다.

아내가 다소 불안해하면서, 자신을 얼마나 사랑하는지 혹은 자신을 왜 사랑하는지, 자신을 떠날 것인지를 자주 묻는다면 당신은 어떤 덫에 걸린 것 같은 느낌이 들 수도 있다. 당신이 어떻게 대답하는가에 따라 아내가 비난할 수도 있으며, 조금이라도 머뭇거린다면 경멸 섞인 반응을 보일 수 있다고 생각할지도 모른다. 하지만 실상은 전혀 그렇지 않다. 그녀 스스로는 남편인 당신에게 충성하고 있기에, 자신을 향해서는 어떻게 생각하는지 재확인하려고 그런 식으로 다가가는 것이다.

이럴 때 아내는 남편의 충성을 보며 안심한다

- 다른 사람 앞에서 아내를 칭찬하며 호의적으로 이야기할 때
- 아내가 중요하게 생각하는 것에 관심을 가질 때
- 아이들과 관련해서 조언을 구하는 아내에게 도움을 줄 때
- 아이들 앞에서 아내를 훈계하려 하지 않을 때
- 다른 여자를 탐욕스럽게 바라보지 않을 때
- 아내와의 결혼생활에 우선순위를 둘 때

- 사람들 앞에서 아내나 아이들을 비난하지 않을 때
- 사교 모임에 아내와 함께 갈 때
- 아이들에게 "너희 엄마에게 그런 식으로 말하지 말아라!"라고 할 때
- 아내에게 당신의 계획을 들려주면서 조언을 구할 때
- 아내와 아이들에게 늘 호의적으로 이야기할 때

14

존중:
그녀는 존중받고 소중히 여겨지길 바란다

1부에서는 남편이 아내를 소중히 여겨야 하는 성경적 이유를 베드로전서 3장 7절을 중심으로 이야기했다. 베드로는 남편에게 "그를 더 연약한 그릇이요 또 생명의 은혜를 함께 이어받을 자로 알아 귀히 여기라"라고 권면했다.

이 구절에는 모든 남편이 마음에 새겨야 하는 부분이 더 있다. 베드로는 남편이 아내를 그리스도 안에서 동료 상속자로 대해야 하는 이유를 덧붙인다. "이는 너희 기도가 막히지 아니하게 하려 함이라." 상담을 받으러 오는 남자들에게 내가 종종 이 문제를 언급하는 이유가 있다. 그들의 기도에 응답이 없다면, 아내를 어떻게 대하고 있는지 돌아볼 일이다. 많은 남자가 상담하러 와서 이렇게 말한다. "요즘 제 기도 생활에 활력이 없네요." 그럴 때 내가 던지는 질문이 있다.

"아내분에게는 어떻게 대하나요?" 남편은 손사래를 친다.

"아니요, 그게 아니라, 제 기도 생활에 문제가 있다고요."

"그럼, 지금 아내분과의 관계는 어떠신가요?"

“목사님, 저는 제 기도 생활을 이야기하고 있어요. 아내에 관한 게 아니라고요.”

나는 미소를 지으면서 말한다.

“그 둘은 다른 문제가 아닙니다.”

이런 남자들은 대개 자신은 성실하고 하나님을 잘 섬기고 있다고 확신한다. 하지만 기도할 때면 하늘이 마치 놋쇠처럼 느껴진다. 그들은 의문이 생긴다. “하나님, 왜 제 기도를 듣지 않으시는 거죠?” 그들의 생활을 좀 더 깊이 살펴보면, 우리는 종종 이들이 아내를 존중하고 있지 않음을 알 수 있다. 하지만 말씀에 순종하게 되면 그들의 기도생활은 나아질 것이다.

“여호와의 눈은 의인을 향하시고 그의 귀는 그들의 부르짖음에 기울이시는도다”(시 34:15).

서로 연결되어 있는 C-O-U-P-L-E 원리

C-O-U-P-L-E 원리는 아내를 존중하는 가장 좋은 방법이 무엇인지 보여준다. 아내를 귀하게 여기려면 친밀감, 솔직함, 이해, 평화, 충성이 있어야 한다. 성경은 남자가 자기 아내를 존중하고 소중히 여겨야 한다고 말한다. “사랑아 네가 어찌 그리 아름다운지, 어찌 그리 화창한지 즐겁게 하는구나”(아 7:6).

남편은 아내를 귀하게 여기는 사람이다. 잠언 31장 28~29절은 이와 관련해 유명한 구절이다. “그의 자식들은 일어나 감사하며 그의 남편은 칭찬하기를 덕행 있는 여자가 많으나 그대는 모든 여자보다 뛰어나다 하느니라.”

하나님은 여자들이 귀히 여겨지고 존중받기를 원하신다. 하나님과의 언약을 귀히 여기려면 아내를 소중히 여겨야 한다. 아내가 원하는 존중(honor)은 남자들에게 필요한 존경(respect)과는 다르다. 그녀에게 존중은 사랑의 일부분이다. 아내가 “날 존중하지 않는군요!”라고 할 때는 대부분 당신이 아내 의견을 무시하는 경우다. 실제로 그녀의 말을 풀어본다면 "당신이 나를 존중하지 않기 때문에 나를 사랑하지 않는다는 것도 알아요"이다. 존중, 귀하게 여김, 소중히 여김은 그녀가 당신에게 원하는 '사랑의 요소들'이다.

15장 이후에서, 우리는 아내가 남편을 C-H-A-I-R-S 원리로 존경하는 방법을 이야기할 것이다. 그는 자연스럽게 관계를 이끌려고(chair) 할 것이다. 이는 남편이 '상석에 앉는다'라는 의미가 아니라, 아내와 가족을 보호하고 그녀를 위해 목숨을 내놓을 정도로 책임감을 느낀다는 뜻이다. 하나님은 남편을 그런 존재로 만드셨다.

남편은 아내를 위해 죽으라고 부르심을 받았지만, 아내는 그런 부르심을 받지 않았다. 이것은 성경적 관점이다. 에베소서 5장을 보면, 남편은 그리스도의 상징이고 그리스도는 교회를 위해서 돌아가셨다. 아내는 교회의 상징이며, 남편은 그녀를 위해 자기 목숨을 내어놓을 수 있다. 아내는 관계를 주관할 생각은 없지만, 남편에게는 가장 중요한 사람이 되고 싶어 한다. 베드로가 아내를 '귀히 여기라'고 했을 때는 이런 의미로 말한 것이다(벧전 3:7). 아내는 당신이 마음속에 그녀를 맨 앞에 두었는지 알고 싶어 한다. 당신이 그렇게 할 때, 아내는 마치 자기가 온 세상에서 가장 사랑받는 여자인 것처럼 느낀다. 이런 존중을 받은 그녀는 교회가 그리스도를 공경하는 것과 같은 방식으로 당신을 존경하고 싶어 할 것이다. 당신의 사랑이 그녀의 존경을 끌어내고, 그녀의 존경은 당신의 사랑을 끌어낸다는 사실을 기억하라!

아내는 아이들 때문에 자신을 종종 실패자로 여긴다

아이들이 자라가면서, 사라는 엄마 역할을 두고 낙담하기도 했다. 끊임없이 말썽을 일으키는 아이들을 상대하다가 아내는 한계를 많이 느꼈고 그것은 자기 비하로 이어졌다. 사라는 "실패자처럼 느껴지네요"라고 말하곤 했다. 아이들이 어렸을 때, 나는 사라의 그런 불평을 무시하면서 대수롭지 않은 것으로 치부하곤 했다.

그러다가 두 아들과 딸이 십 대가 되면서, 사라가 그런 식으로 내게 말했을 때 뭘 원했던 것인지 비로소 이해하기 시작했다. 그녀는 내가 자신을 신뢰하는지, 엄마로서 역할을 잘 감당하고 있는지를 나에게 확인받고 싶었다. 그 후로 나는 아내의 노력과 헌신을 얼마나 귀하게 여기고 고마워하는지 적극 알렸고, 가족의 삶 속에서 그녀가 얼마나 귀한 역할을 맡고 있는지 이야기해주었다. 또한, 내가 그 일을 대신할 수 없다는 사실도 강조했다. 이처럼 사랑과 존경 고리는 부부가 즐겁고, 건강하고, 의미 있는 결혼관계를 누릴 수 있도록 돕는다.

그렇지만 인생은 절대 완벽할 수 없다. 아담과 하와가 에덴동산에서 타락해 쫓겨났을 때, 죄는 우리 모두를 포함하는 우주적인 문제가 되었다(창 3장, 롬 5:12~20 참고). 결혼생활에는 수많은 긴장과 갈등이 일어날 것이고, 당신은 그것을 모두 다룰 준비가 되어 있어야 한다.

남편의 자아상은 하는 일과 성취, 뭔가를 정복하는 것과 연관된다. 하지만 아내는 자신의 자아상을 가정 안에서 이룬다. 오늘날 많은 여성이 직업을 가지고 있고, 집 밖에서 중요한 지위와 역할을 담당하는 것은 사실이다. 하지만 유명 항공사의 부회장으로 일했던 한 여성은 이렇게 말했다. "결국, 중요한 것은 남편이 나를 사랑하고, 나를 소중히 여긴다는 사실이죠. 어떤 것보다도 그걸 원해요."

아내를 사랑하고 있음을 보여주는 상징을 이용하라

사관학교를 졸업하고 휘튼 대학에 들어갔을 때, 나는 "여자는 과연 어떤 존재일까?"라고 묻기 시작했다. 사관학교에 다니던 13세에서

18세까지, 나는 여자를 만날 기회가 없었다. 그래서인지 대부분 남자라면 하지 않을 질문이 많았다. 언젠가는 식당에서 여러 명의 남자아이에게 "왜 너는 여자친구랑 싸우고 나서 장미꽃을 주는 거냐?"라고 물었다. 그들은 모두 당황한 눈빛으로 나를 바라보았고, 그중 한 명은 이렇게 이야기했다. "잘 모르겠어. 하지만 정말 잘 먹히던데." 나는 거기서 끝낼 수 없었다. 여기에는 내가 이해하지 못하는 뭔가가 있음이 분명했다. 남자들에게 장미꽃을 주면 그런 일이 일어나지 않기 때문이다.

"나를 손가락의 반지처럼 바로 곁에 간직하세요."
(아 8:6 참고)

그 후, 사라를 만나 결혼하면서 나는 상징의 힘과 관련해 많은 것을 배웠고, 사랑하는 그녀에게 그것이 어떻게 전달되는지를 알게 되었다. 당신은 상대방이 원하는 수준으로 그 정서적인 필요와 존중감을 완벽하게 채울 수는 없다. 어떤 남자도 그렇게 하지 못한다. 하지만 상징은 그 간극에 다리를 놓는 데 유용하다. 대표적인 것이 기념일과 생일이다. 여자들은 이런 기회를 무척 소중하게 생각한다(사라의 생일을 잊어버린 나의 끔찍한 실수를 기억하는가).

알다시피 여성은 배 속에 아기를 잉태한다. 생명의 소중함을 더 민감하게 느낄 수밖에 없다. 그들에게 생일이 큰일이 되는 이유다. 아홉 달 동안 그녀는 "아이가 언제 태어날까?"를 묻는다. "너희는 자식을 해산하는 남자가 있는가 물어보라"(렘 30:6). 여성이 생일을 잊어버리는 것이 가능할까? 그런 일은 없다.

마찬가지로, 결혼 날짜는 아내의 영혼에 새겨진다. 어린 시절부터, 당신의 아내는 드레스를 입고 "신부 입장!" 하고 외치는 그날을 항상 꿈꿔 왔다. 그날 입은 드레스와 당시의 헤어스타일에 관해 한동안 수다를 떨지도 모른다. 하지만 남편은 턱시도를 그리 달가워하지 않는다. "이봐, 해리. 결혼식에서 내가 어떤 옷을 입었는지 보여줄게." 친구들에게 이런 말을 하는 남자는 없다.

아내에게는, 결혼기념일과 생일보다 더 중요한 날이 없다. 이날을 기억하고 축하함으로써 당신이 그녀를 여전히 그 때만큼 사랑하고 있고 소중히 여기고 있음을 보여주는 기회로 삼아라.

"처녀가 어찌
그의 패물을 잊겠느냐
신부가 어찌
그의 예복을 잊겠느냐"
(렘 2:32).

이 일은 예술이지 과학이 아니다. 가령 아내의 생일날, 메르세데스 벤츠 자동차를 선물로 샀다고 해보자(정말 그렇게 했던 남자 세 명을 알고 있다). 다른 남자는 아내와 함께 공원에 가서 기분 좋게 산책을 하고 그녀가 자기 인생에 얼마나 의미가 되는지를 말하며 사랑의 감정과 친밀함을 나누었다. 자동차로 돌아오면서, 그는 작고 평평한 돌을 발견해 그것을 집으로 가지고 왔다. 거기에 짧은 시를 써서 그날을 기념하는 물건으로 선물했다. 일반적으로 남자들은 값비싼 선물이 아내에게 감동을 준다고 생각한다. 만일 당신이 근사한 자동차 한 대를 어떤 친구에게 선물한다면, 그는 주위 모든 사람에게 이렇게 이야기하고 다닐 것이다. "와! 조처럼 멋진 사람이 있을까. 믿을 수가 없어. 나한테 이렇게 멋진 차를 선물하다니!"

하지만 어떤 여성에게 자동차를 선물했다면 이야기가 달라진다. 그녀는 친구들에게 이렇게 말할 것이 분명하다. "이것 좀 봐. 그가 나에게 자동차를 선물했어. 내 환심을 사서 뭔가 다른 것을 꾸미려는 게 아닐까 의심스러워."

작은 돌 이야기로 가보자. 당신이 먼저 세상을 떠나고 10년이 지난 후, 93세가 된 그녀는 자신의 벽난로 선반에 무엇을 간직할까? 그날 받은 자동차의 사진? 그런 일은 없다! 아내는 그 돌을 간직할 것이다. 그것은 남편이 아내에게 특별한 애정과 헌신과 존중을 베풀었던 시간을 상징하기 때문이다.

한 남편은 24세 아내와 함께 우리 세미나에 참석한 후에 '작지만 사려 깊은 것들'의 힘을 즉시 깨달았다. 그의 아내는 이렇게 썼다.

우리의 밸런타인데이는 아주 특별했어요. 저는 일어나자마자 사탕을 찾아다니는 사냥꾼이 되었지요. 제 남편은 네 개의 짧은 시를 적은 다음, 그것을 네 종류의 사탕으로 가득 찬 꾸러미에 붙여놓았어요. 그 게임은 욕실에서 시작되었어요. 그리고 거기에는 다음 사탕은 어디 있는지에 관해 힌트가 있었어요. 저는 집안 곳곳을 웃으면서 돌아다녔고 정말 재미있었어요. 그날 밤 남편은 멋진 저녁을 예약해놓았고요. 클래식 기타가 연주되는 곳이었는데, 식당 사람들은 저희의 사진을 찍어서 "감사합니다"라고 쓰여 있는 액자에 넣어 주었어요. 저희는 아주 편안한 분위기 속에서 멋진 음식을 즐겁게 먹었지요. 그것은 정말이지 오랫동안 기억에 남을 만한 시간이었어요!

이 여자의 말에는 핵심이 담겨 있다. 당신이 준 선물, 카드, 행동에서 크기나 액수는 부차적인 부분이다. 아내는 남편이 자신을 귀중하게 여기고 있음을 가리키는 상징을 보며 감동한다. 당신이 아내를 얼마나 생각하고 있는지 충분히 알게 하라. 그녀는 당신 마음에서 나오는 것을 원한다.

아내는 당신이 마음을 읽어주길 원한다

때때로 아주 드물지만 부부 사이에 머피의 법칙도 일어난다. 예를 들어, 다섯 번째 결혼기념일에 아내와 외식을 한다고 가정해보자.

"여보, 우리 나가서 먹을까? 어디로 갈까?"

"음, 모르겠어요."

"어디든지 말해. 당신이 원하는 곳이면 어디든 모셔다드릴게. 어디로 가고 싶어?"

그녀는 또다시 주저한다. "몰라요. 당신이 결정하면 안 돼요?"

"내가 결정했으면 좋겠어?"

"그래요."

"이번만은 당신이 원하는 곳에 가고 싶은데."

"아뇨. 나는 당신이 결정했으면 좋겠어요." 아내는 계속 고집을 피운다.

"음, 좋아. 집에 오는 길에 보이는 프리웨이 스테이크 하우스가 요근방에서 제일 신선한 고기를 사용한다는데, 거기 어때?"

그녀는 말한다. "난 거기 별로 마음에 안 드는데."

대부분 남편은 이와 비슷한 상황을 겪어봤을 것이다. 이럴 때 당신은 두 가지 반응을 보일 수 있다. 먼저는 아내의 반응에 짜증 섞인 표정으로 화를 내는 것이다. 아무리 생각해봐도 아내는 너무나 비합리적이고 논리가 없으며, 당신을 화나게 하는 데 선수인 것 같다. 그녀는 이미 관계의 악순환 입구에 두 사람을 데려다 놓았다.

그렇지만 또 다른 선택이 있다. 당신은 힘이 되는 선순환 방향에 무게를 실을 수 있다. 아내가 분홍색 선글라스를 끼고 있음을 기억하면서 당신의 파란색 선글라스를 조절하고 인내할 수 있다. 비난하는 대신에 좀 더 정보를 찾으려 한다.

사실, 아내는 당신이 마음을 읽어주길 진심으로 원하고 있다. 아마도 이런 생각일 것이다. '내가 그를 사랑하는 만큼 그가 나를 사랑한다면, 남편은 내가 이야기하지 않아도 가고 싶은 곳을 알 거야. 나도 그렇게 해왔는데, 왜 나를 위해 그렇게 못하겠어? 내가 남편을 생각하는 만큼 남편도 나를 생각하는지, 내가 느끼는 만큼 나를 느끼는지를 알고 싶다고.'

남편은 그런 아내의 마음을 읽을 수 있어야 한다. 이것이 쉬운 일은 아니지만, 방법은 있다. 이런 말로 분위기를 돌려본다. "좋아. 프리웨이 스테이크 하우스는 스테이크와 갈비 외에는 먹을 게 마땅치 않지. 그럼 여기는 어때?" 그런 다음 좀 더 다양한 메뉴가 있는 두세 개의 고급스럽고 분위기 좋은 레스토랑 이름을 댄다. 이 중 하나가 당첨이라면 운이 좋은 거다. 이로써 다섯 번째 결혼기념일은 재앙에서 구원받았고, 이보다 더 중요한 것은 당신이 아내를 아주 소중히 여기고 있음을 몸소 보여준 셈이 되었다.

그렇지만 당신이 아내의 마음을 읽고 싶지 않은 상황이라면, 아내는 여전히 동의하지 않을 것이다. 이것은 참 난감한 상황이다. 만약 그녀의 의견이 당신과 충돌한다면, 당신은 아내를 어떻게 소중하게 대할 것인가? 실제로 두 사람이 일치를 보지 못할 때, 아내를 존중하면서도 세 가지로 답을 할 수 있다. 먼저 당신은 "여보, 의견을 말해줘서 고마워"라고 간단하게 말할 수 있다. 두 번째, "여보, 잠깐 생각해볼게"라고 할 수 있다. 그것은 당신이 그녀의 생각을 검토하는 중임을 말해준다. 세 번째 방법은, "여보, 나는 그 부분에서 생각이 좀 다르지만, 당신 의견을 소중하게 생각하고, 당신 마음을 믿어"라고 말하는 것이다. 세 번째가 최선이다.

● "당신은 나를 행복하게 만들잖아"

아내를 소중하게 여기는 또 다른 방법은, 당신이 그녀가 하는 일에 모두 감사하고 있음을 알도록 하는 것이다. 자동차로 꽉 막힌 도로를 힘들게 빠져 나와 집에 겨우 도착했는데, 집에 들어와 보니 엉망진창이다. 싱크대에는 더러운 그릇이 쌓여 있고, 여기저기 지저분한 빨랫감은 흩어져 있으며, 유치원에 다니는 두 아이는 벽에 그림을 그려

놓았다. 그는 마침내 침대에서 자는 아내를 찾아냈다. 아내를 깨우며 이렇게 말했다. "집은 엉망진창이고 아이들은 제멋대로군. 어떻게 된 거지?"

그녀는 파리하고도 지친 듯한 미소를 지으며 남편을 바라보았다. "음. 당신이 집에 오면 나에게 온종일 집에서 뭘 했냐고 물었다는 거 알아요? 오늘 나는 그걸 하지 않았어요."

아내와 그녀가 하는 일을 존중하라.

어떤 아내는 자기 남편에게 이렇게 말했다. "방금 여동생과 통화를 했는데, 그 애는 정말 대단해요. 이번 여름에 자기 집에 뒷문을 만드는 남편을 도왔다고 하네요. 그리고 이국적인 요리를 해보려고 강의를 듣고 있대요. 그 애는 항상 뭔가를 하고, 뭔가를 만들어요. 동생과 얘기할 때면 난 정말 부족하다고 느껴요. 나는 뭘 하면 좋을까요?"

"네가 젊어서 취한 아내를 즐거워하라" (잠 5:18).

그녀를 바라보던 남편이 말했다. "당신은 나를 행복하게 만들잖아."

이런 남편에게 박수를! 그는 아내를 어떻게 존중하는지를 알았다. 인생에서 가장 중요한 사람을 어떻게 귀하게 여기고, 소중히 대할 수 있는지 몇 가지 아이디어를 살펴보자.

아내는 이럴 때 존중받는다고 느낀다

- "당신이 이 문제를 그렇게 잘 대처하다니 정말 자랑스럽네" 하며 진심으로 격려할 때
- 다른 사람들 앞에서 아내를 칭찬할 때
- 아내를 위해 문을 열어줄 때
- 아내와 함께 새로운 것을 시도해 볼 때

- 아내의 머리 스타일이나 옷이 달라진 것을 알아차릴 때
- 공적인 장소에서 아내에게 애정을 표현할 때
- 아이들에게 엄마와 다른 사람들을 존경하도록 가르칠 때
- 아내의 의견이 틀린 것이 아니라 단지 다를 뿐, 타당하다고 평가할 때
- '남자들의 일'이 아닌 가족들과 외출하는 것을 선택할 때
- 아내를 가장 중요하게 여김을 느끼게 할 때
- 아내와 그녀가 하는 모든 것을 자랑스러워할 때

15

C-H-A-I-R-S:
남편을 어떻게 존경할 것인가?

(15~21장은 아내를 위한 것이지만, 남편도 함께 읽었으면 한다.)

우리는 C-O-U-P-L-E 원리를 통해 좀 더 사랑 있는 남편이 되는 길을 알아보았다. 다음 여섯 개의 장에서 우리는 C-H-A-I-R-S라는 머리글자를 통해 아내가 좀 더 남편을 존경하는 실제적이고 성경적인 방법을 다룰 것이다.

사랑과 관련해서는 아내에게 많은 조언이 필요하지 않다. 하나님은 여성에게 특별히 그런 성향을 부여하셨고, 그것은 자연스럽게 이루어진다. 그렇지만 존경과 관련해서는 도움이 필요하다. 1부에서는 남편을 무조건 존경하면서 생긴 놀라운 힘을 경험한 여성들이 보낸 많은 편지를 소개했다. 이렇게 해서 남편이 존경을 원하고 필요로 한다는 것을 깨닫게 되었지만, 이것은 많은 여자에게 여전히 낯선 언어이며, 이를 실천하는 것은 더더욱 어렵다.

다음 편지에는 많은 여자가 악순환에서 벗어나 힘이 되는 선순환으로 들어가길 바라는 마음이 잘 나타나 있다.

"지혜로운 여인은
자기 집을 세우되
미련한 여인은 자기 손으로
그것을 허느니라"(잠 14:1).

결혼생활에 존경을 적용하는 것은 꽤 낯선 일이었지만, 이제는 정말로 시도해야만 했어요. 저는 항상 더 많이 사랑해야 한다고만 생각했는데요. 그것은 별 도움이 되지 않았거든요. 존경 메시지는 제게는 일종의 계시였어요. 다시 감사드려요! 저희가 배운 것을 적용하면서 결혼생활이 어떤 모습으로 전개될 것인지 기대하면 정말 흥미진진해요.

앞으로 설명할 C-H-A-I-R-S 원칙에서는 결혼생활에 더 많은 힘을 실어줄 만한 부분을 상세히 다루고 있다. 여기서 C-H-A-I-R-S는 대부분 남편에게 중요한 정복(Conquest), 계급(Hierarchy), 권위(Authority), 통찰(Insight), 유대(Relationship), 성욕(Sexuality)이라는 여섯 가지를 나타낸다.

'정복'에 대한 설명에서, 당신은 업적을 남기고 위대한 일을 이루려는 남자의 욕구를 고맙게 받아들이는 법을 배울 것이다. '계급'에서는 보호하고 공급하려는 욕구를, '권위'에서는 봉사하고 이끌려는 욕구에 관해 어떻게 관점을 달리할 수 있는지 생각해본다. '통찰'에서는 분석하고 상담하려는 욕구에 관해, '유대'에서는 어깨를 맞대는 관계로 살아가려는 남자의 욕구를 이해하도록 돕는다. '성욕'에서는 성적인 친밀과 관련된 남자의 욕구를 설명한다(아내의 필요를 서로 나누는 방법에 관해서는 부록 C를 보라).

'조건 없는 존경'이 어떤 여성에게는 모순처럼 들린다는 것을 인정한다. 즉, 남편이 존경받을 만해야 존경하는 것이 당연하다고 생각하는 여성이 많다. 사랑과 존경 고리를 소개하면서, 나는 조건 없는 존경이 행복한 결혼생활을 위한 중요한 토대가 될 수 있음을 알리고자 애썼다. 남편을 무조건 존경하는 것은 그에게서 조건 없는 사랑을 받을 수 있는 분명한 통로다. 이를 실천함으로써 좋은 결과를 얻은 두 여성의 편지를 소개한다.

> 몇 주 전 어느 날 밤, 남편은 저에게 백 번째 같은 말을 했어요. "당신은 내 말에 정말 귀를 기울이지 않는군!" 그날 그이의 이야기에 냉담하고 쌀쌀맞게 대했더니 그렇게 말하더군요. 그날 밤 저는 박사님의 메시지에 다시 귀를 기울였고, 마침내 남편이 하는 말뜻을 이해했어요. 그와 친밀해지려고 했던 시도가 모두 괴롭다는 것이었어요. 저는 즉시 접근 방식과 선택을 의식적으로 바꾸었습니다. 그리고 놀라운 결과를 얻었지요. 이제 남편은 제가 그토록 원했던 사랑을 베풀고 있어요.
>
> 조건 없는 존경이라는 개념을 접하게 된 것에 감사해요. 이것이 남편에게 의미 있는 방식이고, 이렇게 해야 그의 마음이 열려 저에게 비로소 사랑을 줄 수 있음을 알았기 때문이에요. 존경에 관해 많은 것을 배웠습니다. 십 대 아들과도 효과적으로 대화하는 법을 배웠어요. 존경에 대한 이러한 새로운 가르침에 감사드려요.

아내가
위엄을 입고 있을 때,
그녀는 명예롭게 처신하며
공손하게 대한다.
(잠 31:25 참고)

남편에게 '존경 시험' 적용하기

사랑과 존경 원리를 가르치기 시작할 때, 많이 인용한 성경 구절이 있다. 에베소서 5장 33절("아내도 자기 남편을 존경하라")과 베드로전서 3장 1절("아내들아 이와 같이 자기 남편에게 순종하라")이다. 그렇지만 많은 여성은 바울이나 베드로도 남자라는 사실을 지적하면서 이 구절을 무시한다. '그들이 여자 마음을 어떻게 알겠는가?' 하면서 말이다.

영감으로 쓰인 성경에 반발하지 말라는 설교를 하는 대신, 나는 그들이 남편에게 조건 없는 존경이라는 개념을 시험할 방법을 고안해 내고, 거기에 '존경 시험'이라는 이름을 붙였다. 내용은 이렇다.

나는 한 그룹의 여성에게 남편의 존경스러운 부분을 생각해보라고 했다. 몇몇은 꽤 금방 끝냈고, 겨우 해낸 사람도 있었다. 그리고 나는 그들에게 집에 가서 남편이 여유를 느끼는 시간까지 기다렸다가 이렇게 말하라고 했다. "오늘 내가 당신을 존경하는 몇 가지 이유를 생각해봤어요. 내가 당신을 존경한다는 것을 알았으면 좋겠어요." 그런 후에 재빨리 방을 나온 다음, 무슨 일이 일어나는지를 보라고 했다.

한 여성은 이런 소식을 전했다. 그녀가 비슷한 이야기를 하고 나오려고 돌아서는 순간, 남편이 소리쳤다. "잠깐만! 이리로 와봐! 지금 뭐라고 했지?" 운 좋게도 그녀는 존경하는 이유를 말할 준비가 되어 있었고(매우 중요한 부분이다) 기꺼이 그렇게 했다. 그녀가 이야기를 마치자, 그는 "와! 여보. 오늘 우리, 외식할까?"라고 말했다. 그녀는 깜짝 놀랐다. 남편이 그렇게 말한 적이 거의 없었기 때문이다.

무슨 일이 일어난 것일까? 나는 그녀에게 남자의 우선되며 기본적인 욕구는 봉사하는 것, 특히 자신이 인정(존경)을 받았을 때 어떻게 해서든지 마음의 빚을 갚으려는 태도라고 설명했다. 그녀는 남편을 존경하는 마음을 표현했고, 그는 거기에 뭔가를 하고 싶어 했다. 아내는 아이들이 그날 저녁 할 일이 있으니 아쉽지만 외식은 다음 기회로 미루자고 했다. 그렇지만 15분 후에, 그녀는 부엌에서 그릇과 프라이팬이 요란스레 내는 소리를 들었다. 남편이 저녁 식사를 준비하는 걸 본 것이다. 남편은 평소 요리를 한 적이 없었다. 그렇다, 처음이었다! 그는 자발적으로 섬기기 시작했다.

며칠 후, 이 아내는 우리에게 다시 편지를 썼다. "믿지 못하실 거예요. 남편이 세탁기를 돌리고 있어요! 또 다른 '존경 시험'은 없나요?"

남편을 조종해서 원하는 결과를 계속 얻어려고 '존경 시험'을 사용하는 것은 아닐까? 물론 그럴 수도 있다. 하지만 나는 그녀가 악의로 그런 것이 아니라고 생각한다. 남편에게 존경을 표현하려고 진심으로 노력하자 예상을 뛰어넘은 효과를 본 것이다. 선의를 가진 남편은 아내가 자신을 존경할 때 아내를 섬긴다. 배우자의 가장 깊은 필요를 채우려면 이렇게 해야 한다고 나는 확신한다.

존경 시험은 믿음으로 해야지 보는 것으로 행해서는 안 된다. (고후 5:7 참고)

모든 여성이 같은 반응을 얻는 것은 아니다. 몇몇 남편은 아내의 달라진 모습을 보며 생각에 잠기거나, 그 후에 뭔가를 이야기할지도 모른다. 또는 아무 말이 없을 수도 있다. 요점은 이것이다. 존경 시험에는 신뢰의 단계가 필요하다. 하나님은 남편을 조건 없이 존경하라고 말씀하신다. 당신은 남편의 반응과 관계없이 그에게 존경을 보여야 한다.

남편을 존경하는 이유를 마음속으로 준비하라

아내가 남편에게 존경한다고 이야기할 때, 대부분 남편은 (정신을 차린 후에) 이렇게 말할 것이다. "아, 구체적으로 얘기해줄 수 있겠소?" 아내는 이러한 질문에 정직하고 순수하게 대답할 준비를 해야 한다. 그냥 존경한다는 말만 하고 자연스럽게 빠져나갈 수 있으리라는 기대는 접어두는 것이 좋다. 그런 일은 일어나지 않는다.

아내가 무슨 말을 해야 할지 모르겠다면? 우리는 자기 남편에게는 존경스러운 부분이 하나도 없다고 말한 여성들과 자주 이야기했다. 한 아내는 남편을 존경한다는 생각만 떠올려도 화가 나고 힘이 빠진다고 말한다. 당신도 그렇다면 이렇게 자문해보자. "남편은 특별히 나를 사랑하지도 않는 것 같은데, 과연 기본적으로 선의는 있는 남자인가?" 이에 대한 대답이 "어느 정도 그렇다"라면, 목록을 만들 수 있다. 남편도 하나님의 형상으로 만들어졌기에 하나님께 받은 속성을 가지고 있기 때문이다.

예를 들면, 그에게는 가족을 위해서 일하고, 업적을 이루고, 보호하고, 공급하려는 욕구가 있다. 선량한 마음으로 가족을 이끌고, 울타리가 되어주고 강하게 지키고 싶어 한다. 우리는 다음 장에서 시작해서 하나님에게서 받은 남자의 이러한 속성을 살펴볼 것이다. 요점은 이것이다. 남편의 이러한 갈망을 보되 아직 그의 '실적'은 보지 말라. 여기에 출발점으로 삼을 만한 표현을 소개한다. 이런 부분에 유의하여 자신의 말로 표현하면 좋다.

"여보, 당신이 매일 새벽같이 일어나서 가족들을 위해 졸린 눈을 비비며 일하러 가는 모습을 보면 존경심이 들어요. 힘들지만 잘 해내고 있네요."

"여보, 당신이 우리 가족을 위한 울타리가 되어주어서 얼마나 자랑스러운지 몰라요. 날마다 날아오는 청구서들로 어깨가 무겁다는 거 잘 알아요. 당신의 수고에 참 감사한답니다."

여기서 핵심은 부정적인 것이 아니라 긍정적인 것들에 초점을 맞추는 데 있다. 아내는 하나님이 보시는 것을 보고자 해야 한다. 남편은 기본적으로 선의를 가진 남자인가? 먼저는 그 사실을 존경으로 표현하라. 나는 선의와 관련해 종종 고린도전서 7장 33~34절을 인용한다. 바울은 고린도에 있는 부부들도 서로를 향해 선의를 갖고 있다고 여겼다. 결혼한 남자는 "어찌하여야 아내를 기쁘게 할까"를 생각하고(고전 7:33), 아내 역시 "어찌하여야 남편을 기쁘게 할까"를 고민한다고 말한다(고전 7:34).[1]

선의를 가진 남편은 바울이 언급한 것처럼, 아내를 기쁘게 하려고 애쓴다. 남편이 자신을 사랑하는 것 같지 않다고 느끼는 여성을 만나면 나는 항상 이런 말로 격려한다. 사실, 실제로 사랑을 베풀지도 않고 자기에게 별 관심이 없어 보이는 남편이 있을지도 모른다. 하지만 그는 의도적으로, 자진해서, 습관적으로, 불쾌하게 하려는 의도로 사랑을 거부하는 것이 아니다. 불쾌감이 느껴지는 순간이라면 마음속에 다음과 같은 몇몇 구절을 되새기는 것은 어떠한가? "마음에는 원이로되 육신이 약하도다"(마 26:41). "선을 행하고 전혀 죄를 범하지 아니하는 의인은 세상에 없기 때문이로다"(전 7:20).[2]

남편이 화나게 하고 고집을 부릴 때, 아내는 그가 자신에게 상처를 입히려는 목적으로 그렇게 하는 것이 아님을 알아야 한다. 그 역시 결혼생활이 행복하길 바란다. 그러므로 존경 시험을 시도하는 아내는 앞으로 일어나는 일을 보면서 자못 놀라게 될 것이다. 남자는 존경을 갈망한다. 우리 세미나에 참석했던 어떤 여성은 존경 시험을 사용했을 때 어떤 일이 일어났는지를 편지로 써서 보냈다. 그에게 직접 전달하지 않고, 카드를 써서 그가 가족을 위해 열심히 일하는 것과 집에서 세 딸을 보살필 수 있도록 도와주어 너무나 존경스럽다고 전했다. 그녀는 남편의 서류가방에 그것을 넣어 두었고, 그는 다음날 오전에 이 편지를 발견했다. 남편은 즉시 아내에게 전화를 걸어 고맙다고 했다.

이러한 존경 시험을 시도해 성공한 여성들과 주고받은 많은 이야기를 나누고 싶다. 몇몇은 얼굴을 마주 보며 시도했고, 메모를 남기거나 일하는 남편에게 전화를 건 사람, 존경 메시지를 휴대폰에 음성으로 남긴 사람도 있다. 이것은 결혼생활의 비약적 발전을 향한 첫걸음이 된다. 한 여성은 이런 내용으로 글을 보내왔다.

> 며칠 전에, 남편을 존경한다고 이야기해야겠다고 결심했어요. 이 일이 꽤 어색하게 느껴졌지만, 저는 그렇게 했고 결과는 믿기 힘들 정도였어

요! 그는 왜 자신을 존경하는지를 물었지요. 제가 더듬거리면서 몇 마디를 하지 않았는데도 눈앞에서 남편의 태도가 바뀌는 것을 봤습니다!

만약 현재 관계가 만족스럽지 못하다면, 어디에서 친밀감을 잃었는지 그 지점으로 돌아가서 생각해보라. 남편이 당신을 의미 있는 방식으로 사랑하고 있음을 느끼지 못해서 영혼에 상처를 입었을지도 모르겠다. 그 이후로 관계의 악순환은 계속되고 있다. 이 여성은 이렇게 고백한다.

저희는 무척 긴 시간을 관계의 악순환 속에서 보냈어요. 하지만 저는 전부터 남편을 존경하고 있었어요. 제가 사랑받지 못한다고 느꼈기 때문에 그것이 보이지 않았을 뿐이었죠. 대화 중에 남편을 찬찬히 바라보면서 저는 충격을 받았어요. 세상에서 가장 존경받지 못하는 남자의 얼굴이었죠! 그동안 왜 그것을 몰랐을까요? 저의 변화로 인해 남편도 달라졌고, 저는 처음으로 희망을 느꼈습니다. 지금 제 삶에 일어난 일을 묘사하면 그렇습니다.

이 여성은 악순환에서 벗어나는 길을 발견했다! 다음 장들은 결혼생활에 활기를 주려는 방법으로, 남편에게 존경을 보이도록 돕기 위해 만들어졌다. C-H-A-I-R-S 원칙은 대부분 남자에게 적용된다. 물론 예외도 있지만, 남자들은 일반적으로 관계 속에서 '권위 있는 자리'에 있고 싶어 한다. 우리는 여성 대부분이 영혼 속에서 어떻게 느끼는지를 보았고, 이제는 남자들을 살펴볼 차례다. 남자든 여자든 틀린 것은 없다. 그들은 단지 분홍색과 파란색처럼 다를 뿐이다.

대부분, 남자는 운전석에서 자신을 본다. 남자의 자아상에서 보면, 그는 관계를 다스리고 주도하고 싶어 한다. 그는 대표가 되고자 하지만, 지배하기 위한 것이 아니라 하나님이 그렇게 만드셨고 그 책임을 감당하길 원하기 때문이다.

남자에게 당신의 존경을 보이는 법과 부부가 힘이 되는 선순환에 머무는 법에 관해 앞으로 설명할 여섯 가지를 마음에 간직하라. 남편의 존재와 하나님이 그를 어떻게 만드셨는지(아들도 마찬가지다)를 좀 더 명확하게 알 수 있을 것이다. 그리고 이를 실천하면서 당신도 많은 여성이 경험했던 기쁨을 누리게 된다. 예를 들어, 다음 편지를 보라.

남편 대부분은 가정을 잘 다스리는 사람으로 여겨지기를 바란다.
(딤전 3:4 참고)

제가 남편을 존경하기 전까지, 우리 부부는 절대 친밀하지 못했어요. 항상 뭔가가 부족한 것은 알았지만, 그것은 날 사랑하지 않는 남편 때문이지 내가 그를 존경하지 않기 때문이라는 사실은 꿈에도 생각하지 못했지요. 하지만 지금 저는 사랑받는다고 느끼고 있고, 남편 역시 존경받는다고 생각해요. 그리고 저희 삶의 엄청난 공허함도 채워지고 있고요.

남편은 아내를 사랑하는 것보다 존중하기가 더 쉽고, 아내는 남편을 존경하는 것보다 사랑하기가 더 쉽다는 것이 박사님의 메시지였지요. 정말 충격이었습니다. 전에는 그렇게 생각해본 적이 없었거든요.

남편과 저는 요즘 더욱더 달콤한 관계를 누리고 있어요. 저는 남편에게 어떤 태도(표정, 목소리 톤 등)로 말해야 하는지 알기 위해 열심히 배웠고, 남편은 제가 사랑받지 못한다고 느낄 때 그것을 얘기해달라고 했습니다. 제가 이 부분에서 하나님께 순종하기로 헌신한 후로, 저희는 악순환에서 완전히 벗어났어요. 마음 깊이 감사합니다!

데일 카네기는 이렇게 말했다. "다른 사람을 진심으로 존경하는 것은 동기부여의 든든한 기초다." 그것은 또한 악순환에서 벗어나 힘이 되는 선순환으로 들어가게 하는 핵심 열쇠이기도 하다. 남편이 전에는 절대 깨닫지 못했던 방식으로 당신을 사랑하도록 동기를 주려면 어떻게 해야 하는지 몇 가지 방법을 익혀보자.

16

정복:
일하고 성취하려는 그의 욕구를 고마워하라

C-H-A-I-R-S 원칙의 첫 글자 C는 정복(Conquest)을 의미한다. 왜 이런 낭만적이지 않은 단어를 골랐는지 의아해할 것이다. '정복'은, 남자에게는 여자를 육체적으로, 정신적으로, 정서적으로 굴복시킬 수 있다는 권리가 있다고 믿었던, 남성 우월주의 시각에서 온 단어처럼 들린다. 하지만 실제 의미는 당신의 생각과는 전혀 다르다.

내가 '정복'이라고 할 때는, 세상의 도전 거리에 맞서 일을 벌이고 성취를 이루려는 자연스럽고 타고난 남자의 욕망을 뜻한다. 아내 편에서 남편이 하는 일이 그에게 얼마나 중요한지를 이해한다면, 당신은 그가 사랑보다 더 귀중하게 여기는 두 가지, 즉 존경과 명예로 의사소통하는 일에서 큰 발걸음을 내딛게 될 것이다.

많은 여성은 남편이 사랑보다 존경을 더 귀하게 여긴다는 사실을 이해하기 힘들어한다. 하나님은 사랑을 위해 당신을 만드셨고, 당신은 사랑에 초점을 맞춘 분홍색 렌즈를 통해 인생을 본다. 아내는 사랑을 주고 원하는데, 왜 남편은 같은 방식으로 작동되지 않는지를 이해할 수 없다. 남편이 사랑보다 존경을 더 귀하게 여긴다고 할 때, 그것은 남편이 사랑을 전혀 귀히 여기지 않는다는 뜻으로 하는 말인가? 물론 그는 당신의 사랑을 말할 수 없이 귀중하게 여긴다. 하지만 남자에게는 '사랑'의 다른 말이 곧 '존경'(respect)인 것이다.

그렇다면 남자들이 정복에 관하여 어떻게 느끼는지를 살펴보자. 남편이 이제 막 직장을 잃었다고 해보자. 그는 집에 와서 아내에게 사실을 알린다. 그는 초췌하고 초점을 잃었으며, 인생이 망가졌다고 생각한다. 남편을 돕기 위해 아내는 이렇게 말한다. "상관하지 말아요. 중요한 것은 우리가 서로 사랑한다는 거예요."

이런 말은 도움이 될까? 남편은 그저 멍하니 쳐다보고 어깨를 으쓱하더니 TV 앞에 털썩 앉는다. 저녁 시간 내내 그는 잔뜩 움츠러들어 아무 이야기도 하지 않을 것이다. 아내는 당황한다. 남편을 편안하게 해주려고 했는데 그는 자기를 피해 몸을 움츠리고 있다. 사실, 이유는 꽤 간단하다. 분홍색과 파란색 시스템이 또다시 작동하기 시작한 것이다. 분홍색은 편안함을 위해 노력하지만, 파란색은 이런 그녀의 말에 화가 난다.

나는 여기서 어떤 가치가 옳은지를 논하자는 것이 아니다. 남편의 직업이 당사자에게 얼마나 중요한지를 말하려는 것이다. 그는 자기에게 극히 중요한 뭔가를 잃어버렸다. 그것은 남편의 존재와 기초를 이루던 것이었다.

남편이 직장을 잃고 난 후에 아내가 남편을 평안하게 할 요량으로, "괜찮아요, 여보. 우리에겐 서로가 있잖아요"라고 하는 말이 십중팔구 남편에게는 많은 도움이 되지 못하는 이유가 여기에 있다. 물론 남편도 당신의 사랑 속에서 안전함을 느낀다. 그러나 그는 또한 자신이 일과 지위를 가진, 책임 있는 가장이라는 사실을 깊이 인식하고 있다. 이런 뿌리 깊은 감정은 어디에서 왔을까?

아담도 자기 일을 즐거워했다

남성이 일하고 성취하면서 만족을 누리는 이러한 거대한 욕망이 어디에서 왔는지를 알기 위해 창세기로 돌아가 역사상 최초의 임무가 어떻게 주어졌는지를 살펴보자.

"여호와 하나님이 그 사람을 이끌어 에덴동산에 두어 그것을 경작하며 지키게 하시고"(창 2:15). 이브가 창조되기 전, 하나님은 아담을 만드셨고 그에게 할 일을 주셨다. 아담에게 맡겨진 에덴이 무료로 제공되는 장소가 아니라는 지적은 흥미롭다. 나무는 식재료를 주었지만, 아담은 그것을 경작하고 유지하기 위해 애써야 했다. 하나님은 필요로 하는 거의 모든 것을 아담에게 주셨다. 아름다운 장소, 풍부한 음식, 그리고 양질의 물을 공급하셨다(창 2:10 참고).[1]

위대한 직업과 완벽한 작업 환경에 둘러싸여 있던 아담은 모든 것을 가진 듯 보였다. 하지만 하나님은 그에게 부족한 것이 있음을 아셨다. 아담은 자신이 받은 소명을 이루기 위해 짝이 될 여자가 필요했다. 그래서 하나님은 '그에게 꼭 맞는 조력자'를 만드셨다(창 2:18 참고). '조력자'(또는 '반려자')라는 의미를 지닌 이 단어는 문자적으로 '그에게 적합한 도움' 또는 '대답하는 사람'이라는 뜻이다. 고린도전서 11장 9절에서 바울은 이러한 생각을 더 발전시켰다. "또 남자가 여자를 위하여 지음을 받지 아니하고 여자가 남자를 위하여 지음을 받은 것이니."

내가 관찰한 바에 따르면, 교제 기간에 여자는 남자에게 이런 메시지를 보낸다. "나는 당신을 사랑하고, 당신을 위해 여기에 있어요. 나는 당신이 하려는 것, 당신이 되려는 그 존재를 존경해요. 나는 당신을 돕길 간절히 원해요. 그것이 내 사랑의 모든 것이에요." 남자는 이러한 그녀의 메시지를 자신에 관한 존경으로 받아들인다. 예를 들면, 거의 16년 동안 세 아이를 홈스쿨링으로 키운 어떤 여성은 자신에게 돕는 배필이 되려는 마음이 있지만, 남편은 그렇게 생각하지 않고 있음을 깨달았다. 그녀는 이렇게 썼다.

> 저는 선한 마음으로 돕고자 했는데 남편은 그것을 제대로 받아들이지 않았어요. 하지만 제가 의도적으로 남편을 존경하려고 한 이후, 그로 인한 축복을 확실히 보고 있어요. 이후에 남편은 저에게 더 많이 이야기하고, 더 많이 애정을 표현해요. 저희에게는 지난 몇 주가 함께 지내온 수년의 세월보다도 더 친밀하게 느껴져요.

페미니스트 운동에서는 창세기 2장 18절이나 고린도전서 11장 9절과 같은 말씀을 탐탁지 않게 생각한다.[2] 페미니스트에게 이것은 정치적으로 올바르지 않다. 하지만 태초부터 남자는 일터에서 일하고 가족을 위해 무언가를 공급하도록 명령받았다. 남자에게는 모험과 정복에 빠져들고 싶은 욕구가 있다. 이것은 남자에게 선택사항이 아니고, 영혼 깊이 뿌리 내린 특징이다.

남자의 첫 번째 질문: "무슨 일 하십니까?"

남자가 다른 남자를 처음 만났을 때 던지는 첫 번째 질문은 대개 "무슨 일 하십니까?"이다. 대부분 남자는 자기 일과 자신을 동일시한다. 하나님은 일터에서 어떤 것을 '하도록' 남성을 창조하셨다. 소년들이 막대기를 집어 들고 총이나 도구로 변신시켜 노는 것을 보라. 최근에 한 엄마는 아들이 막대기로 권총처럼 흉내 내고 다녀서 못하게 했다고 말했다. 그런데도 아이는 치즈 샌드위치를 권총 모양으로 만들어 친구들에게 쏘아댔다. 그녀는 분통을 터트리며 "포기했어요!"라고 외쳤다.

그것은 사내아이의 본성이다. 그는 사냥꾼, 노동자, 행동가로 살아가도록 명받았다. 인생이라는 일터에서 자기만의 정복지를 만들어내고 싶어 한다. 이것을 학술적으로는 '남성의 도구성'(instrumentality of the male)[3]이라고 부른다. 어린 시절부터, 남자 안의 그 무엇이 그들로 하여금 모험과 정복을 좋아하도록 만든다. 그는 사냥하러 들판으로 가거나 일을 해내길 바란다.

우리는 사랑과 존경 세미나에서 남자들의 이러한 욕구는 어릴 때부터 시작된다고 말한다. 나는 여성들에게 묻는다. "여러분은 미래의 며느리가 당신의 아들에게 어떻게 대하길 원하나요? 아들은 비슷한 욕구를 가지고 있을 겁니다. 또한, 여러분은 며느리가 아들을 지지해주길 원하겠지요. 남편도 마찬가지로 여러분의 지지를 원합니다." 아들의 예를 들면서 아이가 결혼한 후 일어날 일을 언급하면, 많은 여성에게 빛이 비친다. 한 부인은 나에게 "그것은 전체 초점을 바꾸어 놓았어요. 제 남편을 어떻게 대해야 할지를 놓고 전과는 다른 느낌이 왔어요. 제가 남편을 그렇게 대해서는 안 되죠."

암이라는 위험에 직면한 나의 두 친구를 보면 열심히 일하고 성취를 이루려는 타고난 욕구가 남자에게 얼마나 중하게 여겨지는지를 설명할 수 있다. 두 사람은 차분하게 죽음을 직면했고, 인생의 끝이 다가오고 있음을 받아들였다. 모든 화학 요법과 그에 뒤따르는 여러 문제를 겪으면서 그들의 낙관주의와 믿음은 강화되었다. 다행히 두 사람은 회복되었지만, 여전히 여러 질병으로 고통받고 있다. 한 친구는 남은 시간 하나님께 봉사하기 위해 회사를 팔았다. 하지만 일 없이는 자신이 어떤 사람인지 모르겠다는 것을 깨달았다. 그는 나에게 말했다. "암에 맞서고 죽어가는 동안에는 우울하지 않았다네. 하지만 내 일터 곧 나의 정체성을 떠나야 했을 때, 이전에는 경험하지 못했던, 내가 마치 존재하지 않는 것과 같은 우울감에 빠져들었네."

또 다른 친구도 끔찍한 고통을 겪으며 죽음의 문턱에 다다랐지만, 그 역시 회복되었다. 그는 일터로 돌아갔고, 삶은 멋졌다. 하지만 그 후에 직장을 잃게 되었다. 나에게 찾아왔을 때 그는 우울했고 패배감에 차 있었다. 일터를 떠나는 것이 죽기보다 더 어렵다고 나에게 말했다. 이 두 사람은 암 때문에 죽게 된 것보다도 일하지 못하게 되어 더 큰 괴로움을 받았다.

남자가 자기 일을 얼마나 중요하게 생각하는지를 여자들은 감을 잡기 힘들 것이다. 만약 아내가 이 부분을 충분히 살피지 못하고 남편의 일이 뭐 그렇게 중요하냐고 여긴다면, 그녀는 그를 실패자로 간주하는 셈이다.

많은 이익을 거두는 회사를 설립했으나 후에 회사를 팔게 된 내 친구가 생각난다. 그에게 커다란 불만은 없었다. 이 매각으로 그 친구는 재정적인 안정과 사회적인 명예를 얻을 것이기 때문이다. 그것은 성공을 의미했다. 마침내 매각이 끝나고 난 뒤, 그는 아내에게 좋은 소식을 전하려고 집으로 갔다. 그런데 아내는 집과 가족 문제에 몰두해 있었다. 다른 데 주의를 팔면서 그녀는 말했다. "잘됐네요, 여보." 그리고 하던 일을 마저 하기 시작했다.

시간이 흐른 뒤, 이 친구는 그때 자신이 얼마나 좌절했는지 나에게 털어놓았다. "난 상처를 받았네. 그 후로 다시는 아내와 의논하지 않고 결정을 내린다네." 나는 이런 결정을 지지하지는 않지만, 그의 심정에는 공감한다. 여자들이 공감할 만한 상황을 상상해보자. 자신이 임신한 사실을 알리자, 남편이 TV 프로그램에 정신이 팔린 채로 "아, 그래? 잘됐군. 여보"라고 말했다고 한 것과 비슷한 충격이다. 이와 분명한 대조를 이루는 다음 편지를 보자. 어떤 아내는 남편 곁에서 그를 지지하기로 선택하며 이렇게 밝혔다.

제 남편은 큰 분쟁을 겪으면서 많은 비난과 풍문의 표적이 되었어요. 저는 남편 곁에서 그를 지지하기로 선택했지요. 그래서 비난과 풍문 속에서도 존경과 헌신을 보였습니다. 이번 분쟁으로 15년에서 30년 가까이 알고 지내던 많은 친구를 잃었지만, 그 과정에서 우리 두 사람은 더욱 가까워졌어요. 그는 마음을 닫고 침묵하는 대신, 지금 무슨 일이 일어나고 있는지를 저에게 이야기해 준답니다. 하나님은 저에게 너무나 선하시고, 제가 지혜를 구할 때마다 지혜를 주셨어요.

여자들은 두 마리 토끼를 다 잡을 수 있는가

남자에게 있는 뿌리 깊은 일 욕구가, 여자에게는 없다는 의미는 아니다. 여자도 항상 일한다. 하지만 일반적으로 여성은 집 안에서, 아이들 가까이에서 일한다. 최근에는 많은 여성이 의미 있는 지위에 오르고 엄청난 성취를 이루고 있다. 하지만 엄마들이 일터로 나올 때, 집에서는 누가 아이를 돌볼 것인가? 데이케어(day care, 일하는 동안 시설이나 탁아소에 맡기는 것—편집자)를 이야기하지만, 이상적인 것이 될 수는 없고 아이들에게 심각한 부작용을 남기기도 한다.

서구 사회에서는 대체로 여성의 직업 선택을 자유로운 개인적 선택으로 여긴다. 여자들은 어쩔 수 없이 일하게 되었다고 하지 않으려 한다. 가정주부나 직장 여성 중 하나를 선택할 자유를 원한다.

대부분 남자는 일이 선택이 아니라고 여긴다. 코미디언 팀 알렌(Tim Allen)에 따르면 여성에게는 선택의 가짓수가 참 많지만, 남자에게는 "일 아니면 감옥", 딱 하나다. 물론 어떤 집에서는 여자가 일하고 남자가 아이들을 돌보기도 한다. 하지만 일반적으로는, 아들은 자신이 직장에 나가 일해야만 한다고 생각하고, 딸은 임신과 승진 사이에서 선택하려고 할 것이다.

내 상담 경험에 따르면, 여성은 대부분 (원한다면) 자신을 노동에서 벗어나게 해줄 남성을 만나고 싶어 한다. 자기 미래를 평가할 때도, 여자는 본능적으로 자신과 아이를 돌보는 능력을 고려한다. 그런데도 선의를 가진 여자는 돈이 아닌 사랑을 위해 결혼한다. 그녀에게는 보금자리를 가꾸려는 욕구가 강하다.

모든 아내가 던지는 기본적인 질문이 있다. "내가 그를 사랑하는 것만큼 그는 나를 사랑할까?" 여자들은 이 질문의 답에 대해 기본적으로 불안해한다. 만약 남편이 집에 있는 동안 그녀가 돈을 벌기 위해 밖에 나가 일을 해야 한다면, 그녀의 불안은 더 커질 것이다. 그녀는 이런 의문을 품는다. '내가 돈을 벌어오지 못하면, 그는 집에 있으려고 할까?' 여자가 가족의 공급자로 살다 보면 이런 공포를 경험하기 쉽다.

남자는 항상 일터에서 부름을 받는다고 느끼며, 반대로 여자는 가정에서 부름 받는다고 느낀다. 남편은 자신이 당면할 압력을 분명히 예상하면서도, 본능적으로 밖에서 일해야 함을 알고 있다. 대부분 남자는 마음 깊은 곳에서 아담을 반영하고, 대부분 여자는 하와를 반영한다. 아담처럼 그는 가족을 대표하여 일터에서 일한다. 대부분 여자는 하와처럼 느낀다. 그녀는 혼자서 아이를 기를 수 있다. 만약 아이가 생기면 아담이 자신과 가족을 위해 일해주었으면 한다. 하지만 아담은 하와가 그에게 아이를 맡기고 자신은 일터로 돌아가도 좋다고 하지 않는다.

페미니스트들의 우려도 있지만 자녀를 유순하게 잘 돌보는 사람은 아내이다. (살전 2:7 참고)

여자들도 지도자의 자리를 감당할 수 있다(삿 4:4 참고). 그렇지만 나는 아이들을 위해 엄마의 가치가 비할 수 없이 더 소중하다는 사실을 강조한다. 아빠의 부성애가 아무리 크다 할지라도 아이를 가진 엄마와 비교되지 않는다. 어떠한 사회학자도 아빠에게서 '자연스러운 모성'을 만들어내는 방법을 알려줄 수는 없다. 일반적으로 여자는 아이를 양육하려는 경향이 있고, 남자는 아내와 자식을 위해 일을 하려는 경향이 있다. 물론 오늘날 문화에는 예외가 있음을 알고 있다. 하지만 대부분 여성에게 가장 우선적인 욕구는 직업이 아니라, 집과 가정이다.[4]

"당신의 수고에 고마워요"라고 말한 적이 있는가

남편을 격려하고 존경을 보이는 간단한 방법을 원한다면, 이렇게 메모해보라. 길거나 고상하지 않아도 된다. 다만 이런 말을 담아야 한다. "여보, 밖에서 우리를 위해 수고해주어서 고마워요." 좀 더 정성을 들이고 싶다면, 밖에 나가서 일하는 것과 아이들과 함께 집에 있는 것 사이에서 자유롭게 선택할 기회를 줘서 고맙다고 말하라.

많은 여성이 실제로는 그렇게 생각하면서도, 이를 입 밖으로 표현하지는 않는다. 속으로는 아내를 많이 사랑하지만, 이 마음을 표현하는 적이 없는 남자를 보면 어떤 생각이 드는지 그들에게 물어본다. 그들은 대개 화를 낸다. "그게 무슨 말이죠? 아내와 함께 살면서 사랑한다는 말은 안 한다고요?"

핵심은 이것이다. 관계는 양방향이다. 물론 남편은 아내에게 사랑한다고 말해야 한다. 하지만 아내도 마찬가지다. 당신도 그를 향해 "여보, 저는 당신이 가족을 위해 매일 직장에 가서 수고한다는 사실에 늘 고마워하고 있어요. 당신이 정말로 존경스러워요"라고 말해야 한다. 그 후에 남편이 어떻게 반응하는지 지켜보라. 그 말이 남편의 삶에 엄청난 차이를 만들어낼 것으로 장담한다(부록 A와 C를 보라).

남편은 아내가 자신을 믿어주길 바란다

대학에서 들었던 수업 중에서 "당신은 배우자에게 무엇을 원하는가?"라는 질문을 들은 적이 있었다. 나는 이 질문에 이렇게 대답했다. "저를 믿어줄 여자를 원합니다." 여기에 그리스도와 교회 사이의 비유가 있다. 그리스도는 우리가 그분을 믿길 원하시며, 하나님 영광을 위해 행동하길 원하신다. 당신과 남편이 사랑에 빠져 결혼했을 때, 그는 당신이 자신을 믿고 있다는 사실을 보며 어쩌면 당신이 고마워하는 것 이상으로 훨씬 더 고마움을 느꼈을 것이다. 그 신뢰는 남편의 영혼을 어루만졌다. 그것은 남자의 내면에 있는 거대한 뭔가를 건드렸기 때문이다.

"어진 아내는 그 지아비의 면류관이나"
(잠 12:4).

그는 그런 당신과 결혼했고 당신의 '응원'이 영원히 계속되리라고 생각했다. 하지만 시간이 흘러, 결혼과 가정이 어느 정도 안정되어 가면서 자기 일이 마무리된 것처럼 보이고, 당신이 그의 노력에 고마워하기보다는 무시하고 있다는 느낌을 받고 있을지도 모르겠다.

남편이 일중독에 빠져 있거나 당신을 무시하는 것처럼 보일 수도 있다. 어떤 여성은 이렇게 말했다. "예전에 저는 당신 일이 나보다 더 중요하고, 당신 전부라고 말했어요. 마치 노트북을 자기 부인처럼 생각하는 것 같았으니까요. 저는 경쟁 상대가 아니라고 했었죠." 일중독은 매우 심각한 문제다. 하지만 사랑과 존경을 주고받는 부부가 되고자 한다면, 남편은 자신이 일한 노력과 결과가 지지받고 존경받기를 원하고 있음을 알아야 한다. 평소에 일에 빠져 지내면서 가족을 버려두는 남자라 할지라도 그가 기본적으로 선의를 가진 남자라면, 그는 나중에라도 그것을 깨달을 것이고, 당신은 이 문제를 함께 의논하면서 해결해나갈 수 있다(일중독에 관해서는, 부록 D를 보라).

당신은 최우선으로 무언가를 성취하려는 그의 노력을 지지해야 한다. 남편이 아무도 자신을 고마워하지 않는다고 여기거나, 그저 돈 버는 기계라고 느끼도록 하지 말라. 당신이 착용한 분홍색 선글라스는 자기도 모르게 메시지를 잘못 전달할 수 있다. 그가 착용한 파란색 선글라스로 인해 당신 메시지를 완전히 오해할 수도 있으며, 자신은 그저 돈만 벌어다 주면 그만이라고 잘못 생각할 수 있다. 그러므로 당신이 남편을 얼마나 고마워하고 지지하는지 알게 하라. 이것은 아주 중요한 문제다. 당신이 이런 말들로 남편을 칭찬한다면 그는 파란색 보청기를 통해 올바른 메시지를 들을 수 있다. 더불어 당신의 지지로 그의 사랑은 더욱 불타오를 것이다. 한 아내는 이런 짧은 메모를 전했다.

당신이 남편을 지지하고
고맙게 여길 때,
남편은 자신이
주님께 은총을
받았다고 여길 것이다.
(잠 18:22 참고)

어느 날 저는 남편의 점심 도시락에 고마워한다는 메모를 넣었어요. 그날 밤에 그는 저에게 고맙다고 했어요. 밸런타인데이에는 가족을 위한 그의 헌신에 얼마나 고마워하는지 메모를 남겼죠. 저는 그것이 남편에게 얼마나 많은 의미로 다가왔는지를 그의 눈에서 볼 수 있었어요.

남편은 이럴 때 당신의 고마운 마음을 잘 느낀다

- 일에 대한 남편의 노력이 당신에게 귀중하다는 사실을 글로 쓰거나 말로 표현할 때
- 남편이 선택한 일터에 관한 믿음을 표현할 때
- 일상에서 일어난 여러 일에 남편이 관심을 기울인 것처럼, 당신 역시 그가 감당하는 일에 귀 기울여 들을 때
- 당신을 남편의 반려자로 여기며, 가능한 한 자주 언급할 때
- 연애 기간에 그랬던 것처럼 남편이 꿈을 키우도록 독려할 때

17

계급:
보호하고 공급하려는 그의 욕구를 고마워하라

오래된 속담 중에 이런 말이 있다. “바보는 서두르고 천사는 발길을 조심한다.” 미국 전역을 두루 다니면서 사랑과 존경 원리 메시지를 나누기 시작하면서, 정치적으로 바르지 않은 용어인데도 일부러 가져와 사용한 것도 있었다. 그중 하나가 ‘계급’(hierarchy)이다. 어떤 여성은 듣는 즉시 “남자는 여자를 지배한다”, “그것은 남자들의 세계다”, “남자는 우월하고 여자는 열등하다”와 같은 남성 우월주의적 편견을 떠올릴 것이다.

나는 이들을 탓할 수가 없다. 몇 세기에 걸쳐서 일부 남자들은 성경에 무지했고 철저히 남용했으며 심지어는 사악한 방식으로 성경을 이용해왔기 때문이다. 그들은 여성에 대한 끔찍한 대우를 정당화하면서 “성경이 그렇게 말하고 있다”라고 떠들었다.

하지만 성경은 그렇게 말하지 않는다. 성경은 남성 우월주의와는 완전히 다른 것을 말하고 있으며, 페미니스트의 주장과도 다르다.

16장에서는 하나님께서 남자에게 자기 일을 하면서 업적을 이루어내라는 깊은 욕구를 주셨음을 언급했다. 하나님은 또한 아내와 가족을 보호하고 필요한 것을 공급하려는 의지와 함께, 심지어 그들을 위해서 목숨까지 바칠 수 있는 마음도 주셨다. 이렇게 보호하고 필요를 공급하려는 욕구는 남자에게 있는 본성이요 기초를 이룬다. 분명한 예를 생명보험에서 볼 수 있다. 미국에서만도 수조 달러의 돈이 생명보험료로 사용되는데, 대부분 남자가 지불한다. 왜 그럴까? 가족에게 울타리가 되어주려는 본능 때문이다. 만일 자신이 죽는다고 해도 가족이 돌봄을 받을 수 있다는 데에서 그들은 평온함을 느낀다.

"누구든지 자기 친족 특히
자기 가족을 돌보지 아니하면
믿음을 배반한 자요
불신자보다 더 악한 자니라"(딤전 5:8).

성경이 말하는 '계급'의 진짜 의미

수년 동안 남편에게 습관적으로 경멸과 언어 학대를 당하다보니 남편의 머리 됨을 신뢰하기 어려워졌다고 말한 많은 여성과 이야기를 나누었다. 그렇지만 진정 성경적 관점으로 계급을 이해한다면, 두려움이 대부분 완화될 것으로 믿는다.

에베소서 5장 22~24절은 성경에서 말하는 계급이 어떤 의미인지를 잘 보여준다. "아내들이여 자기 남편에게 복종하기를 주께 하듯 하라. 이는 남편이 아내의 머리 됨이 그리스도께서 교회의 머리 됨과 같음이니 그가 바로 몸의 구주시니라. 그러므로 교회가 그리스도에게 하듯 아내들도 범사에 자기 남편에게 복종할지니라."

본문에서 '복종'을 뜻하는 헬라어는 아래 계급, 아래 지위를 의미하는 복합 단어인 '휘포타소'(*hupotasso*)이다. 하나님은 남편에게 백지위임장을 주신 것이 아니다. 그분은 오히려 그들에게 엄청난 책임을 맡기신 것이다. 바울은 다음 구절에서 이 부분을 분명히 한다. "남편들아 아내 사랑하기를 그리스도께서 교회를 사랑하시고 그 교회를 위하여 자신을 주심같이 하라. 이는 곧 물로 씻어 말씀으로 깨끗하게 하사 거룩하게 하시고 자기 앞에 영광스러운 교회로 세우사 티나 주름 잡힌 것이나 이런 것들이 없이 거룩하고 흠이 없게 하려 하심이라"(엡 5:25~27).

여기에서 '머리 됨'의 책임이 무엇인지 분명히 나타난다. 남편에게는 그리스도께서 교회를 사랑하사 교회를 위하여 자신을 주신 것과 같이 아내를 사랑해야만 할 두려운 책임이 주어졌다. 선의를 가진 남편이라면 이 구절을 읽으며 아내를 보호해야 할 자신의 의무를 살핀다. 동시에 아내는 자신을 그의 보호 아래 두도록 명령받았다. 이것은 여성에 대한 남성의 우월성을 표현하는 구절이 아니며 오히려 아내를 보호하라는 책임을 말하고 있다. 이러한 남편과 아내 사이의 상호작용을 통해 만들어가는 몇 가지 흥미로운 변화에 관해 어떤 여성은 이렇게 썼다.

> 빙판길에서 운전하다가 미끄러질 때면, 저는 브레이크를 밟았어요. 그때마다 남편은 저에게 브레이크에서 발을 떼라고 말했어요. 어느 날 혼자 운전을 하다가 빙판길을 지나는데 또다시 미끄러지기 시작했죠. 순간, 브레이크를 밟았지만, 제 마음속에서는 "브레이크에서 발을 떼!"라는 남편 목소리가 들렸어요. 그리고 그것은 제 생명을 구했죠. 당신의 세미나를 통해 남편의 조언은 저를 보호하기 위한 것임을 깨달았어요. 그 확고함은 보호하는 역할에 정체성을 두고 있었죠. 저는 집으로 돌아와 그에게 "당신이 제 생명을 구했어요"라고 말했어요. 저는 그에게 고마워했고, 그를 귀하게 여기려고 노력했지요. 이전까지는 저를 혼낸다고만 생각했는데, 남편에게는 그런 의도가 전혀 없었지요.

남자가 가족의 머리라는 특권을 이용하여 아내와 아이들을 짓밟고 심지어 학대할 수도 있을까? 그렇다. 그런 일이 일어날 수도 있다. 하지만 그렇다고 해서 아내가 남편의 머리 됨을 거부해야 한다는 의미는 아니다. 남편에게 악한 의도가 있다면, 가족 구성이 어떻든지에 관계없이 학대는 일어날 것이기 때문이다. 계급적 역할이 있다는 사실이 남편에게 학대를 부추기지는 않는다. 악한 의도를 가진 남자는 계급과는 상관없이 주변 사람들을 학대한다. 남자에게 선의가 있다면, 계급적 지위가 있다고 해서 가족을 함부로 대하지는 않는다. 그것은 그의 본성이 아니기 때문이다. 대부분은 자신의 지위를 가족을 억누르는 데 사용하지 않는다.[1]

남편의 진실한 소망 인정하기

바울은 에베소서 5장에서 이상적인 결혼관계를 설명한다. 아내는 남편에게 순종하고 그의 보호 아래 있어야 한다. 남편은 아내를 사랑하고 그녀를 위해 기꺼이 죽을 수 있어야 한다. 내가 상담했던 여성 대부분은 이러한 '이상적인 그림'에 동의한다. 한 여성은 이렇게 말했다. "저는 그가 머리가 되어 제가 무엇을 원하는지 알아주었으면 해요."

대부분 아내가 남편이 머리가 되길 원한다고 말할 때는, 넘치지도 부족하지도 않은 적당한 수준을 의미한다. 복음주의권의 아내들은 성경 가르침을 주저하는 것이 아니라 남편이 극단을 택할까 봐 머뭇거린다. 그녀는 남편이 자신을 지배하는 것을 원치 않으며, 동시에 남편이 자신에게 의존하는 것도 바라지 않는다.

하지만 세속 문화에서 살다 보면 그리스도인도 종종 갈등과 모순을 겪는다. 그저 청구서 요금을 지불하려고 일하는 것처럼 느껴질 때도 있다. 아내가 남편만큼, 때로는 그 이상으로 벌 때도 많다. 그러다

보면 자신을 '동등하게' 대하지 않는 것 같은 세상에 불만이 생기는 것이다. 오늘날의 맞벌이 환경에서, 남편의 머리 됨과 아내의 순종이라는 개념은 시대착오적이고 낡은 것으로 느껴지기 쉽다.

오늘날 많은 여자는 공주처럼 대접받기를 원하면서도 남편을 왕처럼 대하는 일에는 마음 깊은 곳에서 저항한다. 남편 영혼 깊은 곳에는 공급하고 보호하는 사람이 되려는 소망이 있는데 이것을 제대로 인정하지 않는다.

결혼할 때, 사라는 우리가 재정적인 넉넉함을 기대하기 어려울 거라는 두려움을 내비쳤다. 그녀는 홀부모 아래에서 자랐고 돈이 부족하면 어떤 일이 생기는지를 알고 있었다. 나는 사라에게 "내가 책임지고 공급할 거요. 당신은 이 문제를 걱정하지 말아요"라고 말했다. 아내는 이 말로 마음의 짐을 덜었고, 그로 인해 근심을 떨칠 수 있었다. 그리고 남편을 신뢰하기로 선택했다. 만약 그녀가 계속 염려하고 걱정하며 "우리 앞으로 어떻게 하죠?"라고 물었다면, 나는 지속해서 스트레스를 받았을 것이다.

선의를 가진 남자는
"형제와 자녀와 아내와 집을
위하여 싸우라" 하는
군대 소집 명령을 잘 이해한다.
(느 4:14 참고)

지나가는 몇 마디 말로 남편 영혼에 상처를 줄 수 있다

아내를 위해 공급하려는 욕구는 하나님이 실제로 모든 남자의 영혼 깊은 곳에 놓아두신 것이다. 남자들은 이와 관련된 영역에서 비방받는 것을 무척 예민하게 받아들인다. 최근에 마친 사랑과 존경 세미나에서 만난 어떤 부부가 자기 이야기를 해주었다. 그들은 얼마 전에 결혼해서 보금자리를 꾸몄는데, 다른 부부에게 집을 방문해도 되겠느냐는 요청을 받았다. 그들은 "물론이죠. 와서 둘러보세요"라고 말하며 멋진 인테리어로 아름답게 꾸민 새집으로 초대했다.

집을 둘러보던 중, 위층 침실들과 인접한 욕실을 둘러본 다음에 내려오는 계단에서, 방문한 이웃 부부 중에 어떤 아내가 자기 남편을 향해 이렇게 말했다. "당신, 아르바이트라도 좀 해야겠어요." 주인 부부는 그 말에 충격을 받았다. 그리고 그 남편의 영혼이 가라앉는 것을 보았다.

남편에게 아르바이트라도 하라고 했던 그 여성은 자기가 무슨 일을 저질렀는지 깨닫지 못했다. 그녀는 둘러본 집이 화려하다는 뜻으로 에둘러 표현했을 뿐, 자신이 한 말이 남편의 마음을 상하게 했음을 알아차리지 못했다. 그러한 말과 행동은 남편은 물론 다른 사람에게도 상처를 입혔다.

아내는 항상 자신에게 이렇게 질문할 필요가 있다. "나의 말과 행동을 보면서 그는 자신이 존경받는다고 느낄까, 아니면 그 반대로 느낄까"(부록 A를 참고하라).

촛불 하나로 남편에게 존경을 보인 현명한 아내

남편에게 존경을 보이는 방법은 많다. 가족을 보호하고 좋은 것을 공급하려는 그의 욕구에 감사하는 것이 바로 그렇다.

로스앤젤레스에 있는 시온산 선교침례교회(Mt. Zion Missionary Baptist Church)의 수석 목사로 시무하고 있는 힐(E.V. Hill) 박사는 몇 년 전 암으로 아내 제인을 잃었다. 그녀의 장례식에서 힐 박사는 아내가 자신을 더 나은 남자로 만들어준 몇 가지 에피소드를 소개했다.

젊은 목사 시절, 생활비를 버는 일이 그에게는 무척 어려웠다. 어느 날 밤 그가 일을 마치고 집에 돌아왔는데 집이 캄캄했다. 문을 열고 들어가자 제인이 촛불과 함께하는 저녁 식사를 준비한 것을 알았다. 멋진 아이디어라고 생각한 그는 일단 손을 씻기 위해 욕실로 들어갔다. 하지만 불이 켜지지 않았다. 침실로 가서 전등 스위치를 눌렀다. 마찬가지였다. 어두움이 온 집을 지배했다. 그는 식당으로 돌아가서 왜 전기가 들어오지 않는지 물었다. 그녀는 울기 시작했다. "당신은 힘들게 일하고 있고, 우리는 노력하고 있어요. 하지만 꽤 고되네요. 이번 달에 전기요금 낼 돈이 충분하지 않았어요. 하지만 당신에게 그 사실을 알리고 싶지 않았어요. 이렇게 촛불만 있더라도 식사할 수 있다고 생각했어요."

힐 박사는 복받치는 감정으로 아내의 말을 계속 옮겼다. "그녀는 이렇게 말할 수도 있었습니다. '이런 상황은 전혀 예상하지 못했어요. 우리 집에서는 평생 전기세 따위는 걱정 안 하고 지냈다고요.' 그 순간에 아내는 몇 마디 말로 제 영혼을 무너뜨릴 수도 있었고, 황폐하게 할 수도 있었으며, 제 사기를 밑바닥까지 떨어뜨릴 수도 있었습니다. 하지만 그녀는 대신에 이렇게 말했습니다. '어떻게 하다 보면 전기는 들어올 거예요. 그렇지만 오늘은 촛불 아래에서 저녁을 먹어요.'"[2]

이 감동적인 이야기는 아내가 남편의 보호하고 책임지려는 갈망에 어떻게 고마움을 표현해야 하는지를 잘 보여준다. 힐 부인은 남편과 아내 사이의 '계급'에 관하여 정리된 생각이 없었을 것이다. 하지만 그녀는 어떻게 남편을 지지할 수 있고, 또한 보호하고 책임지려는 마음에 어떻게 감사를 표현해야 하는지를 본능적으로 알고 있었다. 힐 박사의 말처럼, 그녀는 이런 상황이 된 것을 슬퍼하거나 빈정대면서 남편의 영혼을 황폐하게 할 수도 있었다.

남자는 대부분 자신을 가족들 '위에' 있다고 여긴다. 아내가 자신을 헐뜯는 것처럼 느낄 때 특히 예민해지는 이유가 여기 있다. '분홍색'인 아내는 재정적인 어려움을 토로하면서 남편의 사기를 저하하려는 의도는 없었을 것이다. 단지 자신이 어떻게 느끼고 있는지를 남편에게 알려주려 했을 뿐이다. 그렇지만 '파란색'인 남편은 계급적 사고방식을 가지고 있으므로 자신을 업신여기는 것으로 생각한다. 기억하라. '머리 됨' 문제와 연관되면 남자들은 비난에 더 취약하다.[3]

그가 영원히 간직할 카드

당신이 남편을 신뢰하는 아내라고 생각해보라. 가족의 머리가 되기에 남편은 완벽하지는 않겠지만, 당신은 머리 됨에 순종함으로써 그가 제 역할을 하도록 기꺼이 도울 수 있다. 이것을 어떻게 적용할 수 있을까? 당신은 머리이자 지도자로서 그의 역할을 인정하고 존경을 보일 수 있는가?

내가 제안하는 단순하지만 효과적인 방법은 바로 '존경 카드'를 보내는 것이다. 남자는 아내와의 사랑을 유지하려고 자신의 마음을 담은 카드를 보내는 법이 거의 없다. 하지만 당신이 존경의 마음을 담아 짧은 글을 쓰고(가령 "어젯밤에 당신 생각을 했어요. 나에게 고백하면서 날 위해 죽을 수 있다고 한 말도 떠올렸고요. 그렇게 하니 얼마나 안심이 되었는지 몰라요.") 그 구절 아래 서명을 하고 "여전히 당신을 고마워하는 마음으로, 제 존경을 모두 담아"라고 덧붙여 남편에게 카드를 보낸다면, 그는 아마도 죽기 전까지 카드를 소중하게 간직할 것이다.

기억하라. "내 사랑을 모두 담아"라고 서명하지 말라. 그는 당신이 자신을 사랑한다는 것을 안다. 내 말을 믿고 "나의 존경을 모두 담아"라고 서명하라. 남편은 그 카드를 영원히 간직할 것이다. 방에 혼자 있을 때 그 카드를 다시 꺼내 읽으며 힘을 낼지도 모른다. 내가 왜 이렇게 확신할까? 당신이 남자의 방식으로, 그의 모국어로 말했기 때문이다. 남편의 모국어인 '존경'으로 이야기하면 실제로 매우 큰 힘을 발휘한다. 한 남성은 이렇게 썼다.

제 아내에게 존경 편지를 받았습니다. 무척 놀랐지요. 제게 강력한 영향을 주었습니다. 저는 그것을 소중히 간직할 뿐만 아니라, 읽고 또 읽고 있습니다. 세상에 저를 응원하는 단 한 명이 남는다면, 그것은 바로 제 아내라고 생각합니다. 그리고 이 편지는 그 증거가 되겠지요. 저의 희생에 대해 아내가 알아주는 것이 기쁩니다. … 당신이 이야기한 사랑과 존경의 순환은 바로 이런 상황에 딱 맞습니다.

"경우에 합당한 말은 아로새긴 은쟁반에 금 사과니라"(잠 25:11).

어떤 남성은 이런 존경을 수십 년이 흐른 뒤에야 겨우 경험하기도 한다. 90세인 존은 죽어가고 있었다. 장성한 자녀들이 모두 침대 곁에 모여 있는데 갑자기 부엌에서 아내가 사과 파이를 굽는 냄새가 났다. 그는 힘없이 말했다. "오, 메리. 네 엄마의 파이 냄새가 나는구나. 여자들이란! 난 너희 엄마와 70년을 함께 살았지. 메리, 너희 엄마에게 그 파이를 약간만 달라고 말해주겠니?"

부엌으로 간 메리가 빈손으로 돌아오자, 늙은 조가 물었다. "메리, 파이는 어디에 있지?"

메리는 대답했다. "엄마가 아빠는 드실 수가 없다고 하시네요. 아빠 장례식 때 쓸 거라고 하는데요."

물론 이 대화는 농담이다. 하지만 남자가 자신의 집에서 존경받는 것에 관한 핵심을 전달한다. 조의 아내는 가족을 책임져야 했기에 사람들의 필요에 집중해야만 했고, 남편은 평소에도 사기가 꺾이고 무시당했다. 그녀의 이야기를 보면서, 남편을 경멸하면서도 가족을 사랑하는 엄마가 얼마든지 있음을 알 수 있다. 이런 이유로 나는 아내가 남편에게 주어진 보호자와 공급자의 지위를 인정하도록 계속 요청하는 것이다. 다음 편지를 보자.

전에는 이러한 조건 없는 존경이라는 개념을 들어본 적이 없었습니다. 아버지는 목사님이셨죠. 저는 대형교회에서 직분을 맡고 있고, 교회에서 여성 성경공부 모임을 가르치고 있어요. 결혼생활과 관련해서, 저는 나이 지긋하고 현명한 여자분들에게 조언을 받았고, 남편과 함께 결혼 상담도 받았습니다. 하지만 박사님의 책을 통해 새로운 눈이 열렸습니다. 이제 남편이 존경받지 못하는 것 같다고 말할 때, 그 말뜻을 파악하게 되었습니다. 그것은 남편이 사용하는 사랑 언어에요. 하나님이 가정 안에서 그에게 주신 위치가 그러하기 때문에 남편을 존경해야 함을 깨달았습니다. 그것은 마땅히 존경받을 만해서가 아니라, 그렇게 함으로써 성경에 순종하는 것도요. 그는 저에게 무엇이 최선인지를 알아요. 그가 내는 방법은 늘 최선입니다.

사랑과 존경이 넘치는 결혼생활을 원한다면, 계급으로 논쟁을 벌이거나 싸우지 말라. 또한, 책임을 양도받았을 때 천천히 조심스럽게 하라.

남편은 이럴 때 고마움을 느낀다

- 가족을 보호하고 당신을 위해 기꺼이 죽을 준비가 되어 있는 남편에게 고마움을 표현할 때
- 남편의 헌신에 감사할 때(그것을 당연한 것으로 여기지 않는다는 사실을 알려라)
- 남편이 일에서 지위, 신분 등에 관해 남성적 사고방식을 표현하는 것에 공감할 때
- 언제나 보호자 남편에 대한 존경을 잃지 않을 때
- 말에서든 몸짓 언어를 통해서든, 남편의 직업이나 수입을 놓고

비난하거나 가벼이 여기지 않을 때
- 힐 부인이 전기세를 낼 수 없을 정도로 힘겨울 때 그랬던 것처럼, 당신이 '촛불로나마 주변을 밝힐' 준비가 되어 있을 때
- 재정에 대한 걱정거리가 있다면 차분하고도 존경 어린 목소리로 말하고, 어디에서 소비를 줄일 수 있을지 해결책을 제시하려고 노력할 때

18

권위:
봉사하고 이끌려는 그의 욕구를 고마워하라

사랑과 존경 세미나에서 질의응답 시간을 가진 적이 있는데, 주제는 '집에서의 남편 권위'였다. 세미나에 열심히 참석 중이던 한 젊은 아내가 이렇게 말했다. "저도 남편이 머리가 되길 원하고, 이끌어주길 원해요. 단지 저는 제가 원하는 것이 무엇인지를 계속 생각하면서 내린 결정이라고 다짐받고 싶을 뿐이에요."

방 안에 있던 사람들이 갑자기 웃기 시작했다(아마도 거기 많은 남자는 그녀가 무슨 이야기를 하는지 정확히 알았을 것이다). 그녀의 얼굴이 빨개졌다. 그녀는 자신이 결백함을 말하기 시작했다. 지나치게 권리를 요구하거나 싸워서 뭔가를 얻어내려는 것이 아니었다. 나는 살짝 미소를 지었다. 그녀가 좀 더 반응을 놓고 생각해보길 바라는 마음에, 곧바로 내 의견을 나누지 않았다.

부부는 중요한 결정은 모두 남편이 하고, 사소한 결정은 아내가 하는 것이 좋겠다고 한다. 하지만 20년이 지난 후에도 남편은 '중요한' 결정 따위는 존재하지 않음을 깨닫는다.

하나님과 자기 사이의 문제

오늘날 페미니즘 우세 문화에서 "누가 실권을 쥐고 있는가?"와 같은 질문은 곧잘 유머 소재나 갈등 원인이 된다. 남자와 여자는 전적으로 동등하다는 페미니스트의 주장에 굴복하면서, 남편의 의견은 더 이상 권위를 갖지 못하게 되었다.

하지만 이 문제에 관해 성경은 어떻게 가르치는가? 17장에서 본 것처럼 바울은 성경적 계급을 언급하면서 남자는 머리이고, 아내는 그에게 순종하는 존재라고 말한다(엡 5:22~23 참고). 그리고 선의를 가진 남편이라면 자기 지위를 아내와 아이를 억압할 의도로 사용하지 않을 것을 안다. 그는 책임감 있게, 사랑으로써 하나님이 명한 지도자의 삶을 살 것이다.

그런데도 남성의 머리 됨과 권위에 순종하는 것은 민감한 부분이다. 젊은 아내는 남편에게 마음대로 결정 내리지 말고, 자신이 찬성하는 범위 내에서 결정할 것을 요구한다. 사실 자신이 남편보다 더 현명한 결정을 내리는 편이고, 지금까지도 그렇다고 항변하는 아내도 많을 것이다. 따라서 남편의 판단에 따를 뿐만 아니라 그들에게 온전히 실권을 쥐게 하라는 개념을 들으면 당혹해한다.

자기 사업을 꾸리고 있는 한 아내는 남편에게 복종하는 문제와 관련해 자신과 씨름하고 있다고 고백했다. 그녀는 이 문제가 진실로 하나님과 자기 사이에 있으며, 자신이 주님을 신뢰할 수 있는지의 문제와 연결된다는 것을 깨달았다.

그렇게 하면 훨씬 더 평화로워질 거예요. 이런 것을 아는 데도 자신을 내려놓는 것이 왜 그토록 힘들까요? 얼마 전, 열다섯 살인 제 딸은 자신이 남자에게 복종하지 못할 것이기에 결혼은 하지 않겠다고 했어요. 딸의 말을 듣고 저는 부끄러웠지요. 딸과 저는 이 문제를 놓고 많은 이야기를 나누었어요. 결국, 하나님 은혜로 순종의 비밀을 깨달았어요! 이제 뭔가에 관해 결정을 내릴 때 남편 의견을 무시하지 않습니다.

성경은 '상호 복종'을 가르치는가

많은 그리스도인 아내는 머리 됨이나 권위와 같은 주제를 거북해한다. 바울이 쓴 에베소서 5장 22~23절과 같은 구절만 보면, 특히 남편의 횡포 아래 살아가는 여성에게 바울은 절망스러운 성차별주의자로 보일 정도다. 그가 디모데전서 2장 12절에서 "여자가 가르치는 것과 남자를 주관하는 것을 허락하지 아니하노니 오직 조용할지니라"라는 말을 덧붙일 때는 더 그렇다.

최근 몇몇 학자와 교사들은 성경이 '상호 간의 복종' 즉, 남자와 여자가 서로에게 똑같이 복종해야 함을 이야기하고 있다고 의견을 제시했다. 그 근거로 에베소서 5장 21절, "그리스도를 경외함으로 피차 복종하라"는 말씀을 주로 내세운다.

이 관점에 따르면, "모든 그리스도인은 다른 그리스도인에게 복종해야 한다. 아내와 남편은 특별히 '서로에게 복종'해야 하는 관계"[1]이다. 이러한 요지에서 볼 때 상호 간의 복종이라는 개념 뒤에는, 아내가 남편에게 아무런 이유 없이 복종할 의무는 없다는 뜻이 들어 있다.

그러나 이것이 사실이라면, "아내들이여 자기 남편에게 복종하기를 주께 하듯 하라"라고 분명하게 말한 에베소서 5장 22절을 설명하기가 무척 어려워진다. 17장에서 언급한 것처럼, '복종'을 나타내는 헬라어는 아래 계급, 아래 지위를 의미하는 '휘포타소'(*hupotasso*)이다. 아내가 남편의 보호와 공급 아래에 있을 때, 의견 차이로 인한 갈등의 순간도 분명 있을 것이다. 만약 결정을 내려야 한다면, 아내는 남편이 책임감 있는 머리로서 사랑으로 결정을 잘 내리기를 신뢰하면서, 그의 의견에 따르게 해달라고 기도해야 한다.

여성이 남편의 지휘에 따를 때, 그녀는 그 결정을 인도하시는 하나님을 신뢰하는 것이다.

그렇다면 그리스도인이 서로 복종해야 한다고 했을 때 바울이 의미한 것은 무엇이었을까? 나는 그 답을 사랑과 존경 원리 안에서 찾을 수 있다고 믿는다. 예를 들어 남편과 아내가 돈을 어떻게 사용할지 문제를 놓고 갈등이 있다면, 남편은 갈등 중에도 여전히 사랑받길 원하는 아내의 필요를 채우고자 그녀에게 '복종'한다. 즉, 그는 아내의 '사랑을 위한 필요'에 복종하는 것이다(엡 5:21, 25 참고). 반대로 아내는 문제가 해결되지 않은 상황이지만 존경받길 원하는 남편의 필요를 채우려고 그에게 '복종'한다. 즉, 그녀는 남편의 '존경을 위한 필요'에 복종하는 것이다(엡 5:21~22, 33 참고).

바울과 베드로는 결혼과 관련된 논증을 복종에 대한 이야기로 시작하지만(엡 5:22, 벧전 3:1 참고), 마칠 때는 존경을 이야기하면서 마무리한다(엡 5:33, 벧전 3:7 참고). 결론적으로 남편과 아내가 마음속에 사랑과 존경 고리로 서로에게 접근한다면, 어떤 상황에서도 결혼관계가 형통할 것을 말하고 있다. 우리의 사랑과 존경 세미나에 참석했던 한 아내는 이렇게 썼다.

> 저는 "기본으로 돌아가라"라는 메시지에 충격을 받았어요. 그 세미나에서 저희는 결혼관계의 대화에 관해 많은 이야기를 나누었고, 저희의 결혼 문제를 위한 해결책이 하나님 말씀 속에 있으며, 서로의 필요를 채우는 부분에 관해 이야기를 나누었지요. 말씀은 저희 인생을 위해 무엇이 필요한지를 알려주고 있었지만, 저희는 대중 심리학 속에서 길을 잃고 있었어요. 저는 스스로 복종에 관해 일깨우기 위해 가끔 에베소서를 읽

어요. 복종하기 위해 자신을 낮추는 일은 어렵지만, 사려 깊고 현명한 남편은 그것을 쉽게 만들어주고 있어요.

● 온유한 영혼이 남편의 마음을 녹인다

물론, 이런 질문이 나올 수 있다. "맞아요. 에머슨, 사랑과 존경은 둘 다 존재해요. 남편은 아내를 사랑하길 원하고 아내는 남편을 존경하길 원하죠. 하지만 그 결정을 어떻게 내려야 하죠? 누가 그 명령을 따라야 하는 건가요?" 나는 사랑과 존경이 둘 사이에 있을 때, 대부분 부부는 스스로 갈등을 해결한다고 믿는다. 사랑받고 존경받는다고 느끼는 선의를 가진 두 사람은 갈등을 해결하는 창조적인 대안들을 항상 찾아낸다.

그렇다. 결혼생활에 사랑과 존경이 있다면, 남편과 아내는 훨씬 더 현명하게 문제를 처리할 수 있다. 그들은 어느 정도의 갈등은 결혼관계 속에서 피할 수 없음을 받아들인다. 갈등을 해결하기 위한 제안과 반대 제안이 있고, 주고받음이 있다. 일련의 과정에서 나온 결과는 두 사람 모두에게 만족을 준다.

바울은 아내가 머리인 남편에게 복종해야 함을 분명하게 말했다(엡 5:22~23 참고). 하지만 비합리적이거나 옳지 않거나 악할 때는 어떠한가? 지친 상태로 계속 가야 하는가? 또는 남편이 아이를 때릴 때는 어떻게 해야 하는가? 명예롭지 못하거나 비윤리적인 행동을 하려는 남편의 계획에도 복종해야 하는가? 이에 대한 분명한 대답은 물론 "NO!"이다. 이러한 식으로 행동하는 남자는 선의를 가진 것이 아니며, 따라서 머리가 되어 따라오게 하는 권리를 이미 상실했다. 하나님께 복종하는 것은 남편에게 복종하는 것보다 우선한다. 그녀는 남편 의견에 따르기 위해 그리스도에게 맞서는 죄를 짓지 않는다(행 5:1~11,

아나니아와 삽비라 이야기를 참고하라). 덧붙이자면, 아내는 남편과 육체적으로 떨어져 있어야 할 때도 있고(고전 7:11), 간음으로 그와 이혼할 수도 있다(마 19:9).

우리가 살펴본 것처럼, 많은 남편과 아내는 사랑과 존경을 통해 상호 복종할 수 있다. 그렇지만 누군가가 감독을 해야 한다면, 남편에게 그 책임이 있다. 만약 아내가 어떤 문제에서 남편과 강하게 불일치한다면, 아내는 어떻게 행동해야 하는가? 우선 디모데전서 2장 12절에서 조언을 얻을 수 있다. "여자가 가르치는 것과 남자를 주관하는 것을 허락하지 아니하노니 오직 조용할지니라." 만약 바울이 계속 성차별적으로 들리는 구절을 썼다면, 우리는 그를 달리 생각할 수도 있을 것이다. 하지만 성경은 성차별적이지 않다. 성경은 히브리인들이 지혜나 진정한 권한 부여를 어떻게 이해하고 있는지를 알려준다. 1부에서 이야기한 것처럼, 여성은 자신의 '순결하고 존경하는 행동'을 통해 말없이 남편의 구원을 도울 수 있다(벧전 3:1~2). 베드로는 여성의 가치를 평가절하하는 것인가? 물론 아니다. 그는 당신의 잠잠하고 온유한 영혼이 남편의 마음을 녹인다고 말하는 것이다.

만약 당신이 갈등 중에 있지만 가르치려 하거나 비난하는 대신 잠잠하게 존경한다면, 그는 어떻게 할까? 상황에 따라 다르다. 만약 그것이 정당한 잠잠함(뿌루퉁하거나 언짢아하지 않고, 품위 있는 잠잠함)이라면, 남편은 당신을 향해 다가올 것이다. 당신을 안심시키고 돌보기 원할 것이다. 본질적으로, 남편은 당신에게 사랑을 보이려 한다. 선의를 가진 남편에게는 아내의 그런 잠잠하고 존경하는 행동은 자석처럼 작용한다.

페미니스트는 성경이 여자의 가치를 약화한다고 말한다. 하지만 성경은 오히려 여성이 자신의 근본적인 욕구를 깨닫도록 조언한다. 당신은 남편과 다투거나 그를 억지로 이해시키기 위해 강요하거나 몸부

림치지 말아야 한다. 그의 사랑을 얻을 수 있는 다른 방법이 여기에 있으며, 성경은 그것이 무엇인지를 당신에게 말해준다. 잠잠하고 존경하는 당신 행동으로 그는 구원의 길로 나아온다. 이것은 권한 부여를 위한 핵심 열쇠다. 당신은 그가 원하는 것을 줌으로써 원하는 것을 얻는다.

"아내들아 …
자기 남편에게 순종하라
이는 혹 말씀을
순종하지 않는 자라도
말로 말미암지 않고
그 아내의 행실로 말미암아
구원을 받게 하려 함이니"
(벧전 3:1).

권위에는 책임이 뒤따른다

하나님은 남편에게 책임을 맡기셨다(엡 5:25~33 참고). 이를 감당하려면 권위가 필요하다. 남편은 자신에게 권위가 있음을 당신이 인정하기를 원한다. 원활하게 돌아가는 조직은 두 개의 머리를 가질 수 없다. 두 명이 동등하게 머리 행세를 하려 한다면 그 결혼관계는 실패한다. 오늘날 많은 사람이 이혼을 결심하는 이유 중 하나다. 이러한 결혼은 누구도 책임지지 않는 것이 특징이다. 하나님은 누군가가 책임을 져야 함을 아셨고, 이를 위해 아내는 남편 의견에 따르도록 명령받았다.

만일 당신이 결혼생활 동안 상호 간에 만족스러운 결정에 이르고 남편과 함께 일하고 싶다면, 이 원리를 따르라.

남편에게 51%의 책임감과 51%의 권위가 있음을 인정하라

만일 남편에게 복종해야만 한다면, 자기 생각은 묻히고 그저 동네북이 되는 것이 아니냐고 말하는 여성이 있다. 하지만 앞서 본 대로 해보자. 남편이 하나님 앞에서 더 많은 책임이 있으므로, 더 많은 권위를 갖는 것이 당연하다고 그에게 말하라. 당신이 남편의 권위를 언급하면 그는 당신이 실권을 잡고 좌지우지하려 한다고 여기지 않을 것이다.

이렇게 성경적으로 주어진 남편의 권위를 인정하면, 당신은 동네북이 되지 않을 것이다. 자신의 권리를 옹호할 때보다 오히려 더 많은 권리를 얻는다.

많은 아내가 자기감정과 두려움에 많은 관심을 기울이면서도 남편의 감정이나 두려움은 무시한다. 자기주장이 묻혀버릴 것을 싫어하는 아내는, 남편을 두려워하게 한다. 그러므로 많은 남편은 "당신은 나한테 맡기지 않고 있어"라는 메시지를 보내면서 아내의 요구에 완고하게 저항하는 것이다.

페미니즘적인 문화는 남자가 집에서 지배하는 것에 대해 논쟁하기를 좋아한다. 일부는 그렇게 하는 것이 사실이다. 하지만 선의를 가진 부부에게 만일 가족과 관련된 결정 사항 100개가 주어진다면, 아내는 그중 99퍼센트에 영향력을 끼치는 것도 사실이다. 많은 결혼관계에서 두 배우자가 선의를 가지고 있을지라도, 그 둘이 항상 합리적인 것은 아니다. 남자는 상대방 의견이나 감정을 생각하지 않은 채 결정을 내릴 수 있고, 아내는 지나치게 감정적으로 굴 수도 있다. 집 밖에서는 이런 방식으로 하지 않더라도 집에 오면 공격적으로 변하는 것이다.

많은 여성은 자기 남편이 가족과 떨어져 있고 가족 일에 소극적이라고 불평한다. 왜 그럴까? 돌아보면, 남편이 결정을 내릴 때마다 아내에게는 더 괜찮아 보이는 의견이 있었다. 결국, 남편은 그 과정에서 그냥 아내 말을 따른다. 당신도 그렇다면, 남편의 말이나 계획을 존경하고 잠잠하게 따라보라. 남편도 당신의 말과 가족 일에 주의를 기울이고 자기 재능을 발휘할 것이다. 이것은 당신을 약화하거나 동등함을 파괴하지 않는다. 오히려 진정한 동등성을 만들어낸다.

대부분 아내에게는 남편 의견에 더 많이 따르는 것이 긍정 전략이다. 남편에게 51퍼센트 권위가 있음을 인정한다면, 오히려 그것이 당신의 마음속 깊은 곳에 있는 의견을 나누는 기반을 마련해준다.

만일 남편이 관계를 지배하려 한다면, 그는 통제력을 유지하려고 할 것이다. 완전한 통제를 유지하면 존경을 얻을 거로 착각한다. 하지만 역설적이게도, 아내가 자신을 존경한다면, 그는 지배하는 것을 멈추고 통제도 그만두게 될 것이다! 내 말을 믿어 보라. 당신이 51퍼센트를 인정하지 않았다면, 지금이라도 그렇게 하라(당신의 태도를 점검하려면, 부록 B를 보라).[2]

당신은 어떤 메시지를 보내고 싶은가

남편 의견을 따르기가 항상 쉽지는 않다는 것은 인정한다. 특히 남편이 별로 존경받을 만하지 않다고 느낄 때는 더욱 그렇다. 한 여성은 자신이 사랑받지 못하고 있다는 메시지를 남편에게 보내기 위해서, 남편을 존경하지 않는 것처럼 행동했다고 말했다. 이렇게 하면 남편이 당황하면서 자신을 사랑하고 고마워하리라 생각했다. 그녀는 남편의 능력을 과소평가하고, 그가 내린 결정이나 조언을 무시하고, 신체적으로도 가까워지려 하지 않았다. "그렇게 하면, 제가 상처받았고 화가 났다는 메시지를 받아들여 이해와 사랑의 마음으로 다가올 것으로 생각했어요." 하지만 남편은 그녀와 성관계도 거부할 정도로 큰 상처를 받고 마음을 닫았다. 다시 마음을 열게 하는 데에 몇 년이 걸렸다.

남편에게 결정권을 넘긴 뒤에 사이가 좋아진 어떤 여성은 이런 편지를 보냈다.

> 제 남편은 직장에 가려고 아침 일찍 집을 나서요. 그래서 저녁에 일찍 자죠. 남편이 빨리 일어나는 것에는 아무 불만이 없어요. 하지만 그는 아이들 취침 시간도 강요하고 있어요. 저도 그에게 완전히 등을 돌렸어요. 남편은 밤새 아무 방해도 받지 않고 만족스럽게 잘 거예요. 저는 아이들

이 늦은 시간까지 잠들지 않게 두는 것으로 남편의 권한을 약하게 할 수 있다고 생각했어요. …

하지만 저는 지금 그에게 결정권을 넘겼어요. 그리고 이 일로 저는 요즘 즐거운 나날을 보냅니다. 이제 남편은 뭔가를 결정할 때 제 의견을 묻기 때문입니다. 그러고 나서 저희는 토론하죠. 저는 남편이 어떤 결정을 내리든 존경한다고 말했어요. 남편은 지난주에 "당신만 보면 기분이 좋아진다"라고 말하기도 했지요. 제가 존경하는 태도를 보이기 시작한 이후에, 남편은 지난 10년보다 최근 몇 달 동안 저를 더 많이 사랑하게 됐다고 이야기해요.

가족을 위해 봉사하고 이끌려는 남편의 바람을 이해하고 존경하는 것에는 믿음과 용기가 필요하지만, 나는 그것이 효과적이라고 예상한다. 한 여성이 나에게 이렇게 말한 것처럼 말이다. "하나님이 저를 위해 예비하신 결혼은 제가 꿈꿔왔던 완벽한 결혼은 아니에요. 하지만 제가 그의 통제에 복종하고 제 생각을 관철하려고 하지 않을 때, 모든 것이 제자리를 찾아감을 깨달았어요."

남편에게 권위를 양도하라. 그러면 모든 것이 제자리를 찾을 것이다. 만약 당신이 남편의 권위를 약화하려 하거나 그것에 맞서 반항한다면, 관계의 악순환은 또다시 시작된다. 결혼에 관한 주제로 교회에서 다른 여성을 가르치는 한 부인은 이렇게 정리했다.

남편에게 복종하거나 존경하기를 거절하는 일은 궁극적으로는 하나님께 향한 신뢰를 거절하는 것과 일맥상통한다고 생각합니다. 하나님이 부부의 삶 속에 역사하심을 믿는다면, 그리고 그분의 권위 아래에 자신을 놓는다면, 우리는 남편을 존경하고 그들에게 복종할 수 있습니다.

남편은 이럴 때 아내가 자신의 권위와 지도력에 고마워한다고 느낀다

- 남편을 의지할 수 있어서 기쁘다고 말할 때
- "당신이 책임자이긴 하지만 우리는 여전히 평등해요. 그러니 내가 동의하지 않는 결정을 내리지는 말아요"라는 식으로 말하지 않을 때
- 남편이 내린 선한 결정을 칭찬할 때
- 남편의 결정에 이해가 되지 않더라도 여전히 상냥하게 대할 때
- 아이들 앞에서도 그의 권위를 존중할 때
- 당신이 동의하지 않는 이유를 차분하고 합리적으로 제시하면서도, 남편의 권한을 인정하고 그것을 공격하지 않을 때

19

통찰:
분석하고 조언하려는 그의 욕구를 고마워하라

그녀는 남편을 전혀 존경하지 않았다. 등 뒤에서 계속 남편을 무시하고 업신여겼을 뿐만 아니라 그의 생각이나 의견도 우습게 여겼다. 어느 날 그녀는 쇼핑을 하다가, 남편 사무실에 가서 그가 어떻게 일하는지를 보고 싶은 마음이 생겼다. 그녀가 전화를 걸자, 남편은 "좋고말고. 지금 약간 바쁘긴 하지만 이리 올라와요"라고 했다.

사무실에 도착했을 때, 남편은 실제로 바빴고 그가 여러 사람을 상대하는 것을 보며 몇 분을 기다려야만 했다. 그녀는 동료가 남편을 높은 존경심으로 대하는 것을 보았다. 상사와 매력적인 젊은 비서도 마찬가지였다. 그때 한 나이 지긋한 남성이 남편 책상으로 왔다. 분명히 경험 많은 사람처럼 보이는데 남편 아래에서 일하고 있었다. 이유는 정확히 몰랐지만, 그 사람이 남편에게 "예, 선생님" 하고 말하는 것을 들었을 때 심정이 좀 복잡했다. 잠시 후 비서가 서류 몇 개를 전달하려고 들어왔다. 그녀는 그렇게 세련된 젊은 여자가 남편을 깍듯이 대하는 것을 보자, 부끄럽고도 약간 두려운 느낌이 들었다.

마침내 남편과 말할 수 있게 되었지만, 그녀는 간단하게 인사하고 저녁에 보자는 말을 남긴 채 사무실을 나왔다. 차로 돌아간 그녀는 눈물을 쏟았다. 지금껏 등 뒤에서 내내 남편을 무시해왔던 자기 모습을 떠올렸다. 뭔가를 잘못해서 그렇게 한 것은 아니었다. 남편이 자기가 원하는 대로 하지 않은 것에 대한 불만이었음을 깨달았다.[1]

이 여자는 남편에 관한 두 가지 사실을 잊고 있었다. 첫째, 남편에게는 그녀가 무시했던 많은 재능과 통찰력이 있었다. 둘째, 남편은 일터에서처럼 집에서도 존경받기를 원했다.

나에게 비슷한 고백을 했던 여성이 많다. 그들은 자신이 남편을 잘 '보살펴야' 한다고 생각했다. 집을 꾸리고, 아이들을 양육하고, 결정을 내릴 수 있는 유일한 사람이 자신이라고 믿었다. 세미나에 참석하거나 강의 자료를 읽으면서 그들 눈에서 비늘이 떨어져 나가는 일은 흔치 않게 일어난다. 여기에 마침내 진실을 깨닫게 된 한 여성에게서 온 증거가 있다.

> 23년간의 결혼생활에서 저는 관계에서 친밀감을 누리길 갈망해왔어요. 하지만 제가 남편을 존경하지 않는 것이 그러한 바람을 방해하고 있음을 알지 못했습니다. 저는 심각한 '교만'의 문제를 가지고 있었고, 제 방법이 옳다고 생각했고, 남편의 생각은 별로 고려하지 않았어요. 그저 내가 부족한 남편을 돕고 있다고 생각했지요.
>
> 하나님이 저를 들춰내신 것은 참으로 놀라워요. 그에게 의견을 자유롭게 나눌 기회를 주자, 놀라운 일이 일어났어요. 그가 자신의 마음을 드러내기 시작했어요. 저희는 이제 독백 아닌 대화를 하고 있어요. 남편을 향한 저의 사랑과 존경도 급상승했고요. 그는 제가 항상 원했던 그런 남자로 변하기 시작했습니다.

속은 것은 아담이 아니라 이브

흔히 남자라는 존재는 자기주장만 세고, 한 면만 고집하며 무뚝뚝하다고 하는 말이 있다. 여러 해에 걸쳐 나와 상담했던 많은 여성은 대부분 "그는 사랑하지도 않고 돌보는 것도 없어요. 좋은 남편이 아니에요"라고 말했다.

"스스로 지혜롭게 여기지 말지어다"(잠 3:7).

그렇지만 그들의 말 속에서 당신은 또 다른 이야기를 듣는다. 그녀는 남편의 생각이 '고려할 가치가 없다'고 여겼음을 인정했다. 자신이 교만했고, 그에게 의견을 펼칠 기회조차 주지 않았음을 깨달았다. 하지만 주님이 진실을 들춰내시자, 남편은 마음껏 자신의 말을 할 수 있었고 그들의 결혼은 꽃을 피웠다.

또한, 나는 여성에게 유일하고 독특한 직관이 있다는 것도 더는 믿지 않는다. 사실 나는 지난 20년 동안 정반대로 설교해왔다. "남자들이여, 아내의 직관에 귀를 기울이길 바랍니다. 남자에게는 난청 지역이 있는데, 하나님은 당신에게 이야기하지 않는 방식으로 아내에게 말씀하십니다. 하나님은 아내를 통해 당신을 가르치실 겁니다." 하지만 내가 한쪽을 지나치게 강조하고 있었음을 깨달았다. 여자에게도 난청 지역이 있으며, 그런 부분에서 남편 조언을 들을 필요가 있다.

또 다른 아내는 이렇게 고백했다. "그는 자신이 옳은 방식으로 행동해야 한다는 두려움으로 결혼생활을 해왔어요. 내가 보기에 남편의 행동이나 생각은 충분히 무르익지 않았고, 제가 내세운 방식만이 유일하게 옳은 길이었기 때문에 그는 임시 휴업을 하고 있었던 거지요." 그 여성은 자신이 답을 주어야 하고, 성경을 주의 깊게 살펴보면서 결론을 내려야 한다고 생각했다.

우리는 모두 에덴동산 이야기를 안다. 하나님은 아담에게 동산에 있는 어느 나무든 먹을 수 있지만, 하나만은 안 된다고 하셨다. 그 나무를 먹으면 "반드시 죽으리라"(창 2:17)고 말씀하셨다. 그 후, 이브가 창조되었고 아담은 그녀에게 하나님의 명령을 이야기했다. 하지만 뱀은 이브가 혼자 있는 것을 발견하고는 "하나님이 정말로 그렇게 말씀하셨느냐?"는 교활한 질문으로 그녀를 유혹했다. 이브는 저항할 수 없었다. 나무 열매는 매혹적으로 보였고, 자신에게 확실히 지혜를 줄 것 같았다. 이브는 완전히 유혹에 넘어가 그 열매를 먹었다. 그런 다음 아담이 왔다(또는 이브가 가서 그를 찾았을 것이다). 이브는 그 열매를 아담에게 주었고 그 또한 먹었다(창 3:1~6).

왜 아담도 유혹에 넘어갔을까? 성경은 그가 현혹되었다고는 말하지 않았다. "아담이 속은 것이 아니고 여자가 속아 죄에 빠졌음이라"(딤전 2:14). 사실 그는 '불순종'했다. 그는 전 인류를 죄 가운데로 떨어지게 한 사람이다(롬 5:12~19 참고). 아담은 아내의 말을 듣고 저주를 받았다(창 3:14~19).

아담에게는 그 열매를 먹어서는 안 된다는 사실을 알 만한 통찰력이 있었다. 하지만 그는 전진했고 어쨌든 먹었다. 분명히 이브는 무엇이 자신과 남편을 위한 최선인지를 알고 있다고 결론을 내렸을 것이다. 이것은 남편이 자기 코에 고리를 채우고 아내에게 끌려다니게 된 첫 번째 사례다. 이브가 자신에게 없는 지식으로 그를 이끄는 것을 보면서 아담은 어떠했을까?

아내의 직관과 남편의 통찰은 함께 있어야 한다

뱀의 간사함에 속은 자는 이브였다고 바울은 말했다(딤전 2:14, 고후 11:3 참고). 하지만 그는 페미니스트의 주장처럼, 여성에 대해 남성 우월적인 혹평을 퍼부은 것이 아니었다. 여기에는 깊은 진실이 있으며, 우리는 이것을 곰곰이 생각해봐야 한다. 그렇다. 남자는 아내의 직관에 귀를 기울여야 하지만, 여자 역시 하나님이 남편에게 주신 통찰력에 고마워하고, 그의 조언을 거절하지 말아야 한다. 아담의 목소리에 귀를 기울이는 대신 이브는 다른 목소리를 냈고, 아담은 자신이 더 나은 것을 알고 있는데도 그녀의 말을 들었다.

이것은 오늘날 결혼생활에서 어떻게 적용되는가? 아내가 결혼생활에서 중요한 목소리를 내기는 하지만, 항상 그렇게 하면 위험하다. 나는 성경적으로 균형을 잡을 것을 강조한다. 남편과 아내는 서로가 필요하다.

남편을 향한 존경을 자평해보려는 여성을 위해 두 가지 질문을 준비했다. 첫째, 자신의 분별력과 직관을 어느 정도까지 확신하는가? 둘째, 당신에게 취약한 부분은 어떤 방면인가? 그 부분에서 남편은 어떠하며, 이런 그의 통찰력을 존중하는가?

우리는 모두 유혹에 빠질 수 있다. 특히 여성이라면 오늘날에도 은밀한 유혹을 받을 수 있는 영역이 무엇인지 생각해보아야 한다. 이런 영역 중 하나는 어째서 남편이 영적 리더십을 발휘하지 못하는지에 관한 비판이 있다. 오랫동안 부부를 상담해오면서, 나는 남편에게 영적 리더십을 기대하는 아내의 말을 많이 들었다. 또한, 남편의 영적 리더십 부족에 대해 많은 여성이 보내온 편지들이 있다. 여기 전형적인 사례를 소개한다.

> 남편은 가정 예배를 인도하지만, 개별적으로 아이들이나 저와 함께 영적인 문제를 토론하지는 않아요. 저희에게는 다섯 아이가 있고, 그중 한 명은 이제 조금 있으면 성인이 되거든요. 남편이 이렇게 태만한데 제가 어떻게 그를 존경할 수 있겠어요?

결혼한 지 6년 반이 되었는데, 남편이 저희 관계와 가족 안에서 영적 리더십이 부족하다는 생각이 들었어요. 저는 남편이 하나님과 깊이 만나는 시간을 갖고, 그분을 진심으로 따르길 원해요. 또한, 기도하는 모습을 자주 보았으면 합니다. 그리고 자기 인생을 위한 하나님의 이끄심을 구하길 원해요. 주님과 자주 교제하는 것도 잊지 말고요.

당신 생각도 이렇다면, 나는 옳다 그르다 말할 수 없다. 하지만 만약 당신이 남편을 경멸하며 판단하고 있다면 나는 그런 행동이 하나님 마음에 상처를 입힌다고 생각한다. 당신의 신념이 하나님을 기쁘게 할 수는 있겠지만, 당신의 경멸은 동시에 그분을 슬프게 할 수도 있다. 주님은 당신을 사랑하시고 마음의 갈망을 잘 알고 계신다. 그러나 경멸하고 비판하는 마음으로는 '불순종하는' 남편을 이길 수 없음을 하늘에 계신 아버지가 알려주시길 바란다. 그분은 당신의 원이 이루어지지 않았더라도 '존경하는 마음과 행동'은 유지하길 온유하게 청하신다(벧전 3:1~2 참고). 남편의 부족한 리더십으로 인해 기쁨을 잃었다면 자신에게 먼저 이런 질문을 던져보자.

- 남편은 결혼관계를 위해 여러 노력을 했지만, 나는 그것이 성에 차지 않아 말다툼을 벌이지는 않았는가?
- 내가 옳다고 믿는 것과 다른 결정을 내리면 절대 그를 따르지 않을 것이라는 메시지를 보내지는 않았는가?
- "나도 당신이 이끌어주면 좋겠어요. 단, 그것이 내 욕구를 지지하거나 이루어줄 때만." 나는 자기도 모르게 이런 메시지를 보내는 것은 아닌가?
- 남편이 무책임하게 군다는 이유로, 그의 의견에 거부권을 행사하지는 않는가?

- 나는 말과 행동으로 "당신이 책임지겠지만, 내게도 권한은 있다고요"라는 메시지를 보내고 있지는 않은가?

위 질문들은 모든 리더십 영역에 적용된다. 요약하면 이렇다. 당신에게 조금이라도 자기 의(self-righteousness)가 있다면 스스로 물으라. 당신이 악하다는 말이 아니다. 당신은 남편을 많이 사랑하지만, 다른 많은 여성처럼, 자신이 남편보다 더 낫고, 그는 많은 부분에서 변화되어야 한다고 생각할 수도 있다.

어떤 여성은 자신에게 죄가 없다고 믿거나, 그렇게 믿는 것처럼 보인다. 자신의 나쁜 습관과 옳지 못한 태도를 기꺼이 고백하지만, 사랑에 실패한 남편 또는 아이들에게 보이는 부정적 반응에 대해서는 거의 인정하지 않는다. 그녀는 이것을 단지 화학적인 불균형, 호르몬 문제 또는 원 가족(family of origin)에서 연유된 역기능이라고 아무렇지도 않게 말한다.

아내는 교정을 받아야 하는 자신의 어떤 문제에 대해 남편이 지적해올 때 그것을 쉽게 무시한다. 자신이나 다른 사람들에게 상처 입히는 것을 피하고자 남편이 온유하고 따뜻하게 말하는데도, 그녀는 예민하게 반응하고 그는 곧 침묵한다. 그녀는 남편의 평가에 쉬 감정이 상하고 상처 입고 화를 낸다. 이해심과 연민이 없다는 이유로 남편은 비난을 받는다. 그는 아내의 이런 태도에 종종 분통을 터트린다.

예를 들어, 남편이 "여보, 당신 체중이 많이 늘어난 것 같아" 하며 다소 민감한 충고를 했다고 하자. 사실, 십 킬로그램 정도는 더 찐 것 같다. 아내는 몸무게에 대한 통제권을 상실한 것 같고, 남편은 정직하게 충고한다. 하지만 그는 아내에게서 "내가 어떻게 보이든 당신은 날 사랑해야죠!"라는 말을 듣거나, 그간 아내의 식습관 장애를 모르고 있었다는 점을 사과해야 할 수도 있다. 혹은 외려 자신의 올챙이배를 지

적당할 수도 있다.

세미나에서 이런 주제를 이야기한 후에는 때때로 피드백을 받는데 모두 긍정적이지는 않다. 나에게 여러 번 메일을 보낸 몇몇 그리스도인은 이런 질문을 던졌다. "박사님은 여성의 이런 문제가 원 가족의 압박감, 호르몬 문제 또는 화학적 불균형과는 상관이 없다고 말하는 것인가요?" 나는 모든 상황을 평가할 수 없다. 하지만 사랑의 사도, 요한의 말을 인용하는 것으로 대신한다. "만일 우리가 죄가 없다고 말하면 스스로 속이고 또 진리가 우리 속에 있지 아니할 것이요"(요일 1:8).

"나는 당신보다 더 거룩해요!"라는 말은 하나님이 싫어하시는 악취이다(사 65:5 참고).

많은 아내가 남편의 통찰력과 제안을 무시하곤 하는데, 자신은 그런 조언이 필요치 않거나 남편에게는 그런 권리가 없다고 여기기 때문이다. 하지만 나는 두 사람이 어느 상황에서든 무엇이 잘못되었고 어떻게 해결해야 할지를 함께 검토할 필요가 있다고 믿는다.

남편의 성령이 되려고 하는가

대부분 남편은 자신의 죄는 크지만, 아내는 의롭다고 여긴다. 아내는 자신이 아이(그리고 남편)를 교정해야 한다고 생각하기 때문에, 스스로 깨닫지 못하는 사이에 자기 의로 미끄러져 들어간다. 이런 일은 종종 무의식 속에서 일어난다. 많은 아내는 스스로 "남편의 성령이 되려는 것을 멈춰야 해요"라고 나에게 털어놓았다. 그렇지만 남편이 그렇게 말하는 것은 듣지 못했다.

예수님이 마르다와 마리아의 집에 방문하신 장면으로 가보자. 마르다는 저녁을 만들기 위해 지나치게 분주했다. 그녀는 예수님께 "주여 내 동생이 나 혼자 일하게 두는 것을 생각하지 아니하시나이까 그를 명하사 나를 도와주라 하소서"(눅 10:40)라고 호소했다. 자신이 중요하다고 생각하는 것에 예수님이 관심을 보이지 않으시자, 마르다는 사랑 그 자체이신 분의 눈을 들여다보면서 경솔하게 요청했다. 그녀는 자신의 분홍색 선글라스를 통해 세상을 바라보았고, 옳지 못한 평가를 만들어냈다.

남편에게 있는 통찰력을 인정하고, 그의 통찰력을 깎아내리는 모든 자기 의를 경계하라. 자기 의는 어느 다른 죄보다 더욱 당신을 유혹한다. 만약 당신이 영적인 영역에서 자기 자신을 보지 못한다면, 남편은 많은 면에서 당신에게서 멀어지게 될 것이다. 시간이 흐르면서 남편은 도움이 되는 어떤 말도 하지 않을 것이다. 항상 바르고 의로운 사람에게 어떤 말을 하겠는가? 자신을 경멸의 눈으로 바라보는 아내에게 무엇을 말할 수 있겠는가? 그녀가 아무 문제도 없다고 여기는 동안, 남편은 자신에게 모든 문제가 있다고 여긴다. 그래서 침묵하고, 더 비난받을까 봐 두려워한다. 남편의 침묵에 대해 아내는 때때로 "왜 이렇게 조용해요?"라고 말한다. 그는 계속 생각한다. '내가 이 말을 하면 더 난처해질 거야. 가만히 있으면 그나마 괜찮겠지.' 슬픈 이야기이지만, 많은 남자는 이렇게 생각한다.

그레텔이 남편 한스에게 격노하며 이렇게 말했다는 이야기가 있다. "우리가 너무 자주 싸우잖아요. 한스, 그래서 생각해봤어요. 이런 문제를 이제는 끝내야 하지 않겠어요? 그러니 당신은 그분께 우리 문제의 원인을 해결해달라고 기도하세요. 저도 기도할게요. 그렇게 되면 난 여동생과 같이 살 수 있을 거예요."

남편이 모든 문제의 원인이라는 태도를 조심하라. 당신 역시 죄와 문제, 연약함이 많음을 인정하라. 그리고 모든 상황에서 완벽한 판단을 내리지 못하는 존재임을 인정하라. 이렇게 변화된 태도가 어떻게 그의 영혼에 힘을 주는지를 보며 놀라게 될 것이다. 하나님이 남편의 영혼 안에 만들어놓으신 존경에 대한 필요를 인정하고, 그에게 존경심을 주라. 그는 마음속으로 당신에게 애정을 느끼게 될 것이다. 어떤 여성은 이렇게 이야기했다.

> 그가 요청하지 않으면 제 의견을 말하지 않기로 했어요. 그러자 그는 확신 있게 행동하기 시작했지요. 제가 큰 짐을 덜게 된 것은 물론이고요! 저희 둘을 다 챙겨야 할 필요가 없게 된 거죠. (남편이 저처럼 생각하지 않았기 때문에) 비합리적이라고 여겼던 것이 지금은 기쁨과 즐거움이 되었어요. 하나님이 그분의 천재적인 창조성을 따라 남편을 그렇게 만드신 것임을 제 눈을 열어 깨닫게 하셨기 때문이에요. 끝내주죠.

남편은 이럴 때 당신에게 고마움을 느낄 것이다

- 남편이 당신의 감정에 민감하지 않고, 그저 문제를 해결하는 데에만 관심이 있다고 불평하지 않을 때
- 남편에게 무례하게 행동하지 않고, 그가 당신의 감정에 무관심하다고 투덜대지 않으며 그의 조언에 고마워할 때
- 남편의 문제 해결 방법을 보며 그의 입장에서 공감할 때
- 당신의 연약함을 깨닫고, 남편의 보호를 귀하게 여길 때
- 남편과 생각이 다른 상황에서도 존경하는 마음으로 그에게 조언할 때(당신이 옳을 수도 있지만, 목소리나 말투는 틀릴 수 있다)
- 때때로 남편에게 어떤 문제를 해결하도록 하고, 그의 해결책을 칭찬할 때
- 하나님이 분명한 목적을 가지고 남자와 여자로 만드셨고, 부부에게 서로가 필요하게 하셨다는 믿음을 보일 때
- 남편의 신실한 조언에 감사한다고 고백할 때

20

유대:
우정으로 어깨를 맞대려는 그의 욕구를 고마워하라

자신들이 '커다란 싸움'을 벌이는 중이라고 하면서 도움을 구하려고 나에게 왔을 때, 그들은 결혼한 지 7년을 지나고 있었다.

"그 싸움은 어떻게 시작되나요?" 내가 물었다.

그녀는 자신이 부엌에서 설거지나 다림질을 할 때, 그는 신문을 읽거나 TV를 보면서 "여보, 여기 와서 나와 같이 있지 않겠소?"라고 말한다고 했다. 그러면 그녀는 남편에게 가서 이런저런 말을 하기 시작한다.

그러면 남편은 "아무 말 하지 말아요. 그냥 여기서 나와 함께 있어 주면 돼요"라고 말하곤 했다.

그녀는 혼란스럽다는 듯 말했다. "당신이 날 불렀잖아요. 이야기하고 싶은 게 있어서 아니었어요?"

"아니요. 그냥 여기 있어요. 당신과 이야기하는 것보다…."

그렇게 가볍게 티격태격하다가 곧 그들은 말싸움에 들어가곤 했다. 이런 일이 반복해서 일어났고, 그들은 내 조언을 원했다.

하나님은 아내가 "그를 돕는 사람, 곧 그에게 알맞은 짝"이 되게 하겠다고 말씀하셨다(창 2:18 참고, 표준새번역).

나는 그들 안에서 무슨 일이 일어나는지를 설명했다. 아내에게는, 남편이 그녀가 옆에 있는 것만으로 힘이 된다고 했다(남편은 주의 깊게 듣고 있었다). "남편이 신문을 읽거나 TV를 보거나 마당에서 어떤 다른 일을 하고 있을 때 당신이 곁에 앉아서 그를 지켜보기만 해도, 남편 안에는 놀라운 힘이 솟구쳐 오릅니다." 아내의 얼굴에는 당황하는 기색이 역력했다. 나는 계속했다.

"이것은 남자들이 경험을 공유함으로써 대화를 하는 방법입니다. 여자는 서로에게 이야기하면서 경험을 공유하지요. 자신이 받은 인상이나 감정에 대한 경험을 주입하면서 말이죠. 하지만 남자는 다릅니다. 그들은 활동을 공유하면서 그런 경험을 합니다. 남편이 당신과 함께하길 원했던 까닭이기도 하고요."

나는 부부에게 근처 교회에서 사랑과 존경 세미나가 열리니 참석해서 사랑과 존경 원리가 어떻게 작동하는지를 알아보라고 제안했다. 그들은 그렇게 했고, 다음에 다시 나를 찾았을 때 아내는 남편의 그런 행동을 충분히 이해하고 있었다.

"당신이 옳아요. 남편은 제가 단지 함께 그곳에 앉아 있기를 정말로 원했던 거예요."

어떻게 아무것도 하지 않고도 관계를 형성할 수 있는가

남편이 "여보, 여기 와서 같이 디스커버리 채널을 봅시다"라고 제안했다고 하자. 당신은 거기 가서 앉고, 그는 디스커버리 채널을 보면서 "저 사슴 좀 봐" 또는 "저 악어 이빨 대단한데!"라고 평한다. 대부분 시간 그는 자기 일, 즉 TV 시청에 완전히 몰입한 상태다. 당신이 아내라면, 거기 앉아서 이런 생각을 할 것이다. '빨래도 쌓여 있고, 이제 저녁 준비해야 하는데. 내일 아이들 도시락도 아직 안 쌌어….' 결국 당신은 다른 일을 하려고 자리를 뜰 것이다. 당신과 남편은 아무것도 한 것이 없다. 그저 함께 TV를 봤을 뿐이다. 아무 대화도 없었다. 그런데 이런 것으로 어떻게 관계를 형성할 수 있을까?

하지만 그런 시간을 통해 정말 놀라운 일이 일어났다고 하는 사람들이 있다. 한 아내는 남편과 함께 사슴 사냥을 가기로 했다. 그녀는 잠복 장소를 마련하는 일을 도왔다. 거기에 함께 여러 시간 앉아서 사슴이 지나가길 기다린 것이다. 그들은 아무것도 보지 못했고, 아무 말도 하지 않았다. 결국, 그 장소를 떠나 차로 돌아왔다. 그때까지 그녀는 단 한마디도 하지 않았다. 오솔길을 내려오면서 남편은 돌아서더니 그녀를 향해 "이것 참 멋지군!"이라고 말했다.

남자들은 왜 이렇게 어깨를 맞댄 침묵을 좋아하는 것일까? 나도 그 이유를 정확히 모른다. 하지만 우리는 두 사람이 서로 다르다는 사실을 인정해야 한다. 기억하라. 당신은 분홍색이고 그는 파란색이다. 당신이 분홍색 속에 있으면서 그 시각으로만 세상을 해석한다면, 많은 것을 놓치게 된다. 부부는 물론 연인이 되어야 하지만, 또한 어깨를 맞댄 친구가 될 필요도 있다(분홍색과 파란색이 무엇을 필요로 하는지에 대해서는 부록 C를 보라).

성경은 사랑과 우정 두 가지 필요를 모두 이야기하고 있다. 주된 주제가 정열, 사랑 일색인 아가서 5장에서도 주님은 부부에게 이야기하신다. "나의 친구들아 먹으라. 나의 사랑하는 사람들아 많이 마시라"(아 5:1). 그러고 난 후에, 같은 장에서 아내는 자기 남편이 얼마나 멋지고 눈부신지를 이야기하고("많은 사람 가운데에 뛰어나구나", 아 5:10), "이는 내 사랑하는 자요, 나의 친구로다"(아 5:16)라고 말함으로써 칭찬을 완성한다.

신약성경은 또한 결혼관계에서의 우정이 어떠해야 하는지를 말한다. 헬라어 '필레오'(*phileo*)는 형제 또는 친구 간의 사랑을 의미한다. 디도서 2장 3~4절에서 바울은, 나이든 여자는 젊은 여자가 자기 남편을 '필레오'하도록, 즉 친구처럼 대하도록 가르치라고 말한다.

남자에게는 친구가 필요하다

가끔 남편들에게 "아내가 당신을 사랑하나요?"라고 물으면, 그들은 재빨리 "물론이죠"라고 답한다. 하지만 그들에게 "아내가 당신을 좋아하나요?"라고 물으면, 때때로 대답은 "아뇨" 또는 "확신하기 어려워요"라는 답이 돌아온다. 나도 그런 식으로 느낄 때가 많았기에 이 대답에 공감한다.

사라는 우리 사이에 긴장의 시간이 있었음을, 특히 정리정돈에 있어서 모든 사람이 자기 기준을 충족하길 원했음을 회상한다. 그녀는 빵 부스러기, 정리 안 된 신발, 침대 위 젖은 수건, 휴지통에서 빗나간 사탕 포장지를 볼 때마다 불평해댔다. 그녀는 나와 두 아들이 더 깔끔해지면, 우리 가족은 더 행복해질 거라고 매일 강조했다. 하지만 그런 일은 쉽지 않았다.

사라가 딸 조이만 데리고 친정엄마가 있는 도시로 여행을 떠난 때였다. 나는 두 아들 조나단, 데이비드와 함께 집에 있었다. 일주일 후, 사라와 조이를 마중하러 공항으로 갔을 때 사라가 대뜸 첫 번째로 던진 질문은 "당신, 내가 그리웠어요?"였다. 그녀는 궁금해했다.

난 거짓말을 할 수 없어서 이렇게 말했다. "당신도 알겠지만, 우리는 환상적인 시간을 보냈지. 우리는 먹고 싶은 곳에서 먹었고, 침대를 정리하고 싶을 때 정리했지."

사라는 내가 무슨 이야기를 하는지 알아들었다. 공항에 나오기 바로 직전에 처음으로 침대를 정리한 사실을 눈치챈 것이다. 또한, 우리가 자신을 별로 그리워하지 않았음을 알았다. 물론 우리는 그녀를 아내와 엄마로서 여전히 사랑한다. 하지만 그녀의 잔소리까지 그리워한 것은 아니다.

사라는 자신과 다른 성향이었는데도 나와 아들들을 좋아하기로 했다. 그녀는 우리가 서로 좋아했기 때문에 결혼했음을 떠올렸다. 또한, 자신에게는 연인과 친구가 동시에 필요하다는 것도 알았다.

"내 곁에 그냥 앉아 있기만 해줘"

남편이 아내에게 "내 곁에 있기만 해줘"라고 요구할 때, 그는 두 사람의 관계를 위한 매우 의미 있는(그녀에게는 아닐 테지만) 제안을 하는 것이다. 남편은 대개 그런 식으로 대화한다. 얼굴을 맞댄 대화보다는 어깨를 맞댄 대화를 선호한다.

> 남편과 어깨를 맞대는 아내는 별말을 하지 않고도 구원으로 이끈다는 말뜻을 새롭게 깨닫는다(벧전 3:1 참고).

결혼한 첫해, 어느 날이었다. 나는 책을 읽고 있었고, 그녀는 소파에 앉아 있었다. 갑자기 그녀가 "우리 얘기 좀 하면 안 돼요?"라고 말했다. 거기에 대해 나는 "난 당신과 함께 있는 것만으로 만족스러워"라고 대답했다.

여러 학술 연구도 남자는 아무 말 없이 어깨를 맞댄 대화를 더 선호한다고 뒷받침한다. 4개 연령 집단(10대, 20대, 60대, 25세)의 남자와 여자를 대상으로 벌인 실험 결과를 보자. 먼저 여자들은 서로 바라보는 의자에 앉았다. 그래서 얼굴을 맞댄 채 이야기할 수 있었다. 남자들은 다르게 반응했다. 그들은 서로를 향해 앉지 않았다. 대신 나란히 어깨를 맞대고 앉아, 서로를 가끔 흘끗 바라보는 것을 제외하고는 앞쪽을 향했다.

연구자는 이렇게 바라보고 앉은 여성이 더 친밀한 대화를 할 거로 추측했다. 하지만 실제로 모든 쌍 중에서 가장 열려 있고 솔직하게 대화한 것은 10대 소년들이었다.[1] 이것은 나에게 별로 놀라운 일은 아니었다. 평소에도 남자는 어깨를 맞대고 함께 행동함으로써 가깝게 된다고 생각했기 때문이었다. 이러한 공통 경험과 서로에 대한 흥미는 시간이 지날수록 강한 결속을 낳는다. 그들은 상대방에 관해 어떻게 느끼고 있는지를 거의 이야기하지 않는다. 하지만 그들이 친구가 되면, 한 가지는 확실하다. 각자는 서로를 위해 거기에 있다.

많은 남자는 소년 시절, 친구와 '피를 나눈 형제'가 되었던 경험을 떠올린다. 어깨를 맞대고, 필요하다면 죽을 각오로 싸우기로 했다. 소녀는 이런 세계로 들어가지 않지만, 소년은 자기 요새를 만들고, 싸우고, 함께 죽을 준비를 한다. 이것을 쓰는 지금도, 모든 소년은 '피를 나눈 형제' 이야기를 꺼낼 때 느끼는 감정의 깊이를 자각한다.

어느덧 소년이 자라서 남자가 되고 특별한 젊은 여자를 만난다. 그는 프로포즈를 하고 그들은 결혼한다. 남자 친구들과의 일생에 걸친 우정과 마찬가지로, 두 사람은 함께할 것이고 어깨를 맞댈 것이다. 그의 요구는 간단하다. "여보, 이것을 함께 합시다." 처음에는 그녀도 힘을 보태면서 남편의 친구가 된다. 하지만 시간에 갈수록 그녀에게는 낚시 또는 다른 일로 시간을 허비하는 것보다 더 중요한 것들, 이를테면 세 아이와 엄청난 빨랫감 같은 일이 기다린다. 게다가 함께하는 시간을 갖더라도, 그녀는 많은 것을 이야기하는 쪽을 선호한다. 그녀에게 이야기란 결합을 위한 방법이다. 여성에게, 함께하는 것과 아무 말도 하지 않는 것은 모순이다!

이번 장에서 우리는 거의 이야기하지 않고 어깨를 맞대는 것이 남성에게는 자연스러운 일임을 보았다. 결혼생활의 많은 영역에서 그렇게 해야 하는 것과 마찬가지로, 이 지점에서도 상호 간의 주고받음이 있어야 한다. 때때로 남편이 당신과 얼굴을 마주하려고 노력해야 하는 것처럼, 당신 또한 남편과 함께 어깨를 맞대는 노력이 필요하다. 남편이 함께 있자고 요청할 때 당신이 아무 이야기를 하지 않고도 그의 옆에만 있어 준다면, 당신은 그에게서 에너지가 솟아나는 모습을 볼 것이다.

함께 시간을 보내고 함께 머물라

일리노이 주 피오리아에서 보낸 소년 시절이 생각난다. 나는 종종 자전거로 길을 따라 내려가곤 했다. 그때마다 자주 마주쳤던 어떤 부부가 떠오른다. 남편은 차 아래에서 일하고 있었고 아내는 보조 의자에 앉아 담배를 피우면서 손톱을 다듬거나 그저 껌을 씹는 일이 전부였다. 주변에는 다른 여자들이 없었다. 그는 차 아래에 있었고, 그녀는 남편이 일하는 동안 아무 말도 하지 않았다.

시간이 흘러, 우리 마을의 많은 부부가 이혼했지만, 이 부부는 함께 살았다. 아무래도 그녀는 말 없이 곁에 앉아 있기만 해도 남편에게 힘이 많이 된다는 사실을 이해하고 있었던 것 같다. 서로 말을 하지 않았지만, 그들은 결속되어 있었다.

나는 오랫동안 서로의 마음을 솔직하게 나누지 못한 많은 부부를 상담해왔다. 이런 상황에서 아내는 무엇을 할 수 있을까? 어깨를 맞대는 유대감을 느끼고 싶은 남편의 마음을 이해하는 것이 먼저다. 만일 남편이 침묵하고 있다면, 어떤 활동을 하는 동안 그저 함께 있어 주라. 12주 이상 이렇게 하면서 어떤 일이 일어나는지를 보라. 나는 그가 말하기 시작하리라 장담한다. 그가 얼굴을 맞대고 앉게 될까? 아마도 아닐 것이다. 오랜 시간 이야기를 나누는 일은? 그것도 아닐 것이다. 당신은 활기를 얻을 수 있을까? 쉽지 않을 것이다. 그렇다면 남편은 활기를 얻을까? 그렇다!

내 말을 믿어라. 남편에게는 당신이 모르는 필요가 있고, 당신에게는 자연스럽지 않은 방식으로 충족된다. 하지만 당신이 그저 함께 있으면서 어깨를 맞댄다면, 당신을 향한 남편의 애정은 놀라울 정도로 커질 것이다. 비합리적으로 들리겠지만, 남편은 당신이 그저 함께 있기만을 원한다.

결혼생활 동안 우리는 침묵할 때가 있고 말할 때가 있다. (전 3:7 참고)

남편은 이럴 때 자기 우정이 이해받는다고 느낀다

- 남편에게 좋아한다고 말하고 그것을 보여줄 때(그는 당신의 사랑을 안다. 하지만 때로는 정말로 자신을 좋아하는지를 확인하고 싶어 한다)
- 남편이 함께 기분 전환하자고 제안한 몇 가지에 당신이 긍정적으로 반응할 때(항상 함께 뭔가를 해야만 하는 것은 아니다. 하지만 상상 이상으로 활력을 얻을 것이다)
- 남편과 어깨를 맞대고 어떤 일을 함께 하면서 그가 마음을 터놓고 이야기하도록 할 때
- 때로는 혼자서 시간을 보내려는 남편을 이해하고 격려할 때
- 남편이 당신과 함께 시간을 보내는 것 이상으로 자신의 친구들과 함께 어깨를 맞대며 활동하는 것을 이해하고 받아줄 때

21

성욕:
성적 친밀감을 향한 그의 욕구를 고마워하라

행복한 결혼생활을 하지 못하던 어떤 의사 부부가 있었다. 그들은 관계의 악순환 속에 있었는데, 그것은 몇 년 전에 내렸던 최후통첩 때문이었다. 그녀는 남편이 자신의 정서적 필요를 채워주기 전에는 그의 성적인 필요에 응하지 않겠다고 했다. 그녀는 정서적인 만남을 원했고, 그와 얼굴을 맞대고 이야기하고 싶어 했다. 그래서 자신의 정서적인 필요를 만족하게 해주기 전에는 남편에게 성적으로 반응하지 않으려고 했다.

일련의 사건을 겪고 난 뒤, 주님은 그녀에게 말씀하셨다. "너와 남편 중에 누가 더 성숙한 사람이라고 생각하느냐? 그는 이제 새로 믿은 자이고, 너는 그리스도 안에 들어온 지 몇 년이나 되지 않았느냐?"

그녀는 그 메시지를 이해했고, 남편의 성적인 요구에 반응하기로 했다. 솔직히 그녀는 별로 성적인 필요를 느끼지 않았다. 하지만 주님은 그의 필요를 먼저 채우도록 말씀하셨고, 그녀 역시 이 부분이 중요함을 깨달았다.

"좋습니다, 주님. 기쁨으로 그렇게 하겠습니다."

그 후에 무슨 일이 일어났을까? 얼굴을 맞대고 이야기하자는 그녀의 정서적인 필요는 어떻게 됐을까? 그녀는 후에 나에게 이렇게 말했다. "저희가 함께 침대에 누운 다음에는, 그의 입을 다물게 할 수가 없었어요!"

그들은 침대에서 악마를 발로 차서 내쫓았다

몇 년 동안을 부정적인 교착 상태에서 불행하게 보냈던 그 부부는 이를 계기로 긍정적 선순환에 들어섰다. 그녀가 남편의 육체적 필요를 채워주자, 남편은 그녀의 정서적인 필요를 채워주려고 애썼다. 누군가는 이렇게 말했다. "결혼 전에 악마는 두 사람을 성적으로 결합시키기 위해 할 수 있는 모든 일을 하고, 결혼 후에는 서로 가까이하지 못하게 수고를 마다치 않는다." 전에 이 부부는 악마에게 완전하게 패했지만, 이제는 악마를 침대에서 발로 차서 내쫓았다!

나는 결혼생활이 만족스럽지 못하다고 불평하는 많은 부부를 만났다. 아내는 (성적인 접촉 없는) 친밀감과 애정을 바랐지만, 남편은 성관계를 원하며 유독 애정의 순간에 인내심이 없었다. 하지만 성관계와 애정은 쌍방향 길이다. 남편이 아내의 몸에 접근하려면 그녀의 영혼을 충족해야만 하는 것처럼, 아내 역시 남편의 영혼에 접근하기를 원한다면 그의 몸을 충족해야만 한다.

"남편은 그 아내에 대한 의무를 다하고 아내도 그 남편에게 그렇게 할지라"(고전 7:3).

많은 아내는 상담하는 동안 성관계가 남자의 첫 번째 필요인 것 같다고 말했다. 나는 성관계가 남편의 그의 깊은 필요(즉, 존경)에 대한 상징이라고 답했다. 비유를 들어보자면, 아내는 이야기를 통해 정서적인 표출을 한다. 그 필요가 충족될 때, 그녀는 사랑받는다고 느낀다. 남자가 이야기하는 것을 거부한다면 이는 그녀를 사랑하지 않거나 그녀의 필요에 관심이 없음을 상징한다. 반면 남편은 성적인 친밀감을 통해 육체적인 표출을 한다. 아내가 이를 거부할 때, 그것은 자신에게 관심이 없고 그의 필요를 존중하고 있지 않다는 의미로도 읽힌다.

한 아내는 남편에게 "나만 바라봐요"라고 하지만, 남편이 그녀에게 성적으로 접근할 때 계속 그를 거부하는 것이 얼마나 불공평한지를 생각해야 한다. 아내로서, 당신을 향한 성적인 욕구에 고마워할 때 남편은 그것을 존경으로 받아들인다.

남편을 이해하기 위한 두 가지 열쇠

남편을 성적으로 이해하려면 다음 두 가지 측면을 고려해야 한다.

먼저, 그의 성욕은 아내의 것과는 아주 다르다. 잠언 5장 19절은 "그는 사랑스러운 암사슴 같고 아름다운 암노루 같으니 너는 그의 품을 항상 족하게 여기며 그의 사랑을 항상 연모하라"라고 말한다.

"네 두 유방은 백합화 가운데서 꼴을 먹는 쌍태 어린 사슴 같구나" (아 4:5).

이 말씀은 남자가 시각 지향적이라는 사실을 말한다. 남자는 아름다운 여자를 보면서, 그 얼굴과 모습에 자극을 받는다. 상대적으로 여자는 성관계에서 시각 지향적이지 않다. 언제나 남편의 가슴에 만족하라고 여자에게 명령하는 성경 구절이 없다는 것은 우연이 아니다.

당신이 샤워할 때와 그가 샤워할 때를 생각해보라. 당신이 샤워하러 갈 때, 그는 모든 것을 주의 깊게 바라본다. 그렇지만 남편이 샤워할 때는 무슨 일이 일어나는가? 당신은 아마 이렇게 말할 것이다. "제발 샤워 커튼 좀 쳐요!" "미끄러우니까 조심해요!" 여자는 그다지 시각 지향적이지 않다.

둘째로, 당신이 정서적 표출을 바라는 것처럼 그도 성적인 표출을 바란다. 고린도전서 7장 5절에서 바울은 이렇게 썼다. "서로 분방하지 말라. 다만 기도할 틈을 얻기 위하여 합의상 얼마 동안은 하되 다시 합하라. 이는 너희가 절제 못함으로 말미암아 사탄이 너희를 시험하지 못하게 하려 함이라." 성적인 욕구를 느낄 때, 남편과 아내는 둘 다 서로의 필요를 채워야 한다. 바울은 상대방을 위해 서로 의무를 다하라고 말한다. 특히 남편이 성적인 표출을 억제당할 때 그는 사탄의 공격을 받을 수도 있다. 남편이 대화에 소극적일 때 어떻게 느끼는지를 생각해본다면, 아내는 이 부분을 더 잘 이해할 수 있을 것이다. 정서적인 표출을 하지 못하는 환경에서 대부분 여자는 비참해지기 때문이다.

세미나에서 한 과정이 끝난 후 어떤 젊은 여성은 사라에게 와서 이런 이야기를 했다. 주일마다 그들 부부는 부모님을 방문했다. 하지만 어느 주일 아침에 그녀는 친정에 전화를 걸어 이렇게 말했다.

"이번 주는 못 갈 것 같아요."

"왜, 무슨 일 있니?" 그녀의 엄마가 물었다.

"남편이 계속 저를 다그쳐서 좀 다퉜어요."

"왜?" 엄마가 되물었다.

"일주일 동안 침대에서 친밀한 시간을 못 보내서 그런 것 같아요."

이 말에 엄마는 주저하지 않았다. 부드럽지만 단호하게 딸에게 이렇게 말했다.

"부끄러운 줄 알아라. 그렇게 짧은 시간으로 남편을 '아주' 행복하게 하는 방법이 있는데 왜 그걸 거부했니?"

딸은 당황해서 전화기에 대고 소리를 질렀다. "엄마! 엄마가 그렇게 이야기하다니, 믿을 수 없어요."

그녀는 사라에게 이렇게 덧붙였다. "엄마는 47년 동안 결혼생활을 이어가고 있지요. 엄마보다 더 행복한 사람은 아마 없을 거예요."

이 엄마는 딸에게 실제로 좋은 조언을 주었다. 슬프게도 많은 부부는 악순환에 빠져 있는데, 이는 성관계가 없으면 남편은 존경받지 못한다고 느껴 사랑 없는 태도로 반응하고, 아내는 이런 그를 유치하다고 무시하기 때문이다.

사라는 우리의 결혼 세미나에서 이렇게 이야기했다. "아내 여러분, 남편이 당신에게 3일 동안, 3주 동안, 또는 3달 동안 말을 하지 않는다면 어떻게 될까요? 얼마나 불편하고 속상할까요? 저는 여러분이 제 요점을 이해할 것으로 생각합니다. 어떤 여성은 결혼 후에 자신의 정서적 필요를 채우길 원하지만, 남편의 성적인 필요에는 무감각합니다. 기억하세요. 여러분의 아들 역시 같은 필요를 가지고 있습니다. 여러분은 며느리가 아들에게 어떻게 대해주길 원하나요?"

성관계와 함께 작용하는 황금률

여기서 요점은 남편의 해부학적 조직과 설계는 아내와는 아주 다르다는 데 있다. 당신에게 정서적인 만족이 필요한 것처럼 그에게는 성적인 만족이 필요하다. 남편이 성관계라는 행위를 사랑하는 이유이다. 그것은 그에게 만족감을 준다. 여성인 당신은 두 사람이 성적으로 하나 되기 위해서는 먼저 친밀감을 느껴야만 한다고 생각할지도 모른다. 하지만 남편은 정반대로 생각한다. 성적인 행위는 두 사람 모두에게 친밀감을 가져온다! 상대방이 필요로 하는 것을 당신이 주지 않는다면, 당신이 필요로 하는 것 역시 얻을 수 없다.

한 남자가 직업 신청서 양식을 작성하면서 "성(Sex): ___________" 이라고 되어 있는 부분에 "충분하지 않다"라고 써넣었다는 우스갯소리가 있다. 물론 웃자고 하는 이야기지만, 남자는 종종 집에서 성적으

“남에게
대접을 받고자 하는 대로
너희도 남을 대접하라”
(눅 6:31).

로 거부당하기 때문에 외도의 유혹을 받기도 한다. 그는 탈선 후에 대개 자신이 벌인 외도에 대해 전적으로 수치스러워한다. 대개 그런 남자에게는 심하게 다그치는 아내가 있다. 잠언 두 번째 장을 보면 지식, 지혜 그리고 신중함을 추구하고 획득하면 어떤 이득이 있는지를 세부적으로 묘사한다. 특히 16절은 지혜가 “음녀에게서, 말로 호리는 이방 계집에게서 구원”한다고 말씀한다. 이 규칙은 C-O-U-P-L-E(그가 당신을 위해 해주었으면 하는 것)이나 C-H-A-I-R-S(당신이 그를 위해 해주어야 하는 것)에 들어가 있는 다른 요소와 똑같이 중요하다. 규칙은 변하지 않는다.

존경이 비아그라보다 낫다

자기 남편이 왜 외도했는지를 깨닫게 된 후에 나에게 편지를 쓴 한 여성의 사례를 보면 남자가 다른 여자에게 빠져드는 이유를 알 수 있다. 남편은 자신을 존경하는 여자에게 유혹을 받기 쉬운 상태였다. 그리고 일터에서 그 일이 일어났다. 그는 20년 이상 ‘완벽한 결혼생활’(네 명의 자녀가 있고, 교회 일을 열심히 하며, 사업에도 성공한)을 해온 것으로 주위에서 많은 부러움을 샀지만, 외도를 했다. 잠시 별거하면서 아내는 자신이 남편에게서 사랑을 갈망했던 것처럼 남편도 존경을 바랐음을 깨달았다.

> 저는 평소에 너무나 바쁘게 살았어요. 그래서 이 영역에서 남편의 관심을 놓치고 있었고, 그를 공격에 취약하도록 무방비 상태로 두었습니다. 남편은 뭔가를 갈망하면서도, 누군가가 그것을 주기 전까지는 그 갈망의 정체를 알지 못했다고 했어요. 기꺼이 모든 것(결혼, 가족, 사업, 명성, 심

지어 주님과의 관계까지도)을 포기하면서까지 그녀에게서 받았던 존경과 존중을 계속 느끼길 원했죠. 그는 무엇이 옳은지를 이미 알고 있었기 때문에 극도로 강한 영적 싸움을 벌여야 했어요. 하지만 결국 그녀에게서 받는 것을 포기하지 않았죠. 하나님은 무너진 결혼 관계에서 제가 어떤 부분을 책임져야 하는지 알도록 도와주셨어요. 제 남편은 선의를 가진 사람이었고, 우리 둘은 서로 사랑하고 존경하는 사이임을 확인했어요.

"여러 가지 고운 말로 유혹하며 입술의 호리는 말로 꾀므로"(잠 7:21).

그 여성은 '존경 시험'을 시도했고 그로 인해 놀라운 결과를 얻었다. 커다란 존경심으로 남편을 대하기 시작하자 남편은 아내의 말에 절로 귀를 기울이게 되었다고 말한다. "우리는 즉시 아주 친밀한 성적인 만남을 나누었어요! '존경 한 알'이 비아그라 한 알 복용보다 훨씬 낫다는 것을 보여주었죠!"

모든 외도가 이렇게 긍정적으로 끝나지는 않는다. 성적인 표출을 거절당한 후 결국 외도에 빠진 한 남편은 이렇게 말했다.

제 자신의 부도덕함에 대해 그녀에게 책임을 떠넘기지 않습니다. 하지만 그녀는 어느 것도 인정하지 않았어요. 저는 아내를 비난하지는 않지만 그렇다고 그녀에게 죄가 없는 것도 아닙니다. 저는 분명 잘못을 했습니다. 하지만 집에 있으면, 솔직히 다른 여자와 함께 밖으로 나갈 결심을 매일 품을 정도입니다. 만약 아내가 저를 존경한다고 느낀다면, 저는 더 이상 외도를 하지 않을지도 모릅니다. 때때로 그녀가 저를 실패자로 여긴다고 생각할 때도 있습니다. 그래서 누군가가 "당신은 최고예요"라고 말할 때, 거기에 반하는 것이죠. 아내는 제가 금발의 백치 미인에게 달려간다고 비아냥거리지만, 다른 여성은 저를 정말로 기분 좋게 만듭니다.

이것은 성관계와는 아무 상관 없는 일이에요. 누구든 저를 좋은 사람으로 봐주면, 저는 점점 더 거기에 끌립니다.

“절 사랑한다면, 어떻게 다른 여자에게 갈 수 있는 거죠?”

성욕은 때때로 부부 사이를 멀어지게 하는 이유가 된다. 남자들은 아내에게 솔직해지고 싶지만 몇몇 여성은 이런 부분에 적지 않은 불편함을 느낀다.

결국, 아내는 자신과 남편 사이의 사랑이 증가하는 방향으로만 친밀감을 원한다. 남편이 ‘어두운 측면’의 씨름에 관해 이야기할 때(예를 들어, 성적인 유혹), 그녀는 불편함을 느끼고 심지어 상처를 입거나 화를 낸다. 남편에게는 이런 식으로 변화를 요구한다. “우리는 남자들의 몸을 봐도 유혹을 느끼지 않아요. 그러니 당신도 조심했으면 좋겠어요.”

물론 남편이 고민하는 주제는 다르다. 그래서 남편은 입을 다문다. 특히 비난받으면 더욱 그렇다. 이런 일이 계속되면 아내는 남편과 정서적으로 친밀해질 수 없다는 결론에 이른다. 그녀가 생각하는 정서적 친밀감은 그들 사이의 사랑에 활기를 북돋워 주어야 하고, 그녀의 짐을 덜어 주어야만 한다. 아내 편에서는 신체 이미지, 몸무게 조절, 공포, 걱정 등에 대한 고민을 나누고 싶다. 그런데 짐을 더 지우게 하는 것(예를 들어, 그가 받을지도 모르는 성적 유혹들)을 나누면 아내는 정서적 친밀감을 느끼지 못한다. 그녀는 의아해한다. “어떻게 다른 여자에게 유혹을 받을 수 있는 거지? 나만 사랑하지 않는다면 아예 사랑하지 않는 것 아니야?”

사무실에서 목선이 깊이 파인 옷을 입은 세련되고 지적인 여성이 남편의 시선을 사로잡는 것을 아내는 도저히 이해할 수 없다. 그래서 남편이 거짓말을 한 것이 틀림없다고 추측한다. 남편이 그 여자에게 성적 매력을 느낀 이유는 그들이 함께 많은 시간을 보냈고, 이야기를 나누며 서로를 알아가면서 가까워졌기 때문이라고 결론을 내린다. 그녀는 단순히 보는 것만으로 남자가 자극받을 수 있음을 이해하지 못한다. 어떤 상황이든 다른 여자에게 유혹당하는 것은 옳지 않고, 다시는 이런 이야기를 듣고 싶지 않다. 결국, 남편은 여전히 자신의 문제를 털어놓고 싶어 하지만, 아내는 그것에 대해 듣지 못한다.

"다윗이 … 그곳에서 보니 한 여인이 목욕을 하는데 심히 아름다워 보이는지라"(삼하 11:2). 남자라면 이 구절의 의미를 잘 이해한다.

남편을 향한 잠언 5장 19절의 권면을 기억하는가? 그는 언제나 아내의 젖가슴에 만족할 줄 알아야 한다. 다른 그 누구도 아니다. 잠언 5장에서는 상당 부분을 간음의 위험에 대해 경고한다. 이 구절을 쓴 현명한 교사는 남자들에게 성관계에 대한 건강한 관점을 제공하려는 것이다. 자기 아내를 사랑하는 남편은 하나님에게서 받은 성관계 안에서 기뻐한다. 그들은 결혼의 결속 안에서 관계를 나눈다.[1]

또한 예수님의 경고를 기억하라. "나는 너희에게 이르노니 음욕을 품고 여자를 보는 자마다 마음에 이미 간음하였느니라"(마 5:28). 주님은 남자가 시각적으로 자극받을 수 있음을 아셨다. 남자들 의식 전면에는 성관계가 있으며, 누군가에게 시각적으로 유혹을 받을 때마다 그는 자극을 받는다.

아내는 이러한 남편의 씨름에 관련된 기본적인 부분을 이해하고 있어야 한다. 그가 아내에게 진실하기를 원치 않는다면, 이 문제를 절대 언급하지 않을 것이다. 남편의 친밀감과 솔직함을 얻고, 그를 이해하고 싶다면 아내는 두 가지 방식을 취할 수 있다. 먼저, 기분이 내키지 않더라도 그가 필요로 하는 성적인 만족을 위해 최선을 다하라. 그리고 당신도 그런 남편을 이해하고자 애쓰고 있음을 그에게 알리라.

당신은 그의 연인이자 친구로 살아가는 데 더 많은 기회를 얻게 될 것이다.

남편이 전형적인 남자라면, 그에게는 당신이 잘 모르는 어떤 필요가 있다. 하지만 당신이 그를 비난하고 그런 필요를 모른 체한다면 남편은 자신이 존중받지 못한다고 생각할 것이다. 자신의 남성성이 존경받지 못하고 있다고 느끼는 남편은 자연스럽게 당신과 거리를 둔다. 당신이 그 필요를 깨닫고 채워주려고 노력한다면, 남편 역시 당신의 필요를 자연스레 채우려고 할 것이다. 바람 빠진 타이어에 새 바람을 불어넣고, 힘이 되는 선순환 사이클로 들어가게 하는 데에 이보다 더 효과적인 방법은 찾을 수 없다.

남편은 이럴 때 자신의 욕구를 인정받는다고 느낀다

- 당신이 전보다 자주 성적으로 반응하며 정기적으로 성관계를 제안할 때
- 당신에게 정서적인 만족이 필요한 것처럼, 남편에게는 성적인 만족이 필요함을 이해할 때
- 큰 부담 없이 자신이 받는 성적 유혹을 고백하도록 남편을 도울 때
- 성관계는 거부하면서, 남편에게 먼저 정서적인 솔직함을 요구하는 일을 하지 않을 때

22

힘이 되는 선순환은
당신이 행동하면 작동한다

어느 날 그에게 이메일을 보내 제가 왜 그를 존경하는지를 알려주었어요. 그는 그날 밤 얼마나 감동했는지 말했지요. 저는 진심으로 기도했고, 하나님은 제가 전달하는 메시지와 함께 일하셨고, 효과를 발휘했습니다. 또한, 때때로 우리는 '스밀리'(SHMILY: See How Much I Love You, "내가 당신을 얼마나 많이 사랑하는지!") 메시지를 서로에게 보냈지요. 저는 '스미리'(SHMIRY: See How Much I Respect You, "내가 당신을 얼마나 많이 존경하는지!")로 메시지를 바꾸었고, 그는 그것을 무척 좋아했어요. 다음 주, 남편은 점심을 같이 먹자고 했어요. 저를 사랑하는 이유를 말해주겠다면서요. 결혼한 지 거의 10년이 되었지만 이런 적은 없었어요!

아내의 깊은 필요는 사랑이며, 남편의 깊은 필요는 존경임을 이해한다면 당신의 결혼생활이 이토록 멋지게 바뀐다. 힘이 되는 선순환 속에서, 그의 사랑은 그녀의 존경을 불러일으키고 그녀의 존경은 그의 사랑을 가져온다.

아내를 위해 남편은 이렇게 사랑하라

남편은 아내를 위한 사랑을 C-O-U-P-L-E로 표현한다. 여섯 가지 개념을 짧게 되짚어보자. 남편이 기억했다가 매일 한두 가지라도 적절히 사용할 줄만 안다면, 그는 힘이 되는 선순환을 유지할 수 있을 것이다. 남편은 자신에게 이런 질문을 던져야 한다.

1. 친밀감Closeness_ 나는 항상 아내에게 다가가고 있으며, 사랑을 재확인하고 싶어 하는 그녀의 필요를 잘 이해하는가?
2. 솔직함Openness_ 나는 평소 생각을 아내와 잘 나누며, 나에게 화젯거리를 끌어내려는 그녀의 노력에 성실하게 응대하는가?
3. 이해Understanding_ 나는 아내가 걱정이나 문제를 들고 올 때 당장 어떤 해결책을 주지 않고자 주의하는가? 또한, 그녀가 통합된 성품을 가지고 있기 때문에 무슨 일이 일어나든 모든 부분에 영향을 받으며, 특히 그녀의 감정은 여기에 영향을 받는다는 사실을 기억하는가?
4. 평화Peacemaking_ 나는 항상 드러난 문제를 외면하지 않고 해결하려고 노력하는가? "이제 그만하고 다른 이야기를 합시다"라고 하지 않으려고 주의하는가?
5. 충성Loyalty_ 나는 아내에게 영원히 충실할 것이라는(아내는 내 유일한 사랑이고, 유일한 여자라고) 사실을 끊임없이 말해주고자 노력하는가?
6. 존중Esteem_ 나는 항상 아내를 귀하게 여기며 그녀를 가장 가치 있는 존재로 대한다는 사실을 알게 하는가? 그녀의 행동과 생각이 나에게는 항상 중요함을 또한 알리는가? 아내는 내가 아내 없이 행동하는 것이 불가능함을 아는가?

남편을 위해 아내는 이렇게 사랑하라

아내는 남편을 위한 존경을 C-H-A-I-R-S로 표현한다. 남편이 자신에게 얼마나 중요한 존재인지를 알게 하고자 이러한 여섯 가지 개념을 사용한다. 아내는 자신에게 이러한 질문을 던져야 한다.

1. 정복Conquest_ 나는 항상 남편 뒤에서 그를 응원하며, 그가 하는 일과 일터에서의 헌신을 지지함을 남편에게 알리는가?
2. 계급Hierarchy_ 나는 가족을 위해 공급하고 보호하려는 남편을 존경하며 고마워함을 그에게 자주 알리는가? 최근에 남편과 대화하면서 이 부분에 어떤 말을 했는가?
3. 권위Authority_ 나는 가족에 대해 책임을 지려는(심지어 날 위해 죽을 수도 있을 만큼) 그의 권위를 인정하는가? 최근에 이러한 부분에서 남편을 어떻게 도왔는가?
4. 통찰Insight_ 나는 어떤 상황을 분석하고 적절한 해결책을 제공하는 남편의 능력을 신뢰하며 '직관'에만 의존하지 않으려고 애썼는가?
5. 유대Relationship_ 나는 할 수 있을 때마다 남편과 함께 어깨를 맞대는 시간을 보내려고 했는가? 내가 그의 친구이자 연인임을 알도록 했는가?
6. 성욕Sexuality_ 내가 느끼기에는 비록 적절한 시간이 아니더라도 남편의 성적인 필요를 이해하고 거기에 맞게 반응했는가?

남편은 C-O-U-P-L-E 원리를 통해 아내에게 사랑을 말하고, 아내는 C-H-A-I-R-S 원리를 통해 남편에게 존경을 말해야 한다. 그렇게 하면 그들은 서로의 필요를 억누르지 않고 채울 수 있다. 당신이 배우자의 필요 하나를 채우면, 배우자 역시 당신의 필요 하나를 만족하게 할 것이다. 이 여성은 그것을 발견했다.

> 저는 남편이 제게 사랑을 보여주지도 않고 이해하려 하지도 않는다고 생각했어요. 제가 원하는 방식으로 정확하게 사랑을 표현하지 않는다면 그것은 아무 의미도 없었죠. 하지만 인터넷으로 박사님의 강의를 들은 후에는 머리를 한 대 얻어맞은 느낌이었습니다. 사실 그는 다양한 모습으로 저에게 사랑과 친절을 보여주고 있었거든요. 저는 바보였어요!

타락한 세상에서, 항상 완벽한 이상에 이를 수는 없을 것이다. 그것은 당신이 닿을 수 있는 곳 너머에 있다. 그렇지만 당신은 지금 바로 사랑과 존경을 받아들일 수는 있다. 그것은 당신의 결혼생활에 활기를 주는 것 이상으로 갚아준다. C-O-U-P-L-E과 C-H-A-I-R-S 원리에 따라 행동하라. 그러면 남편과 아내로서 두 사람은 보다 긍정적으로 결합할 것이다(아직 부록 C를 읽지 않았다면, 서로에게 필요를 나누는 방법을 배우기 위해 지금 읽으라).

힘이 되는 선순환에서 보상을 받는 선순환으로

3부에서 나는 행복한 결혼생활로 인한 보상을 얻기 위해 당신이 배운 것과 믿음을 어떻게 결합할 수 있는지를 다룰 것이다. 나는 이것을 '보상을 받는 선순환'이라고 부른다.

그의 사랑은 그녀의 존경과 관계없이 베풀어지며,
그녀의 존경은 그의 사랑과 관계없이 베풀어진다.

보상을 받는 선순환은 그리스도 안에서의 믿음이 직접 사랑과 존경의 행동을 낳는 것과 마찬가지로, 배우자가 가장 필요로 하는 것을 어떻게 제일 나은 방법으로 줄 수 있는지를 보여준다. 당신은 남편의 조건 없는 사랑이 어떻게 교회를 향한 그리스도의 사랑을 반영하는지, 아내의 조건 없는 존경이 어떻게 그리스도를 향한 교회의 존경과 같은지를 배우게 될 것이다. 나는 보상을 얻는 선순환이 어떻게 내면의 성숙과 영혼의 자유를 성장하게 하는지를 나눌 것이며, 그것이 어떻게 주변에 좋은 선례를 남기는지, 그리고 지혜롭게 배우자의 마음을 얻는 방법에 관해서도 소개할 것이다.

Love
&
Respect

3부

보상을 받는 **선순환**

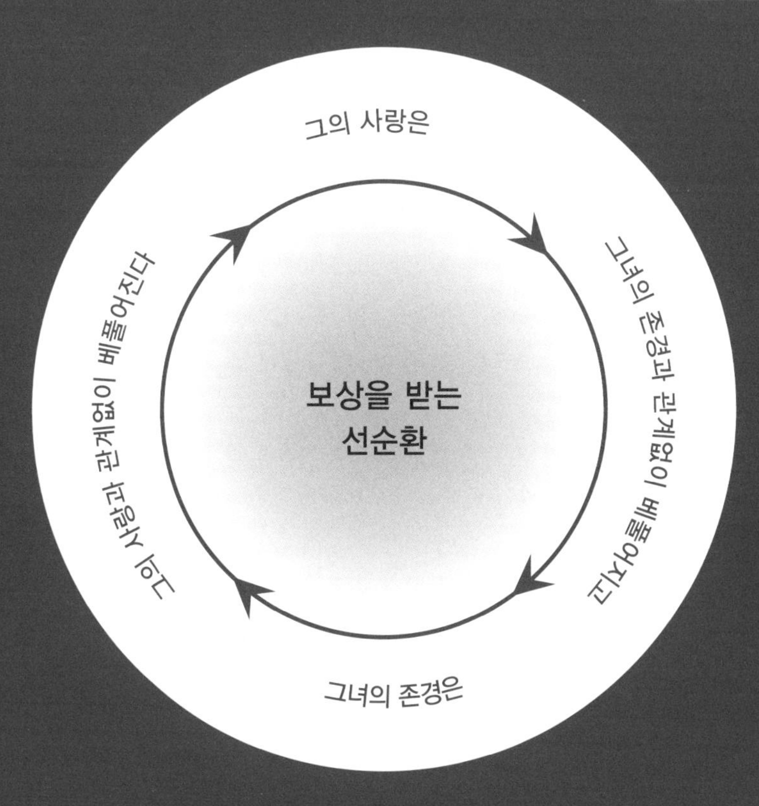

그의 사랑은 그녀의 존경과 관계없이 베풀어지고,
그녀의 존경은 그의 사랑과 관계없이 베풀어진다.

이 책 전반에 걸쳐서 나는 남편과 아내 두 사람이 서로의 선의를 믿고, 그들이 사랑과 존경 원리를 사용할 수만 있다면, 나쁜 결혼은 좋은 결혼이 되고 좋은 결혼은 더 좋은 결혼이 될 것을 강조했다. 또한, 우리는 배우자를 신뢰해야 하며, 이러한 원리를 먼저 실천하면서 배우자가 필요로 하는 것을 무시해서는 안 됨을 말했다. 하나님이 남자에게 아내를 사랑하라고 명령하셨듯이, 여자에게는 남편을 존경하라고 명하셨음을 확인했다.

하지만 당신이 남편에게 존경을 보였는데, 그가 당신에게 사랑을 보이지 않는다면 어떻게 할 것인가? 아내에게 사랑을 보였는데, 그녀는 존경을 보이지 않는다면? 사랑과 존경을 실천했는데도 그에 따른 어떠한 결과도 얻지 못했다면 어떻게 할 것인가? 보상을 받는 선순환은 이러한 질문에 대한 답을 준다. 실제로 이 책에서 가장 중요한 부분이기도 하다. 3부를 읽게 되면 당신은 내 말뜻을 알게 될 것이다.

23

사랑과 존경을 실천해야 하는 진정한 이유

많은 부부는 관계의 악순환과 힘이 되는 선순환 사이 어디쯤에 머물러 있다. 주된 이유는 두려움 때문이다. 그들은 사랑과 존경 원리를 실천하려고 노력하지만 별 효과가 없다. 나는 세미나 현장에서 이런 이야기를 많이 듣는다. "믿음으로 이 원리를 실천하기는 하지만 배우자가 절 계속 어렵게 할 거라는 두려움이 있어요." "아내는 전보다 더 큰 빗자루를 타면서 저를 계속 경멸할 거예요." "제 남편은 계속 저를 사랑하지 않을 거예요. 그는 멍청이 학교 1학년 1반에 재등록할 것이고, 반에서 1등을 할 거예요."

나는 종종 이런 질문도 받는다. "아무런 보상도 기대할 수 없는데도 왜 내가 계속 사랑(존경)을 보여야 하는 거죠?" 한 부부는 세미나에 참석한 후 이렇게 털어놓았다.

아내는 예전 모습으로 돌아갔어요. 그녀는 아버지와의 관계에서 받은 상처 때문인지 아직도 저를 신뢰하지 않고 있어요. 남자에 대한 부정적 생각과 견해를 퍼부어댔죠. 집에 있는데도 마치 고아처럼 느껴져요. 아내 없는 남편처럼요. 그녀를 생각하면 비판적이고 부정적이고 판단하는 태도만 떠오르죠. 저를 무시하는 아내 때문에 제 감정은 날마다 메말라 가고 있습니다. 저도 아내를 이해하고 싶어요. 그리고 그녀가 공격해올 때 어떻게 반응해야 할지 지혜도 필요하고요.

하나님의 일하심 신뢰하기

이런 편지를 받으면 무척 마음이 아프다. 하지만 나는 항상 동일하게 조언한다. "아무 효과가 없어 보여도 포기하지 마세요." 배우자에게 무조건 사랑과 존경을 계속 보여라. 어떤 남편은 꽃을 가져오지는 않지만, 물이 새는 수도꼭지를 잘 고친다. 아내가 생각하는 두통거리는 여전히 많지만, 부정적인 목소리를 줄여가는 중이다. 분홍색과 파란색 렌즈를 기억하는가? 우리의 수고로 어떤 일이 일어났는지는 처음에는 잘 보이지 않고, 배우자에게 어떤 영향을 줄 수 있는지도 모른다.

"선을 행하고 아무 두려운 일에도 놀라지 아니하면 그의 딸이 된 것이니라" (벧전 3:6).

한 가지 생생한 사례가 있다. 어떤 여성은, 밤 근무를 하던 남편에게서 예상치 못한 보너스가 생겼다는 전화를 받았다. 그녀는 "하나님 감사합니다!"라고 말했는데, 그 말이 남편을 화나게 했다. 그는 평소에 얼마나 열심히 일해왔는지 불평하기 시작했다. 아내는 지금 형편상 돈이 더 필요하다고 말하면서 "당신은 왜 감사할 줄 몰라요?"라고 했다. 그가 계속 불만을 토로하자, 그녀는 더 이상 강의조로 말하지 않는 대신 존경 어린 침묵을 택했다. 그녀가 계속 침묵하자 그는 말했다. "난 이런 상황이 너무 싫소. 당신이 조용하면 오히려 더 낯설고, 나를 더 긴장시킨단 말이오. 난 내 말을 잘 들어달라고 했지, 침묵하라고 한 적은 없어요. 그러니 뭐라도 말 좀 하란 말이오!"

편지에서 그녀는 침묵이 아무런 효과가 없었다고 호소했지만, 나는 그것이 실제로는 최고의 효과를 가져왔다고 답장했다. 그녀의 남편은 자신의 나쁜 습관에 대해 이미 알아채고 양심의 가책을 느꼈을 것이다. 그 침묵은 자신에게 귀를 기울이도록 했으며, 그것이 그에게는 곤혹스러운 일이었다. 그래서 맹렬하게 아내를 쏘아붙인 것이다. 나는 그녀에게 인내심이 필요한 때라고 격려했고, 성령께서 남편을 설득하시길 기다리라고 했다.

한 달 후에 그녀에게서 다시 편지가 왔다. "저희의 결혼생활은 아주 행복해요. 논쟁도 좋은 방향으로 가고 있어요." 남편의 영적 생활은 달라졌고, 그녀는 하나님께 영광을 돌렸다. "저의 새로운 태도와 적절한 침묵, 말과 행동으로 남편에게 존경을 실천했다고 생각하니 기분이 좋아요." 이런 변화가 일어나기까지는 몇 달이라는 시간이 걸린다. 하지만 잠시 어두운 시간을 보내는 것 같더라도 하나님 말씀이 비추신 빛을 의심하지 말라.

아무 일도 일어나지 않는다고 느끼다가, 시간이 지나서야 놀라워한 또 다른 사례가 있다. 그녀는 자신의 전남편에게 전화해 사과했다. 평소 남편에게 존경을 보이지 않았기 때문이었다(그녀는 그리스도인이었고, 그는 아니었다). 잠시 침묵이 흐른 뒤, 그는 대답했다. "고맙소." 그것으로 대화는 끝났다.

하지만 며칠 뒤 그는 한밤중에 울면서 전화한 뒤, 그녀가 왜 사과했는지를 궁금해했다. 그녀는 아내로서 하지 못한 것에 용서를 구하고 싶었다고 설명했다. 다시, 그 대화는 끝났다. 별다른 일은 없는 것처럼 보였다. 다시 일주일이 지나고, 그는 다시 한밤중에 전화했다. 그는 자신이 한 일을 떠올렸고, 미안하다고 했다. 그는 자신의 모든 실수(아내에게 반복해서 퍼부어댔던 말)를 사과했다.

다른 사례가 있다. 한 여성이 남편과 함께 살기를 포기하고 새집을 구해 이사를 했다. 나는 남편에게 좀 더 사랑을 담아 행동하도록 조언했다. 얼마의 시간이 흐른 뒤에 그는 작은 변화를 보였다. 어느 날 아내는 "집으로 돌아와 달라고 나에게 이야기하고 싶은 건가요?"라고 물었다.

이런 예들은 당신이 어떻게 용기를 낼 수 있는지를 일부 보여준다. 몇 주 혹은 몇 달이 흘러도 반응이 없다는 이유로 포기하지 말라. 기다리는 것을 실패로 여기지 말라. 시도해봤자 별다른 열매가 없을 거로 지레짐작하지 말라. 사랑과 존경 원리는 당신이 깨닫는 것 이상으로 배우자에게 영향을 준다. 그 사람의 영혼 속에서 어떤 일이 일어나는 중이다. 하나님이 역사하신다는 확신을 가지라.

우리는 죄를 깨닫게 하시는 보혜사 성령님을 의지해야만 한다.
(요 16:7-8 참고)

아무 효과가 없다면 어떻게 해야 하나

결혼생활에서 만나는 가장 큰 두려움은 무엇일까? 당신은 아내에게 계속 사랑을 보이지만 아내는 당신에게 존경심이라고는 도무지 보이지 않고 있는가? 친밀하고도 솔직하게, 이해심을 가지고, 존중하는 당신의 선의를 보면서도 그녀는 여전히 경멸을 드러내는가?

아내로서 가장 큰 두려움은 무엇인가? 당신은 존경을 보이지만 남편은 지금보다 더욱 사랑 없는 사람이 되어 가는가? 남편이 보여준 노력에 고마워하고 또한 만족스러울 만큼 그의 필요를 채우려고 애썼지만, 그는 여전히 당신을 사랑하지 않는 것 같다. 선한 믿음 안에서 먼저 다가갔지만, 배우자는 도무지 변화될 기미가 보이지 않는다.

예수님은 "사람의 원수가 자기 집안 식구"(마 10:36)라고 말씀하셨다. 이 말에 전적으로 공감할지도 모르겠다. 이런 때는 의구심이 든다. "사랑과 존경 원리는 효과가 없는 것인가?"

사랑하고 존경할 때, 당신은 하나님을 따르는 것이며 그분 곁에 서는 것이다. 솔직히 말해 배우자와 결혼생활 자체에서는 도움을 받을 만한 것이 없을지도 모른다. 하지만 조건 없는 사랑과 존경은 반드시 보상을 얻는다. 나는 이것을 '보상을 받는 선순환'이라고 부른다. 예수님은 "너희가 너희를 사랑하는 자를 사랑하면 무슨 상이 있으리요"(마 5:46)라고 말씀하셨다. 예수님이 그렇게 말씀하실 때, 당신의 괴로운 결혼생활도 염두에 두셨는지 모른다.

바울이 에베소서 6장 7~8절을 기록할 때, 당신의 결혼생활에 적용할 것도 의도했다고 나는 믿는다. "기쁜 마음으로 섬기기를 주께 하듯 하고 사람들에게 하듯 하지 말라. 이는 각 사람이 무슨 선을 행하든지 종이나 자유인이나 주께로부터 그대로 받을 줄을 앎이라." 인접한 맥락에서, 바울은 노예로서 주인을 어떻게 섬길 수 있는지를 언급했다. 하지만 바울은 그것이 자유인에게도 동일하게 적용된다고 하면서 이 구절을 맺는다. 즉, 이 개념은 믿는 모든 자를 위한 것이다. 바울은 또한 아이와 부모에 관해서도 같은 원리를 말한다(엡 6:1~4). 우리가 주님께 하듯 실천하면 주님에게서 보상을 받는다. 결혼생활에서 배우자가 당신을 무시한다고 해도, 당신은 분명히 보상을 받을 것이다. 이것이 보상을 받는 선순환이다.

그의 사랑은 그녀의 존경에 관계없이 베풀어지고,
그녀의 존경은 그의 사랑에 관계없이 베풀어진다.

이러한 성경 진리를 처음 가르치기 시작했을 때, 나는 사람들이 어떻게 받아들일 것인지 확신하지 못했다. 하지만 놀랍게도, 많은 사람이 두 팔을 벌려 환영했다. 인생을 절망적으로 보던 사람이 자신의 어떤 노력도 헛되지 않으며 하나님을 위해 일하고 있다는 사실에 감격하면서 진리를 붙들기 시작했다. 결국, 모든 남편과 아내는 무엇보다도 먼저 그리스도를 향한 순종으로 사랑과 존경 원리를 실행해야 한다. 그렇게 하지 않는다면, 쉽게 자만심이 생긴다.

자신이 서 있다고 생각하는 부부는 쉽게 넘어질 수 있다. 만일 우리가 그리스도에게서 눈을 뗀다면(우리의 관심을 그리스도에게 맨 먼저 두지 않는다면), 이는 모래 위에 집을 짓는 것과 같으며 비바람이 불 때 결국 무너져 내릴 것이다(마 7:24~27).

부부가 사랑과 존경 고리를 배우고 그것을 일상에서 실천한다면 그 보상은 기하급수적으로 늘어난다. 우리는 그중 일부를 이 땅 위에서 얻는다. 하지만 결국 진정한 보상은 천국에서 주어진다. "악을 악으로, 욕을 욕으로 갚지 말고 도리어 복을 빌라"(벧전 3:9).

하늘의 보상

뇌성마비를 앓은 어떤 독실한 남성 이야기를 들은 적이 있다. 그는 유머 감각이 넘치는 사람이었다. "하나님은 하늘에서 예비하고 계세요. 저는 그분의 오븐 속에 있어요. 말하자면, 저는 그분의 영원한 목적을 위해 구워졌어요. 아직 다 완성된 것이 아니지요. 제가 죽어서 그분 앞에 서게 될 때, 그분은 잘했다고 말씀하실 거예요." 나는 그의 뺨을 타고 눈물이 흐르는 것을 보았다.

예수님은 그런 우리를 보고 "잘했다" 하며 칭찬하실 것이다. "그 주인이 이르되 잘하였도다. 착하고 충성된 종아. 네가 적은 일에 충성하였으매 내가 많은 것을 네게 맡기리니 네 주인의 즐거움에 참여할지어다"(마 25:21).

당신은 “네 주인의 행복을 함께 누리라”라는 말에 담긴 의미를 깊이 생각해본 적이 있는가? 그것은 측량할 수 없는 기쁨이다. 졸업식 날, 결혼식 날, 아이들 생일, 여름 방학이나 휴가, 승진, 은퇴, 친구들과 함께한 좋은 시간, 부모에게 받은 인정, 그리스도께 가족을 인도한 일 등을 생각해보라. 당신이 경험했던 이러한 기쁨과 영광을 동시에 매일 매 순간 계속 경험하게 된다면 어떻겠는가? 당신이 주인의 행복을 함께 누릴 때, 그 강렬함은 몇천억 배 더 클 것이다.

그 기쁨을 경험하는 첫 순간, 당신은 어떤 느낌일까? 어릴 때 크리스마스 선물로 자전거를 원했지만, 부모님이 그것을 줄 것인지는 이야기하지 않았다고 해보자. 당신은 확실하지 않았고, 마침내 크리스마스 날 아침이 돌아왔다. 크리스마스트리 아래에는 오직 당신을 위해 따로 준비된 빛나고 멋진 자전거가 놓여 있고, 당신은 자기도 모르게 “아!” 하고 탄성을 지른다. 프러포즈 선물로 다이아몬드 반지를 받고 놀란 여인 역시 “아!”라고 외친다. 뉴욕에서 월 스트리트 투자자들에게 강의하면서, 언제 이러한 탄성이 절로 나왔는지를 물었다. 한 남자는 이렇게 말했다. “예정에 없던 십만 달러 보너스를 수표로 받았을 때요.” 당신이 인생에서 떠올릴 만한 가장 큰 경험은 무엇인가?

주님은 당신에게 기꺼이 보상을 주려고 지켜보신다. “그 때에 각 사람에게 하나님으로부터 칭찬이 있으리라”(고전 4:5). 마음속에 이 말씀을 간직하고 에베소서 6장 7~8절을 기억하라. “기쁜 마음으로 섬기기를 주께 하듯 하고 사람들에게 하듯 하지 말라. 이는 각 사람이 무슨 선을 행하든지 종이나 자유인이나 주께로부터 그대로 받을 줄을 앎이라.” 믿는 자들이 하늘로 올라가 그리스도 앞에 서 있는 장면을 상상해보라. 그분은 어떤 남편에게는 “잘했다. 너는 남편을 무시하는 아내에게도 사랑을 베풀었다. 네가 행한 모든 사랑의 행위대로 돌려받게 될 것이다”라고 하시고, 어떤 아내에게는 “잘했다. 너는 아내를 사랑하지 않는 남편에게도 존경으로 대했다. 나는 모든 것을 지켜보았다. 너는 그 모든 행위에 따라 보상을 받게 될 것이다"라고 말씀하신다.

예수님은 그렇게 순종한 자들을 낙원이라 불리는 곳으로 초청하신다(눅 23:43 참고). 그분은 당신에게 틀림없이 하늘나라를 주실 것이다. "능히 너희를 보호하사 거침이 없게 하시고 너희로 그 영광 앞에 흠이 없이 기쁨으로 서게 하실 이"(유 1:24)의 존재 앞에 선다. 예상치 못한 순간에, 거룩한 탄성을 지르게 할 선물을 볼 것이다. 당신이 무엇을 상상하든, 그 이상이다. 갑자기, 당신은 사랑과 영광에 둘러싸인다. 당신은 진실로 영광 중에 그분과 함께하며 절대 떠나지 않을 것이다(골 3:4).[1]

천국 묘사는 말로는 표현할 수 없는 것을 묘사하려는 시도와 같다. 심지어 바울은 "우리가 잠시 받는 환난의 경한 것이 지극히 크고 영원한 영광의 중한 것을 우리에게 이루게"(고후 4:17, 롬 8:18 참고) 한다고 말한다.

마태복음 25장 21절을 다시 보자. "네가 적은 일에 충성하였으매." 여기서 '적은 일'은 무엇일까? 바울이 에베소서 5장에서 묘사한 것도 여기에 포함된다. "너희도 각각 자기의 아내 사랑하기를 자신같이 하고 아내도 자기 남편을 존경하라"(엡 5:33). 배우자를 사랑하거나 존경하기로 할 때, 이익 배당금은 끝이 없다. 이것은 예수님이 주시는 놀라운 기회다. 우리는 이 세상에서 그토록 '적은 일'을 하고도, 하늘에서 이토록 많은 것으로 갚아주신 주님께 영광을 돌리게 될 것이다.

이것은 그분에게도 중요한 문제다

자신을 가혹하게 대하고 사랑하지 않는 남편을 존경하는 사람을 두고 세상은 비상식적이라고 비난한다. 남편을 경멸하고 비난을 퍼붓는 아내를 사랑하는 남편도 마찬가지다. 하지만 하나님에게는 그것이 사리에 맞는다. 겉보기에는 아무 열매를 거두지 못하는 것 같지만, 이는 하나님을 위한 일이다. 그분은 이런 일에 보답하신다. 하나님에게는 지혜로운 것이 세상에서는 어리석다(고전 3:19 참고).

믿는 자들이 세상에서 어리석다고 여기는 것을 행할 때 하늘에서는 엄청난 일이 벌어진다. 이는 마치 수십억의 천사들이 거대한 손잡이를 붙들고 있는 것과 같다. 우리가 배우자들에게 사랑과 존경을 표현할 때마다, 천사들은 그 손잡이를 끌어내린다. 헤아릴 수 없는 보물이 거대한 금 그릇 안으로 떨어지고, 우두머리 천사는 "그가 다시 했다! 자신을 업신여기는 아내에게 사랑을 베풀었다. … 그녀를 보라! 그 지독한 남자에게 존경을 보였어! 좋아, 저들에게 더 큰 힘을 주자!"라고 할 것이다.

이런 상상이 약간은 비현실적으로 들린다는 것을 물론 인정한다. 하지만 여기서 크게 벗어나지는 않을 것이다. 성도의 기도는 금 대접에 모인다(계 5:8). 주님은 그것을 놓치지 않으신다. 바울은 "각 사람이 무슨 선을 행하든지 종이나 자유인이나 주께로부터 그대로 받을 줄을 앎이라"(엡 6:8)라고 말했다. 하나님의 신성한 방식은 지금도 정상 작동되며, 모든 것은 정확히 집계된다. 그 책들이 펼쳐지면 모든 것은 그들의 행위에 따라 심판받을 것이다(계 20:12).

나는 지금 구원 얻는 방법을 제안하는 것이 아니다. 바울은 우리가 믿음으로 은혜를 통해 구원을 받는다고 분명하게 말했다. "이것은 너희에게서 난 것이 아니요 하나님의 선물이라"(엡 2:8~9). 하지만 바로 다음 구절인 에베소서 2장 10절을 보라. 우리는 하나님이 우리를 위해 이미 예비해놓으신 선한 일들을 한다. 왜 그럴까? 이렇게 함으로써 '아주 약간' 하나님을 만족케 한다거나, 우리 구원을 위해 지불할 것을 벌충할 수 있다는 의미가 아니다. 우리가 이렇게 하는 것은 그분을 기쁘시게 하려는 것이다. 우리가 그렇게 할 때, 그분은 우리에게 보상을 베푸신다.

고린도전서 3장 11~15절을 보면, 바울은 분명하게 구원과 보상을 구별한다. 믿는 사람 각각은 오직 진실한 토대인 예수 그리스도 위에 조심스럽게 집을 지어야만 한다. "만일 누구든지 금이나 은이나 보석이나 나무나 풀이나 짚으로 이 터 위에 세우면 각 사람의 공적이 나타날 터인데 그 날이 공적을 밝히리니 이는 불로 나타내고 그 불이 각 사람의 공적이 어떠한 것을 시험할 것임이라. 만일 누구든지 그 위에 세운 공적이 그대로 있으면 상을 받고 누구든지 그 공적이 불타면 해를 받으리니 그러나 자신은 구원을 받되 불 가운데서 받은 것 같으리라"(고전 3:12~15).

우리 중 어떤 이는 "저는 보상에 관심이 없어요. 단지 주님을 따르고 천국에 이르길 바랄 뿐이에요"라고 말할지도 모른다. 하지만 잠시 생각해보라. 만일 그리스도께서 보상을 주시겠다고 하셨는데 "전 별로 관심이 없어요"라고 말한다면 그분은 어떻게 생각하실까? 보상은 중요하다. 예수님이 그렇게 계시하셨다. 주님과 이 문제를 논하는 일은 내가 보기에 현명한 것 같지 않다.

어떤 사람은 보상은 별로 중요하지 않다고 말한다. 하지만 예수님은 "보라 내가 속히 오리니 내가 줄 상이 내게 있어 각 사람에게 그가 행한 대로 갚아주리라"(계 22:12)라고 하신다.

그렇다. 보상이 우리를 기다리고 있다. 우리가 하는 어떤 것도 헛되지 않다. 주님은 아주 깊은 관심을 가지고 지켜보신다. 그리스도께서 교회를 사랑하신 것처럼 자기 아내를 사랑하는 남편, 그리고 '주님께 하듯' 자기 남편을 존경하는 아내는 영원토록 보상을 받게 될 것이다(엡 5:22~33 참고).

이것은 예수 그리스도와 관련된 문제다

25년이 넘도록 부부를 상담하고 사랑과 존경 세미나를 이끌어오면서, 나는 그리스도인 공동체 속에 '결혼의 위기' 같은 것은 없다는 결론을 내렸다. 모든 것은 다 '믿음의 위기'이다. 우리는 모두 이 한 가지를 물어야 한다. "나는 예수께서 하신 말씀을 믿는가, 믿지 않는가?" 요점은 당신이 그리스도와의 관계에서 사랑과 존경을 실천하지 않는다면, 부부 사이에서도 진심으로 사랑과 존경의 원리를 실천할 수 없다는 것이다. 만일 당신이 그리스도의 실재를 의심한다면, 그분께서 진실로 삶의 주인이 아니시라면, 지금까지 한 말이 효과가 없을 것이다.

많은 남편과 아내는 이렇게 말한다. "주님, 저는 진심으로 믿습니다. 저의 불신앙을 도와주세요. 저는 당신을 따르길 원합니다. 그리고 당신께 하는 것처럼 순종하길 원합니다"(막 9:24, 엡 6:7~8 참고). 한 여성은 이렇게 편지했다.

> 저는 남자에게 상처를 많이 받고 무척 방어적이 되었습니다. 그러나 지금은 오직 그리스도 안에서만 만족할 수 있고, 받아들여지며, 나의 안전과 의미도 그리스도를 통해 온다는 것을 압니다. 그것은 나에 관한이야기가 아니었어요. 모두 그분에 관한 것이었지요. 저 혼자서는 아무것도 증명할 수 없어요. 저는 그저 긴장을 풀고, 성령께서 제 안에서 그리고 저를 통해 일하시도록 했지요.

그렇다. 당신도 실패할 때가 여러 번 있을 것이다. 그렇지만 잠언에서는 "의로운 사람은 일곱 번 넘어져도 다시 일어선다"(24:16)라고 말한다. 누구도 완벽하게 사랑할 수는 없고, 누구도 완벽하게 존경할 수는 없다. 그렇지만 우리가 그리스도에게 하듯이 이것을 행할 때, 우리는 넘어질지라도 일어설 수 있다. 성공한 부부와 성공하지 못한 부부 사이의 차이점은, 성공한 부부는 넘어질지라도 계속 일어나고 계속 그 문제를 다룬다는 것이다. 성공하지 못한 부부는 그것을 즉시, 지금 당장 원한다. 그들은 즉각 필요가 채워지길 원한다. 갈등을 원하지 않으며, 단지 모든 것이 행복하게 보이길 바란다. 이러한 접근은 미성숙하다는 증거다.

성숙한 남편은 "저는 기회를 날려버렸어요. 제가 잘못했죠. 사랑에 실패했습니다. 꼭 짚고 넘어가야 할 문제가 있습니다" 하고 인정할 줄 안다. 성숙한 아내 역시 "당신도 알지만, 저는 당신을 귀중히 여기지 않았고, 존경하지 못했어요. 저는 계속 사랑 생각만 하고 있었죠. 저는 '존경'이라는 간단한 단어를 기억하지도 못했어요"라고 인정한다.

다행히도, 이 단어('존경')를 배우고 적용하는 여성이 많아지고 있다. 한 여성은 구원받지 못한 자기 남편이 외도하고 있음을 발견한 후 남편을 향한 존경은 땅으로 곤두박질쳤다. 그러나 남편이 회심하자 그들은 화해할 수 있었다. 이제 그는 집 안에서 영적인 지도자 역할을 해내기 위해 노력하고, 그녀는 가능한 한 최고의 아내가 되려고 애쓴다. 아직 가야 할 길이 멀지만, 진척은 있다. 그녀는 이렇게 썼다.

> 남자의 자아가 얼마나 약한지 제게 보여주신 것에 감사드려요. 전에는 남편으로서의 가치가 아내의 존경으로 결정될 수 있음을 깨닫지 못했어요. 앞으로 다시 논쟁이 있더라도 마음속에 박사님의 말을 간직할게요. 제 감정대로 하지 않고 존경하는 마음으로 말하려고 노력함으로써, 두 사람 사이에서 거친 말과 상처 주는 감정이 피해 갈 수 있었어요.

남편의 신체적·언어적 학대로 고통받았던 다른 아내는, 남편이 회개하고 난 이후에 그에게로 되돌아갔지만, 남편을 완전히 용서하지는 못하고 그에게 확실한 존경을 보일 수도 없었다. 하지만 우리 강의를 듣고 자료를 접한 후에 그녀는 남편에게 존경을 보이기 시작했고, 격렬하게 논쟁하는 대신 침착하고 진실 되게 그를 대하기 시작했다. 그들의 관계는 주목할 정도로 향상되었고, 그녀는 이렇게 편지를 썼다.

> 제게는 남편을 존경하는 행동을 하면서 그를 주님께로 데려오려는 소원이 있었습니다. 박사님의 가르침 중에는 고심이 필요한 부분도 있었어요. 그렇지만 그것이 성경에 토대를 두었다는 점은 분명했고, 성령께서는 저의 반항, 경멸, 불복종 등을 계속 깨닫게 해주셨어요. 저는 당신의 제안을 실천할 힘을 달라고 주님께 계속 기도했고, 주님은 너무나 신실하셨습니다.

"주님, 제가 언제 당신에게 먹을 것을 주었나요?"

보상을 받는 선순환이란, 당신이 그리스도에게 하는 것처럼 배우자를 사랑과 존경으로 대하면, 그리스도를 향한 당신의 사랑과 존경이 깊어진다는 것이다. 마지막 심판에 관한 비유에서(마 25:31~46 참고), 의인은 묻는다. "주여 우리가 어느 때에 주께서 주리신 것을 보고 음식을 대접하였으며 목마르신 것을 보고 마시게 하였나이까 어느 때에 나그네 되신 것을 보고 영접하였으며 헐벗으신 것을 보고 옷 입혔나이까 어느 때에 병드신 것이나 옥에 갇히신 것을 보고 가서 뵈었나이까"(마 25:37~39). 왕은 의인에게 대답한다. "내가 진실로 너희에게 이르노니 너희가 여기 내 형제 중에 지극히 작은 자 하나에게 한 것이 곧 내게 한 것이니라"(마 25:40).

우리가 이 비유에서 취할 수 있는 기본적인 원리가 있다. 즉, 내가

"일곱 사람이 다
그를 아내로 취하였으니
부활 때 곧 그들이 살아날 때에
그중의 누구의 아내가 되리이까
예수께서 이르시되
너희가 성경도 하나님의 능력도
알지 못하므로 오해함이 아니냐
사람이 죽은 자 가운데서 살아날 때는
장가도 아니 가고 시집도 아니 가고
하늘에 있는 천사들과 같으니라"
(막 12:23~25).

배우자를 위해 하는 모든 것이 곧 그리스도를 위해 하는 것이라는 점이다. 아내를 향한 남편의 조건 없는 사랑은 그리스도에 대한 그의 사랑을 반영한다. 하나님을 사랑하는 남편은 자신의 아내를 또한 사랑해야 한다. 만일 당신이 아내를 사랑하지 않는다면, 당신은 자문해야 한다. "나는 정말로 예수 그리스도를 사랑하는가?"

남편을 향한 아내의 조건 없는 존경은 그녀가 그리스도를 경외함을 드러낸다(엡 5:21~22, 6:6~7 참고). 하나님을 경외하는 아내는 남편을 존경해야만 한다. 만약 당신이 남편을 존경하지 않는다면, 당신은 자문해야 한다. "나는 정말로 예수 그리스도를 사랑하는가?" 남편이나 아내에게, 결론은 같다.

궁극적인 의미에서, 당신의 결혼생활은
배우자와는 전혀 관계가 없다.
오직 모든 일에서 예수 그리스도와의 관계가
어떠한지를 드러낸다.

당신은 누군가를 완벽하게 사랑하거나 존경할 수 없다. 당신이 사랑하고 존경한다고 해서 배우자가 곧바로 관계의 악순환에서 벗어나거나 당신의 필요가 채워지는 것도 아니다. 하지만 당신은 계속 사랑과 존경을 실천해야 한다. 왜냐하면, 당신은 배우자 너머로 예수 그리스도를 보아야 하고, 이것이 주님을 향한 당신의 사랑과 존경을 깊어지게 하는 도구이자 시험임을 깨달으면서, 마지막 심판 때 그분 앞에

서게 될 순간을 잊지 말아야 하기 때문이다.

당신이 사랑과 존경을 행하는 순간, 천국은 모두 숨죽여 지켜본다. 셀 수 없는 천사들이 응원을 보낸다.

나는 대규모 TV 네트워크 기업의 부회장인 친구에게도 이 이야기를 했다. 보상을 받는 선순환에 관한 설명을 듣고 나서, 그는 "우아, 그게 배우자에 관한 게 아니란 말이지? 기본적으로 나와 예수 그리스도에 관한 거라니. 이런 이야기는 처음 듣는데!"라고 말했다. 내 친구는 그리스도인이었지만, 이런 원리가 두 사람 사이의 관계에 관한 것이 아니라는 말을 제대로 이해하지 못하는 듯했다.

"너희는 스스로 삼가 우리가 일한 것을 잃지 말고 오직 온전한 상을 받으라"
(요이 1:8).

여기에 대해 좀 더 나눌 부분이 있다. 그리스도 안에서의 진실한 내면의 자유를 누리고, 아이들과 배우자에게 본이 됨으로써 우리는 '성숙'이라 불리는 영역으로 들어갈 수 있다는 점이다. 이제 마지막 장에서 이러한 보상에 관해 살펴보자.

24

진리는 진실로 우리를 자유롭게 한다

지금까지는 좋았다. 보상을 받는 선순환 말이다. 하늘의 보상은 우리의 예상을 초월해 압도적일 것이다. 우리가 처음 하나님의 보상을 목격하는 순간의 감동은 인간의 언어로 묘사하기 어렵다. 그리고 그런 감동의 순간이 영원히 지속한다는 사실에 우리는 할 말을 잊는다. 마침내 당신은 결혼이 일차적으로는 두 사람에 관한 것이 아니며, 당신과 예수 그리스도에 관한 것임을 이해하게 되었다.

결혼은 당신이 주님께 복종하고, 그분을 귀하게 여기고, 기뻐하는 것처럼 배우자를 얼마나 무조건 사랑하고 존경하는지와 관련된 시험이다. 자기 필요를 채우려고 사랑과 존경을 실천하는 것이 아니다. 첫 번째 목표는 그리스도께 순종하고 그분을 기쁘시게 하는 데 있다. 그렇게 할 때 자기 필요도 채워지고 놀라운 축복과 부산물도 따라온다. 그렇지만 첫 번째 목표는 주님께 순종하고 그분을 기쁘시게 하는 것임을 명심하라.

사랑과 존경 원리를 잘못 적용하려 할 때

보상을 받는 선순환에서 우리가 알아야 할 것이 더 있다. 바로 여기서, 바로 지금 대처할 수 있도록 돕는 보상도 있다는 점이다. 하늘은 인내한다. 하나님의 시간표 안에는 이 모든 것이 계산되어 있지만, 완벽하지 못한 배우자를 더 이해하고자 당신은 도우심을 요청할 수도 있다. 사랑과 존경 고리를 위해 노력했지만, 순조롭게 문제를 해결하지 못한 부부들이 보낸 편지를 모으면 책 한 권을 채울 수도 있다. 많은 부부가 악순환을 멈추는 방법에 관한 아이디어를 얻으려고 했지만, 그들은 여전히 천국과 지옥 사이 어딘가에 머물러 있고, 힘이 되는 선순환에 올라타지 못했다. 그리고 어떤 부부는 악순환이 심해지는 것을 막는 데 급급한 수준으로 살아간다.

우리의 사랑과 존경 원리에 관한 강의를 들은 한 부부가 있었다. 남편은 하나님이 원하시는 수준으로 아내를 사랑하지 않았음을 자기도 잘 알고 있으며, 아내 역시 같은 문제를 가지고 있음을 고백했다. 그는 계속 이렇게 말했다.

> 저는 아내가 제 존재의 핵심에 상처를 입힌 사건을 써놓기 시작했어요. 아내에게는 말하지 않았습니다. 아내를 해코지하기 위한 것은 아니었으니까요. 하지만 저는 일상에서 제 명예가 공격당하는 모습을 어떻게 느끼는지를 보며 놀랐습니다. 저는 아내를 판단하고 싶지 않습니다. 하지만 존경이라는 부분은 확실히 문제의 핵심이에요. 남자들의 '위축되고 잠잠한' 반응은 정말 진실입니다. 제가 그녀의 말이나 행동에도 아내를 무조건 사랑할 수 있도록 저를 위해 기도해주세요.

때때로 아내가 자신을 어떻게 대했는지를 보여주기 위해 '존경 계량기'를 사용한 어떤 남편처럼, 사랑과 존경 원리가 기대했던 것과 반대의 결과를 내는 것처럼 보이기도 한다.

> 경멸의 기미가 약간만 보이더라도, 심지어 전혀 그런 의도가 없는데도 그런 느낌이 들 때마다 그는 과거를 기억하고 격분합니다. 그렇게 화를 내는 모습을 본 적이 없었어요. … 사실은, 제가 박사님에게서 배운 것을 그에게 알려준 것이 후회될 정도예요. 남편이 그것을 저에게 딴지 거는 용도로 사용하거든요. … 저는 비판을 할 수도 있고, 또 마땅히 그렇게 해야 한다고 생각해요. 하지만 그의 분노는 저에게 상처를 입히고, 도망가서 숨고 싶게 만들어요.

나는 이 여자의 감정을 이해한다. 나 역시 그녀가 묘사했던 것과 비슷한 환경에서 자랐다. 아버지는 어머니에게 점점 화를 냈다. 개인적 죄책감을 상쇄시키기 위해서인지, 아버지는 어머니가 악의 없이 했던 일에 불쾌해했고 폭발하곤 했다.

하지만 어머니는 자신을 피해자라고 여기지 않았다. 내가 성장하던 동안 나는 어머니가 아버지를 헐뜯는 것을 한 번도 듣지 못했다. 내가 아버지에 대해 불만을 이야기하면, 어머니는 "너희 아빠는 태어난 지 세 달 만에 아빠를 잃었단다. 그래서 아빠답게 처신하는 법을 배우지 못했지"라고 대답했다.

어머니는 자신에게 힘을 주고 내 마음을 얻으려고, 아버지를 비난하면서 기세를 꺾으려 할 수도 있었다. 하지만 그렇게 하지 않는 길을 택했다. 오랜 세월이 흐른 뒤에야 나는 그 이유를 깨달았다. 어머니의 아버지는 끔찍한 고통을 당했다. 어머니의 형제자매 여럿이 죽자, 외할아버지는 남은 생애를 그저 휠체어에 앉아 보내셨다. 그런 환경에서 어머니는 피해의식에 젖어 살 수도 있었다. 하지만 그렇게 하면 평생 거기서 벗어날 수 없음을 알았다. 그래서 긍정적이 되기로 했다. 어머니는 그 갈등 속에서 한순간도 절망에 빠지지 않았다. 결국, 어머니는 아버지를 그리스도께로 인도하는 도구가 되었다.

"선을 행함으로 고난을 받고 참으면 이는 하나님 앞에 아름다우니라"(벧전 2:20).

"문제의 핵심은 저예요!"

배우자의 분노나 비난과 계속 씨름하는 남편과 아내 이야기를 듣노라면 마음이 아프다. 물론 나는 그 마음을 이해하지만, 그들이 정말 필요로 하는 것은 나의 동정이 아님을 알고 있다. 보상을 받는 선순환은 영혼의 성장과 내면의 자유를 발견하게 해주는 길이다. 내 말이 다소 딱딱하고 심지어는 비판적으로 들릴 수 있겠지만, 내 이야기에 끝까지 귀를 기울여보면 좋겠다. 나는 당신을 도우려고 애쓰는 중이다. 답은 '조건 없는'이라는 단어 속에 있다. 보상을 받는 선순환의 핵심은 조건 없는 사랑과 존경이다.

먼저, 당신은 "배우자를 향한 내 반응은 나의 책임"이라고 말할 수 있어야 한다. 나의 결혼생활을 보자. 내가 사라에게 사랑하지 않는 식으로 반응할 때, 그것은 내가 여전히 문제의 핵심임을 드러냈다. 사라의 행동으로 내 모습이 드러난 게 아니다. 내가 어떤 식으로 반응할 것인지를 나타낸 것뿐이다. 나의 성격과 영혼에는 여전히 사랑이 부족하고 나는 이것을 숨김없이 인정해야만 했다. 어쩌면 70퍼센트는 그녀의 잘못이고, 30퍼센트만이 나의 실수일지도 모른다(물론 그 반대일수도 있다). 요점은 이것이다. 그 30퍼센트는 어찌 되었나?

"마음속에서 나오는 … 질투, 비방, 교만, 우매함…"(막 7:21~23).

배우자와 이런 식의 게임을 하지 말라. 그것으로 잠깐 동안 곤란

한 의무감에서 벗어날 수는 있겠지만, 매사에 그런 식으로 대처한다면 당신은 영적으로 성숙할 수 없다. 배우자와 다른 사람이 당신의 상처를 치유하지 않고 편안하게 해주지 않는다며 그들을 원망하기 시작하면 끝이 없다. 그런 피해자 행세를 그만두라! 당신의 상황 속에 함께 계시며 똑같이 고통스러워하시는 그분을 신뢰할 때 진정한 치유와 안위가 온다는 사실을 인정하라. 이것을 받아들이기는 쉽지 않다. 그럼에도 이 원리를 붙들어야만 한다.

배우자가 나를 얼마나 화나게 하고
또는 낙담하게 하는지 상관없이,
내 반응은 내 책임이다.

여기에 보상을 받는 선순환에 올라타는 과정을 겪고 있는 한 남편이 보낸 편지를 소개한다.

> 제가 생각했던 식으로 아내가 반응하지 않을 때도 공격하지 않으려고 애쓰고 있습니다. 그러자 예전보다 논쟁하는 것이 훨씬 줄었습니다. 세미나를 듣기 전에 저희는 비참한 지경이었어요. 하지만 제가 아내를 더 사랑하면서부터, 그녀는 저에게 더 호의적으로 행동합니다. 그렇지만 저희가 악순환에 들어설 때 아내는 여전히 자기가 책임져야 하는 부분을 깨닫지 못하고 있어요. 저는 그녀가 더욱 성숙해지기를 기도하고 있습니다. 그녀는 자신이 어떻게 느끼고 있는지만 말해요. 아내가 제 마음을 이해하도록 돕기 위해 노력하고 있어요. 그렇지만 갈등으로 인한 죄책감을 대부분 남자가 짊어져야 한다는 이런 마음 구조는 극복하기가 어렵습니다.

자유로운 사람, 이렇게 반응한다

모래 알갱이를 생각해보라. 만약 모래가 사람 눈 속에 있다면, 그것은 불편함을 일으키고, 나중에는 감염의 원인이 된다. 제때 치료하지 않으면, 시력을 잃는다. 하지만 똑같은 모래 알갱이를 조개 속에 넣어 보자. 처음에는 불편하지만, 시간이 흐르며 분비가 일어나면서 조개는 점차 진주를 빚어낸다.

다른 예로 버터와 진흙 위에 햇빛이 내리쬔다고 해보자. 햇빛은 버터는 녹이지만 진흙은 단단하게 한다. 태양에서 나오는 열은 진흙과 버터의 내적 소유물을 드러낸다.

배우자는 때때로 우리에게 자극제가 된다. 배우자는 당신에게 압력을 가할 것이다. 분노를 자극하기도 한다. 이러한 압력 상황에서, 당신은 항상 선택에 직면한다. 하나님의 방법으로 반응할 것인가, 아니면 악한 방법으로 반응할 것인가? 배우자에게 책임을 전가하기는 쉽다. 그러나 당신이 그런 길을 따른다면, 하나님의 보상을 받을 기회는 잃어버린다.

압력이 올 때 그리고 분노가 일어날 때, 당신은 "스스로 반응을 선택할 수 있는 내면의 자유를 가진 성숙한 사람으로서, 나는 내 반응이 진실로 내 책임이라는 것을 안다"라고 말해야 한다. 물론 이렇게 살기는 쉽지 않다.

어떤 남편은 자신이 동네북이 된 것처럼 느껴진 때가 많았다고 했다. 그런데도 그는 "제가 아내에게 어떻게 반응했는지를 예수님이 기억하시고 합당하게 반응한 것에 보상하신다는 사실에 위로를 받습니다. 저는 제 반응에 관한 책임이 있지요. 이것을 안다면 아내를 사랑하기가 더 쉬워집니다"라고 말했다.

내면의 자유는 더 큰 성숙을 가져온다

나는 지금 더 큰 영적 성숙을 얻는 길을 이야기하고 있다. 당신은 "저는 그렇게까지 하지는 못해요. 그 정도로 강하지 않다고요"라고 할지도 모른다. 하지만 예수님이 우리 곁에서 도우신다. 요한복음 8장에서, 예수님은 서기관들과 바리새인들과 함께 열띤 논쟁을 벌이셨고, 자신이 누구신지와 자신을 따라야 하는 이유를 알리셨다. 그러고 나서 예수님은 이 말씀을 하신다. "너희가 내 말에 거하면 참으로 내 제자가 되고 진리를 알지니 진리가 너희를 자유롭게 하리라"(요 8:31~32).

하지만 유대인들은 이를 받아들이지 않았다. 그들은 아브라함의 자손이었고, 누군가의 노예가 되려 하지 않았다. 자유를 얻는다고 하신 말씀은 어떤 의미인가? 예수님은 대답하신다. "예수께서 대답하시되 진실로 진실로 너희에게 이르노니 죄를 범하는 자마다 죄의 종이라. … 아들이 너희를 자유롭게 하면 너희가 참으로 자유로우리라"(요 8:34, 36).

예수님이 "진리가 너희를 자유롭게 하리라"라고 말씀하실 때, 그분은 정치적인 자유를 이야기하신 것이 아니다. 그분은 내면의 자유, 영적 자유, 죄에서의 자유를 말씀하셨다. 배우자가 얼마나 까다로운지에 상관없이, 당신은 부정적인 반응에 대한 책임을 전가할 수 없다. 만일 그렇게 한다면, 당신은 이러한 부정적인 반응이 내면의 존재를 조종하도록 허락한 것이다. 당신은 계속 절망할 것이고, 희생자가 되어갈 것이다. 배우자가 사랑스럽지 않을 때 계속 부정적으로 반응한다면 당신은 불행해진다. 하지만 그런 순간에도 예수님 말씀에 따르고 당신도 그렇게 되길 원한다면, 당신은 자유롭다. 배우자는 당신에게 영향을 끼칠 수 있지만, 당신을 조종할 수는 없다. 당신은 실망할 수도 있지만, 경멸하거나 사랑하지 않는 것은 당신의 선택이다. 이 원리를 기

"육체의 일은 분명하니 곧… 분쟁과 시기와 분냄과…"(갈 5:19~20).

억하고 그에 따라 살라.

나는 상처를 경험할 수 있다. 하지만 증오하는 것은 내 선택이다. 어떤 여성은 내면으로 자유롭게 되는 접근법을 따르기로 한 후에도, 남편은 여전히 사랑 없이 자신을 대한다고 말했다. 그녀는 이렇게 썼다.

> 제가 그를 존경심으로 대하지 않았을 때, 성령님은 오히려 저를 책망하시고 사과하게 하셨어요. 솔직히 힘들었죠. 하지만 후에는 그것의 가치를 알았어요. 저는 남편이 아니라 예수님께 사과하고 있었던 것을요. 이제는 남편의 눈이 성령님께 열리길 기도하고 있습니다. 오직 그분만이 남편의 마음을 변화시킬 수 있음을 알게 된 이후로 이것을 하나님께 맡겼어요.

어떤 상황에서라도 자유로울 수 있다

베드로전서 2장 16~17절에서, 베드로 사도는 억압받는 그리스도인에게 이야기한다. "너희는 자유가 있으나 그 자유로 악을 가리는 데 쓰지 말고 오직 하나님의 종과 같이 하라. 뭇 사람을 공경하며 형제를 사랑하며…." 보상을 받는 선순환에 올라서기 위해 노력하는 사람에게 그는 두 가지 진리를 전한다.

먼저, "자유인으로 살라"라는 구절은 예수님이 요한복음 8장에서 묘사하신 것과 같은 내면의 자유를 의미한다. 이러한 내면의 자유는 결혼 속에서 또한 시민의 활동 영역에서 실행되어야만 한다고 베드로는 자신의 편지에서 말했다. 어느 상황에서도, 당신은 상황과 관계없이 내면의 자유를 경험할 수 있다.[1]

5장에서 소개된, 가정에서 폭력을 사용하다가 억류되었던 남편을 기억하는가? 감옥에서 이틀 밤을 보내는 동안, 그는 '통찰'을 얻었다. 회개하고 나자, 설명하기는 힘들지만 그는 하나님 능력이 함께하시는 것을 경험했다. 내면에 뭔가가 자리 잡았다. 감옥 안이었지만 그는 "이전의 어떤 때보다 더 자유롭습니다"라고 말했다. 어떤 사람은 살아 계신 하나님을 만나면 이런 힘이 나온다고 한다. 우리는 이런 일이 어떻게 일어나는지 다 이해하지 못한다. 하지만 마음속에서 뭔가가 작용한다는 것을 안다. 바울은 "모든 지각에 뛰어난 하나님의 평강이 그리스도 예수 안에서 너희 마음과 생각을 지키시리라"(빌 4:7)라고 말했다.

둘째로, 다른 사람을 귀하게 여기고 사랑할 때, 우리 내면이 자유로워지는 것을 경험한다. 베드로가 1세기에 이 편지를 썼을 때, 그가 도우려는 성도들에게도 온갖 종류의 문제가 있었다. 그들도 베드로에게 "절 공격하는 저 사람을 도저히 사랑할 수 없어요"라고 했을 것이다. 또 누군가는 "저를 사랑하지 않는 남편을 귀하게 여길 수 없어요"라고 했을 것이다. 그녀의 남편 또한 "저를 경멸하는 아내를 사랑할 수 없어요"라고 했을지 모른다. 베드로는 내면이 자유로워지면, 이러한 일도 해결된다고 말한다. 그렇게 할 수 없다면, 그것은 당신의 문제다.

나에게는 내면의 자유 속에서 살아가는 사람, 혹은 그렇게 살기 시작한 이들이 보낸 편지가 많다. 한 아내는 남편이 11년 동안 자신에게 신실하지 못했음을 알게 되었다. 하나님과 그녀의 관계, 그리고 그녀의 삶은 산산이 무너져 내렸다. 이처럼 엄청난 고통을 준 사람을 어떻게 사랑할 수 있을까? 남편은 상담을 받았고, 20개월 동안 아내는 자신의 마음과 분노를 쏟아냈다. 상담을 받으면서 남편은 신실하고 사랑 많은 남자로 변했고, 하나님의 진리 안에서 자유함을 얻었다. 하지만 아내의 증오는 사라지지 않았다. 자신도 속박당하고 있음을 알았지만, 거기서 도저히 벗어날 수 없었다. 남편에 대한 존경은 사라졌다.

우연히, 그녀는 친구 집에서 우리의 강의 자료 일부를 보았다. '존경'이라는 단어를 읽었을 때, 그녀는 '또 시작이군. 모두 남자 입장에서만 말할 뿐이지. 그들은 내 남편이 한 일을 알지 못해'라는 생각이 스쳤다. 하지만 다행스럽게도 그녀는 강의 자료를 끝까지 읽었고, 지금은 하나님께 감사하고 있다. 그녀는 말했다. "갑자기 제 눈이 열렸고, 자유가 제 마음속으로 들어왔어요. 저는 남편의 행동에 기초해서 그를 존경해야 하는 것이 아니라, 하나님 형상으로 만들어진 남자이기에 존경해야만 했어요. 전에는 들어보지 못한 메시지였죠!"

또 다른 여성은 내면의 자유를 경험하면서 경멸을 극복할 수 있었다. 여기에 편지 두 통이 있다.

> 하나님이 제 마음에 역사하셨어요. 저는 남편을 경멸했죠. 그것을 인정하기가 너무나 어려웠지만, 이제는 자유를 얻었어요. 저는 하나님께 이것을 고백했고, 또한 남편에게 용서를 구했어요.

> 제가 그것을 깨달았을 때, 하나님은 그를 존경할 수 있도록 저를 많이 도와주셨어요. 그리스도 안에서 자유롭게 되었기 때문에 그렇게 할 수 있어요. 남편의 깊은 필요를 채우려고 노력하면 주님께도 존경과 사랑을 드릴 수 있음을 알았습니다.

서툴지만 시작해야만 하는 것도 있다. 하지만 진리가 당신을 자유롭게 할 것이다. 그렇다. 배우자는 대부분 시간에 사랑하지 않고, 존경하지 않을 수 있다. 하지만 배우자에게 선의가 있음을 기억하면 보상을 받는 선순환에 올라설 수 있다. 한 남성은 이렇게 썼다. "그녀가 저를 좋은 의도도 대하고, 선한 마음을 가지고 있었다는 것을 떠올리면 자유함을 얻습니다."

내면의 자유는 유산으로 남는다

보상을 받는 선순환에는 여전히 많은 보상이 있다. 성숙한 남편 또는 아내는 아이들에게 늘 영향을 미치기 때문이다. 진리를 배우고 조건 없는 존경이나 사랑의 정신으로 행할 때 당신은 유산을 남기고 있음을 깨달으라.

모든 부모는 아이가 자신을 사랑하고 존경하길 원한다. 하지만 부부가 서로를 사랑하고 존경하지 않는다면, 그들이 과연 어떤 유산을 남길 수 있겠는가?

남편이 아내를 무조건 사랑할 때, 아이들에게 좋은 본이 된다. 그는 그리스도 안에서 내면의 자유를 가진 남자가 어떻게 행동하는지를 아이들에게 살아 있는 본으로 보여주는 것이다. 아이들은 장차 아버지의 장례식에서 어떤 이야기를 주고받게 될까? "아버지를 보세요. 어렸을 때는 잘 몰랐어요. 하지만 아내와 아이가 있는 지금, 저는 이런저런 단점이 있는 어머니를 어떤 상황에서도 한결같이 사랑하셨음을 알았어요. 아버지의 반만큼이라도 할 수 있으면 좋겠습니다." 그들은 이렇게 말할 것이다.

같은 원리가 아내에게도 적용된다. 당신은 자녀가 장례식에서 뭐라고 얘기하길 원하는가? 당신이 남편을 존경하는 모습을 보았다면, 그들은 이런 말을 나눌 것이다. "어머니는 정말로 대단한 분이셨어요. 아버지와 함께 살기는 참 쉽지가 않았지요. 하지만 어머니는 여전히 아버지를 존경했어요. 그것이 아버지에 대한 것이 아님을 아셨습니다. 어머니는 그리스도를 향한 사랑과 존경으로 그렇게 하셨어요. 마찬가지로, 저도 어머니에게 자주 반항했지만, 어머니는 항상 저를 용서하고 사랑하셨어요. 어머니 같은 분은 정말 없을 거예요."

요한 사도는 아이들이 진리 안에서 걷게 될 때 오는 커다란 기쁨을 썼다(요이 4장 참고). 진리 안에서 걷는 것은 하나님 말씀에 의해 살아간다는 뜻이다. 만약 우리 아이들이 진리 안에서 걷기를 원한다면, 우리는 그들 앞에서 같은 진리로 살아야만 한다.[2]

벼랑 끝에 서 있는 날마다, 당신은 엇갈림 길을 만난다. 오늘 행하는 일이 미래에 큰 차이를 가져올 수 있다. "진리가 너를 자유롭게 할 것이다"라는 진리의 말씀을 붙잡고 살아가는 모습을 보면서 아이들도 예수님을 따르는 길에 설 것이다.

그렇지만 당신에게 남은 시간이 얼마 되지 않는다면 어떻게 해야 할까? 아이들은 벌써 십 대가 되었는데, 당신은 사랑과 존경 원리를 이제 막 접했으며, 보상을 받는 선순환에 대해 처음 들어보았다. 과거 자신의 많은 실수도 떠오른다. 때때로 좋은 본을 보여주지 못했고, 사랑과 존경으로 배우자를 대하지 못한 순간 말이다. 하지만 절망하지 마라. 하나님은 과거의 실수도 다루시는 분이다. 죄가 있는 곳에 그분의 은혜가 더욱 풍부해진다. 그분은 당신의 실수를 지우시고, 당신에게 더욱더 많은 은혜를 주신다. 한 아내는 이렇게 썼다.

"말과 행실과 사랑과 믿음과 정절에 있어서… 본이 되어"(딤전 4:12).

> 남편과 저는 논쟁을 벌였고, 그는 제가 자신을 존경하지 않는 것처럼 느낀다고 했어요. 사실 그의 말이 옳았어요. 저희에게는 여섯 살과 세 살 반인 두 딸이 있는데, 아이들 역시 아버지를 존경하지 않아요. 그건 제가 남편을 존경하는 모습을 보이지 않았기 때문일 거예요. 그래서 저는 당신의 책을 샀어요. 지금 저는 여러 방법으로 남편에게 존경을 보이려 합니다. 제가 몇몇 아이디어를 실행에 옮기자, 저희 두 사람의 관계도 많이 변했고 남편과 딸들의 관계도 달라졌습니다. 결혼생활에서 베드로전서 3장 1~2절이 삶에서 어떻게 적용되는지를 보며 즐거움을 느껴요.

어떤 여성은 자신의 부모님이 38년 동안 행복하지 못한 결혼생활을 해왔다고 말했다. 그녀의 어머니는 우리의 강의 자료를 접하게 되었고, 그중 몇 가지 아이디어를 실제로 적용하기 시작했다. 그녀는 하나님이 무엇을 원하시는지 알았지만, 그것을 어떻게 할 수 있는지는 몰랐다. 하지만 딸은 어머니가 결혼생활에서 달라지는 것을 목격했고, 그것은 그녀에게 깊은 영향을 미쳤다. 자신도 결혼한 지 거의 15년이 된 딸은 이렇게 이야기한다.

> 저는 남편과 잘 지내지 못했어요. 둘 다 성격이 너무 강했지요. 그런데 아버지를 향한 어머니의 태도가 달라지면서 어떤 가능성을 보았고, 후에 많은 조언을 구했어요. 저는 하나님 뜻대로 행하는 것이 궁극적으로 기쁨이 된다고는 알고 있었어요. 어머니에게 일어난 일과 그것이 어머니의 삶에 평화를 가져온 것을 보며 감사드려요.

21살 된 아들과 11살 된 딸을 둔 또 다른 여성은 아이들에게 사랑과 존경 메시지를 물려주길 원했다. 그녀는 이렇게 썼다. "과거에 저는 아버지를 경멸하도록 가르쳤어요. 저는 이러한 죄에 대해 하나님과 남편 그리고 아이들에게 용서를 구했어요. 이제는 어떤 상황에서도 존경을 보이면서 치유하기 시작했습니다."

하나님의 방법으로 배우자의 마음을 얻으라

우리는 이미 베드로전서 3장 1~2절을 공부하면서, 사랑과 존경 원리가 얼마나 중요한지를 깨달았다. 여기서 베드로는 사랑을 베풀지도 않고 반항적이고 심지어는 하나님과 멀리 떨어져 있는 남편도 아내의 존경으로 구원을 얻을 수 있다고 분명히 말한다.

보상을 받는 선순환의 원리를 따라 주님께 순종함으로 남편을 조건없이 존경한다면 그는 구원을 얻는다. 그리고 같은 능력이 남편에게도 적용된다. 단순히 하나님께 순종하는 마음에, 어떤 조건도 붙이지 않고 아내를 무조건 사랑한다면 그녀가 구원을 얻게 할 수 있다.

고멜과 결혼했던 호세아 선지자가 좋은 예다. 고멜은 간음한 여인으로 밝혀졌고, 호세아는 당분간 그녀와 떨어져 있었다. 그러자 하나님은 "이스라엘 자손이 다른 신을 섬기고 건포도 과자를 즐길지라도 여호와가 그들을 사랑하나니 너는 또 가서 타인의 사랑을 받아 음녀가 된 그 여자를 사랑하라"(호 3:1)라고 말씀하셨다. 조건 없는 사랑에 관한 이야기이다! 호세아는 고멜을 다시 사서(당시 관습이다), 아내의 지위를 회복하게 해야 했다(호 3:2 참고).[3]

현대판 호세아도 우리에게 이런 편지를 썼다. 그는 힘겨운 결혼생활을 겪으면서 변화에 대한 그 어떤 희망도 잃어버렸고 그래서 무엇을 해야 할지, 어떻게 해야 할지 또는 아내를 어떻게 사랑해야 할지 몰라서 하나님께 울부짖었다.

"교회에서 제가 듣는 것은 오직 '사랑, 사랑, 사랑'입니다"라고 그는 말했다. "저는 노력하고 노력했지만 할 수가 없었어요." 하지만 우리 세미나에 참석한 후 그는 자신이 왜 그토록 낙담하고 거부당한 것처럼 느꼈는지를 이해했다.

> 저는 제가 사랑하는 데 실패했음을 알아요(아마도 그녀가 저를 존경하지 않는 것 이상으로 그랬을지도 모릅니다). 제가 이러한 지식을 이해하도록 이끌어주시고, 예수 그리스도를 위한 수고로 사랑하는 행동을 할 수 있도록 허락하신 하나님께 감사합니다. 시험과 시련이 올 것도 압니다. 아내는 오랫동안 사랑받지 못해서 상처가 많거든요. 하지만 저희에게는 지금 앞으로 나아갈 방법이 있습니다.

배우자를 하나님의 방법으로 얻기 위해 노력하는 사람들이 자기 경험을 편지에 담아 많이 보내온다. 그중에는 남자를 존경하는 것에 관해 세상 견해와 하나님의 계획 사이에서 덫에 걸린 것 같다고 느꼈던 서른네 살의 한 여성이 있었다. 그녀는 우리의 강의 자료를 읽은 후에 그것을 내려놓을 수 없었다. 그리고 "마침내 진리를 알게 되어 자유를 얻은 것 같아요!"라고 말했다.

평소 자신이 남편의 변화를 위해 노력한다고 생각하는 여성이 있었다. 하지만 우리의 강의 CD를 듣고 난 뒤 그녀는 이렇게 말했다.

> 저는 다른 것을 하기 시작했어요. 태도를 바꾸었지요. 제 목소리 톤과 표정을 바꾸었어요. 심지어는 "제게 복을 주시고 그를 변화시켜 주세요"라는 기도를, "저를 변화시켜 주시고 그에게 복을 주세요"라고 바꾸었어요. 상황을 새롭게 이해하면서 이전에는 없었던 열정도 생겼죠. 남편을 다르게 보기 시작했어요. 그리고 이 변화의 열매가 보이기 시작했습니다.

보상을 받는 선순환은 항상 당신의 내면에 무엇이 있는지를 드러낸다. 성숙한 사람이 된다는 것은 무엇을 의미하는가? 다음 선언은 당신이 성숙하게 행동하고 살 수 있다는 증명이다.

> 저희는 말씀의 힘을 온전히 깨달았지요. 경멸하는 태도는 상처를 입힐 뿐이었어요. 주님은 제게 자기 통제와 확신을 주셨어요. 저는 저희가 온전히 그리스도 안에 있고 그분으로 가득 차 있음을 알 때, 그리고 저의 정체감이 남편에 의해 주어지는 것이 아님을 알 때, 사랑하고 존경하기가 더욱 쉬워진다고 생각해요. 물론 집에서 제 상황은 조금도 수월해지지 않았어요. 남편은 지금까지 여러 해 주님으로부터 멀어진 상태입니다. 하지만 저는 남편을 귀하게 여기면서 축복을 받았어요. 남편이 변하

지 않는다고 할지라도, 저는 주님이 그를 귀하게 여기길 원하심을 알아요. 여기서 도망치는 여자들도 많아요. 하지만 그리스도인이 많은 모욕을 너그럽게 견디는 것같이, 저 자신도 그럴 수 있을 거로 믿고 있어요.

당신의 결혼은 그리스도를 위한 헌신을 시험하는 시험대다. 어떤 사람은 하나님의 시험을 두려워한다. 그들은 그분이 심술궂게 자신을 현혹하신다고 생각한다. 하지만 그분은 당신이 어리석고 위선적이며 죄악으로 가득한 존재임을 보이기 위해 시험하지는 않으신다. 그분은 당신이 이것을 '할 수 있음'을 보이기 위해 시험하시며, 그렇게 할 때 내면의 자유는 더 커진다(약 1:2~12 참고).

하나님의 시험을 두려워하지 말라. 이 단계로 나아가기 원한다고 주님께 알려드리자마자 그분은 당신이 이러한 새로운 생각의 원리를 따라 행하도록 허락하실 것이다. 첫 번째 시험이 어디서 그리고 언제 올 것인지 상상해보라. 당신의 배우자는 어떤 말이나 행동을 할까? 그것이 일어날 때, 주님은 온유하고도 부드럽게 말씀하실 것이다. 그분은 당신을 도우시며 힘을 주신다.

지금은 변화를 위해 결정을 내릴 시간이다. 지금 그렇게 하라. 그리고 뒤돌아보지 말라!

결론

분홍색과 파란색을 섞으면
하나님의 보라색을 만들 수 있다

사랑과 존경 세미나에서는 여자와 남자를 분홍색과 파란색으로 자주 비유한다. 파란색으로 칠해지는 그의 세계를 그녀는 어떻게 분홍색 선글라스를 통해 보고 분홍색 보청기로 듣는지를 이야기할 때, 청중은 즉시 동의한다는 반응을 보인다. 남자도 마찬가지다. 그들은 파란색 선글라스를 통해 인생을 다르게 바라보며, 그녀가 말하는 것을 파란색 보청기를 통해서 다르게 듣는다.

사랑과 존경 원리를 이 한 가지 비유로 완벽히 요약하는 것은 불가능하겠지만, 논의를 위한 좋은 시작점으로는 적절하다. 남편과 아내는 다르게 보고 듣기 때문에, 서로에게 보내는 명백한 신호를 쉽게 해독할 수 없다. 그 결과 관계의 악순환이 일어난다. 즉, (여자의 가장 깊은 필요인) 사랑이 없으면, 그녀는 (남자의 가장 깊은 필요인) 존경 없이 반응한다. 또한, (남자의 가장 깊은 필요인) 존경이 없으면, 그는 (그녀의 가장 깊은 필요인) 사랑 없이 반응한다.

1부에서 우리는 자신이 악순환에 있음을 알고 그 순환을 느려지게 할 수 있지만, 완전히 없애는 방법은 없다고 배웠다. 분홍색과 파란색은 인류의 본성이기 때문에, 관계의 악순환은 항상 순환하기 위한 준비가 되어 있다. 핵심 열쇠는 그것이 시작되기 전에 어떻게 어려움을 분간하고, 계속 가둘 수 있을지 아는 것이다.

2부에서 우리는 악순환을 억제하는 제일 나은 방법으로써 아내가 남편에게 존경을 보이고, 남편이 아내에게 사랑을 보이는 것에 관해 살펴보았다. 우리는 이를 힘이 되는 선순환이라고 부른다. 즉, 그의 사랑은 그녀의 존경을 끌어내고, 그녀의 존경은 그의 사랑을 끌어낸다.

우리는 이것을 실행하는 실용적이고 성경적인 방법을 배웠다. C-O-U-P-L-E와 C-H-A-I-R-S라는 도구는 실제로 아주 유용하다. 사랑과 존경 세미나에 참석한 어떤 남성은 마치 신선한 공기를 들이마시는 것과 같았다고 썼다. 결혼생활 26년 동안 많은 결혼 세미나에 참석했지만, 항상 둘 중 하나, 즉 많은 기술을 가르치거나 "남자는 나쁘다"라는 메시지를 일방적으로 설교할 뿐이었다고 했다. 그는 자신이 그저 인간적인 노력에만 초점을 맞추었음을 깨달았고, 결혼생활을 더 나아지게 하려면 성령 안에서 걸어야 한다는 명령을 놓치고 있었다고 고백했다. 사랑과 존경 원리에 대한 우리의 설명을 들으면서 그는 힘이 되는 선순환이 있다는 사실에 무척 고마워했다.

하지만 그는 보상을 받는 선순환에 더욱 감명받았다. 그는 지금껏 자신이 인내심과 의무감으로 아내를 사랑하고 있었음을 깨달았다. 그의 편지는 계속되었다.

> 저희는 지금까지 인내심으로 결혼생활을 지속했습니다. 하지만 저희의 기쁨 저장소는 26년 중 25년은 비어 있었어요. 당신의 메시지를 통해, 주님은 제 안에 새로운 삶을 불어 넣어주셨고, 저는 사랑을 위한 새로운 기쁨과 자유를 받게 되었어요.

이 남편의 편지는 사랑과 존경 세미나의 핵심을 담고 있다. 우리는 단순히 당신을 돕거나 결혼생활을 호전시키려는 것이 아니다. 물론 이것은 아주 중요한 결과물이다. 하지만 서로에게 사랑과 존경을 보이는 것 뒤에는 하나님께 영광을 돌리고 말씀 속에서 그분의 가르침에 순종하는 삶을 살아가게 하려는 진정한 목적이 있다.

최근에서야 나는 이 책의 핵심 메시지를 새로운 관점에서 깨닫게 되었다. 에베소서 5장 31~33절은 이렇게 말씀한다. "그러므로 사람이 부모를 떠나 그의 아내와 합하여 그 둘이 한 육체가 될지니 이 비밀이 크도다. 나는 그리스도와 교회에 대하여 말하노라. 그러나 너희도 각각 자기의 아내 사랑하기를 자신같이 하고 아내도 자기 남편을 존경하라."

실제로, 바울은 결혼을 이야기하면서 심원한 신비(비밀)라고 말했다. 어떻게 두 사람이 하나가 될 수 있는가? 수학적으로 둘은 하나가 아니다. 당신은 한 남자와 한 여자가 한 몸이 되기 위해 모이는 것을 볼 수 있는가?

우리는 자신에게 이렇게 질문할지도 모른다. "남편이 아내와 하나가 되려면, 어떻게 해야 할까?" 어떤 이는 말한다. "글쎄. 남편(아내)이 좀 더 여성적(남성적)이 되면 가능하지 않을까?" 하지만 남자는 여자가 될 수 없고, 여자 또한 남자가 되지 못한다. 그렇다면 어떻게 둘이 하나가 될 수 있을까?

바울은 33절에서 이 질문에 답한다. 둘이 하나가 되기 위한 최선의, 가장 실용적인 방법은 사랑과 존경 원리를 통해서 가능하다. 하나됨은 그가 사랑하지 않는 태도를 보이고, 그녀가 존경하지 않는 태도를 보일 때 손상된다. 만약 두 사람이 모든 의견에서 일치를 보이지만, 아내는 여전히 사랑받지 못한다고 느끼고 남편은 여전히 존경받지 못한다고 느낀다면, 두 사람은 상대방과 하나 된 것이 아니다.

하지만 남편이 갈등 중에 있더라도 사랑을 보인다면, 아내는 그와 하나 됨을 느낄 것이다. 아내가 이런 순간에 존경을 보이면, 남편은 또한 아내와 하나 됨을 느낄 것이다. 의견의 불일치가 해결되지 않은 상태라 하더라도, 이런 식으로 하나 됨을 경험할 수 있다. 아내가 사랑의 필요가 채워졌다고 느낄 때, 그녀는 남편과 하나로 이어진다. 남편이 존경의 필요가 채워졌다고 느낄 때, 그는 아내와 하나로 이어진다. 이것은 동시에 일어날 수 있다. 실제로 둘은 하나가 된다!

이 책 속에는 많은 정보가 있다. 결혼에 관한 이러한 독특한 관점에 대해서 처음 듣는다는 사람이 많다. 하지만 이 모든 메시지는 하나님을 향한 신뢰와 사랑과 순종 없이는 아무 소용이 없다. 사랑과 존경으로 가득한 결혼생활은 평생 걸어야 할 길이다. 그리고 자기만의 힘으로 이 길을 여행할 방법은 없다. 당신 마음을 아시는 하늘 아버지의 도움이 절실하다. 당신은 그리스도에게 도움을 구해야 한다. 예수님은 "나를 떠나서는 너희가 아무것도 할 수 없음이라"(요 15:5)라고 말씀하셨음을 기억하라.

당신은 진심으로 기도하는가

나는 힘겨운 관계를 놓고 기도하고 있다는 부부의 이야기를 종종 듣는다. "저도 알아요. 계속 기도하고 있습니다." 이런 말은 상투적으로 들린다. 많은 사람이 기도에 대해 생각은 하지만, 진심으로 기도하지 않는다는 사실을 알고 얼마나 놀랐는지 모른다. 성경은 "너희가 얻지 못함은 구하지 아니하기 때문이요"(약 4:2)라고 말한다.

나는 지금 하나님 앞에서 당신의 소원 목록을 암송하는 것을 이야기하는 것이 아니다. 하나님께 건강과 부를 구하는 문제도 아니다. 이것은 인생의 진짜 문제들에 대처하는 능력을 구하는 방법에 관한 이야기다. 많은 사람이 "하나님, 제 마음속에 이런 것이 있습니다. 제발 이런 소원을 이루어주세요"라고 기도한다. 하지만 우리는 이렇게 기도해야 한다. "하나님, 당신의 마음속에는 이런 것이 있습니다. 제 안에 하나님의 소원을 이루어주세요."

하나님은 남편과 아내를 하나로 보신다. 나는 파란색이 분홍색과 혼합될 때 그것은 보라색이 되고, 그 보라색은 하나님의 색, 고귀함의 색이라고 말했다. 분홍색과 파란색을 섞으려면 에베소서 5장 33절을 보아야 한다. "너희도 각각 자기의 아내 사랑하기를 자신같이 하고 아내도 자기 남편을 존경하라."

에베소서 5장 33절을 인용하는 것 자체는 어렵지 않다. 하지만 일상에서 그렇게 살아가려면 헌신이 필요하다. 모든 상황에서 사랑과 존경 원리를 실행하기로 헌신한 남편과 아내는 이렇게 말한다.

> 이러한 시도가 선한 결과를 낳는다고 확신하면서 하나님과 함께 걷는 발걸음을 회복했습니다. 어떤 일을 겪더라도 결혼생활의 회복을 위해 헌신하겠습니다.

> 저희의 결혼은 행복하지 않았지만 그대로 머물기로 했습니다. 남편은 결혼생활에 헌신할 것이며, 무엇이든 기꺼이 할 준비가 되어 있다고 말했답니다.

> 남편은 의사이고, 저는 간호사예요. 의료계 커플이지요(이런 상황이라면 높은 이혼율을 보입니다). 또한, 저희는 장애를 가진 아이의 부모였어요(이것 역시 그렇고요). 또한, 아이의 죽음을 경험했습니다(이것도요). 저희는 예수님과 결혼생활에 온전히 헌신하기로 했지만, 서로를 그다지 좋아하지는 않았어요. 한 상담자는 '고통스러운 한 쌍'이라는 말을 했지요. 지금

저희는 두 아이의 조부모이고, 이것은 더 많은 스트레스를 줍니다. 저희는 많은 결혼 프로그램에 참여했지요. 그러나 그 모든 것들은 에베소서 5장 33절에서 가져온 당신의 간단한 메시지보다 도움이 되지 못했어요. 지금 저희는 남은 인생 서로를 좋아하고 사랑하고자 노력하고 있어요. 저희는 다시금 사랑과 존경을 위한 궤도로 돌아왔어요.

결혼 2년 동안은 제 인생에서 가장 고통스러운 시간이었어요. 이것에서 벗어나게 해달라고 하나님께 울부짖었지만, 저는 결혼 서약에 다시 헌신했고, 떠나는 것은 그분의 뜻이 아님을 알게 되었어요.

저는 제가 의사소통하는 태도(표정이나 목소리 톤)를 분명하게 깨달았어요. 그리고 남편은 제가 사랑받지 않는다고 느낄 때, 그에게 이야기할 수 있도록 허락해주었고요. 제가 하나님께 순종하기로 시작한 이후로 저희는 악순환을 완전히 피하고 있어요.

이 편지를 읽으며 우리는 감격했다. 신실하지 못한 남편에게 받은 고통을 견디어낸 한 여성이 보낸 편지에서 특히 그랬다. 그녀는 이혼 경력, 이후의 강박, 우울, 정신 이상의 문제도 극복해야 했다. 두 아들을 위해 남편과 화해하려고 애쓴 적도 있었다. 하지만 만족스러웠던 적은 없었다. 그러던 중 그녀는 숙모가 인도하는, 사랑과 존경 교재를 가지고 하는 강의를 우연히 들었고, 이 경험은 그녀의 인생을 바꾸었다. 남자에게 순종하고 존경하는 것이 진정 어떤 의미가 있는지를 처음으로 이해했다. 남자는 하나님의 실수가 아니라 하나님의 완벽한 계획의 일부임을 깨달았다. 남자를 비난하는 것을 그만두기로 하면서 그녀는 우리에게 보낸 편지에서 이렇게 결론지었다.

결혼은 우리 삶 속에 하나님의 의지를 드러내기 위한 도구이고 시험이라고 생각해요. 저희는 사람에게 하듯이 하는 것을 그만두고, 주님이 우리에게 명하셨기 때문에 하나님을 위해서 이 모든 것을 그리스도에게 하듯이 했어요. 박사님의 노력이 만들어낸 변화의 결과로 저희는 모두 하늘의 보상을 분명하게 얻었어요.

아마도 이것보다 더 나은 결론을 얻기는 힘들 것이다. 사랑과 존경 원리를 가르치고 공유하고 그 결과를 만들어내기 위한 모든 움직임은 수억의 천사들이 커다란 손잡이를 끌어당기면서 내는 천국의 벨 소리를 들리게 할 것이다.

헌신의 기도

사랑하는 아버지께.

저는 당신이 필요합니다. 저는 완벽하게 사랑하거나 존경할 수 없지만, 당신의 도움을 구할 때, 제 기도를 듣고 계심을 압니다. 제가 사랑하지도 존경하지도 않았던 것을 용서해주세요. 아버지, 당신을 위해 제 마음을 엽니다. 저는 두려워하지도 않고, 당신이나 배우자에게 화를 내지도 않겠습니다. 저는 온전하고 새로운 빛 속에서 저와 배우자를 보고 있습니다. 저와 다르게 지어진 것에 대해 배우자에게 고마워하겠습니다.

주님, 제 마음을 당신에 대한 사랑과 순종으로 가득 차게 해주세요. 결국, 이것은 당신과 저에 관한 것입니다. 이것은 제 배우자에 대한 것이 아닙니다. 이러한 깨달음을 주셔서 감사드립니다. 저를 잘 준비하게 하셔서 갈등의 시간을 만날 때 제대로 대처하게 해주세요. 특히 제가 사랑받지 못한다고 느끼거나 존경받지 못한다고 느낄 때, 마음속에서 사랑 또는 존경이 흘러나오길 구합니다. 제가 당신께 하듯이 이를 실행할 수 있도록 마음을 붙잡아주십시오.

이 시간, 당신께서 제 기도를 들고 계심을 믿습니다. 당신의 응답을 기대합니다. 당신의 마음에 있는 것이 제 마음에도 있습니다. 제가 다음 걸음을 내딛도록 도움을 주실 것을 믿고 감사드립니다. 예수님의 이름으로 기도합니다. 아멘.

사랑과 존경 목록:

일상에서 부부가 사랑과 존경을 실천하면서
무엇을 말하고, 행동하고, 생각할지에 관한 조언들

- **자신에게 항상 물어야 할 것들**

- 나는 아내가 사랑받지 못한다고 느낄 만한 말이나 행동을 했는가?
- 나는 남편이 존경받지 못한다고 느낄 만한 말이나 행동을 했는가?

- **기억해야 할 것들**

- 존경받지 못한다고 느껴지더라도, 아내를 변함없이 사랑하기
- 사랑받지 못한다고 느껴지더라도, 남편을 변함없이 존경하기

- 아내가 비판적이거나 화를 내는 것은 당신의 사랑을 갈구한다는 뜻이다. 그녀에게는 당신을 무시하려는 의도가 없었다.
- 남편이 거칠거나 돌담처럼 되는 것은 당신의 존경을 갈구한다는 뜻이다. 그에게는 당신을 사랑하지 않으려는 의도가 없었다.

- 남편이 자신의 사랑 부족을 변명하면, 아내는 사랑받지 못한다고

느낀다.

- 아내가 존경하지 않은 것을 변명하면, 남편은 존경받지 못한다고 느낀다.

- 존경받지 못한다고 느낄 때, 당신은 사랑하지 않는 방식으로 반응하는 경향이 있지만 그것을 깨닫지는 못한다.
- 사랑받지 못한다고 느낄 때, 당신은 존경하지 않는 방식으로 반응하는 경향이 있지만 그것을 깨닫지는 못한다.

- 존경받지 못한다고 느낄 때, 그녀를 사랑하는 일은 자연스럽게 되지 않는다. 하지만 당신은 그리스도에 대한 순종으로써 그녀를 사랑해야만 한다.
- 사랑받지 못한다고 느낄 때, 그를 존경하는 일은 자연스럽게 되지 않는다. 하지만 당신은 그리스도에 대한 순종으로써 그를 존경해야만 한다.

- 아내를 무조건 사랑하는 일은 그리스도를 향한 당신의 사랑을 보이는 것과 같다. 그렇게 하지 못한다면, 당신은 그리스도를 사랑하고 있는 것이 아니다.
- 남편을 무조건 존경하는 일은 그리스도를 향한 당신의 존경을 보이는 것과 같다. 그렇게 하지 못한다면, 당신은 그리스도를 존경하고 있는 것이 아니다.

- 아내를 사랑하는 데 잠시 실패했을지라도, 사랑하는 마음을 포기하지는 말라.
- 남편을 존경하는 데 잠시 실패했을지라도, 존경하는 마음을 포기

하지는 말라.

- 그녀의 동기를 불러일으키는 최선의 길은 사랑에 관한 그녀의 필요를 채워주는 것이다.
- 그의 동기를 불러일으키는 최선의 길은 존경에 관한 그의 필요를 채워주는 것이다.

● 대화하거나 토론을 시작하려면

남편을 위해: "당신은 날 존경하지 않는군요"라고 하지 말라. 대신 "이럴 때는 존경받지 못한다고 느껴져요. 내가 사랑하지 않는 것처럼 보였나요?"라고 하라. 만약 그녀가 그렇다고 한다면, "그렇게 보이도록 해서 미안해요. 나를 용서해줄래요? 어떻게 하면 좀 더 사랑하는 것처럼 보일까요?"라고 말하라.

아내를 위해: "당신은 날 사랑하지 않는군요"라고 하지 말라. 대신 "이럴 때는 사랑받지 못한다고 느껴져요. 내가 존경하지 않는 것처럼 보였나요?"라고 하라. 만약 그가 그렇다고 한다면, "그렇게 보이도록 해서 미안해요. 나를 용서해줄래요? 내가 어떻게 하면 좀 더 존경하는 것처럼 보일까요?"라고 말하라.

● 금기들

- 아내를 사랑하려면, 그녀가 먼저 사랑받을 만하게 변해야 한다고 하지 말라.
- 남편을 존경하려면, 그가 먼저 존경받을 만하게 변해야 한다고 하지 말라.

- "아내가 나를 존경하기 전에는 저 여자를 사랑하지 않을 거예요" 라고 말하지 말라.
- "남편이 나를 사랑하기 전에는 저 남자를 존경하지 않을 거예요" 라고 말하지 말라.

- "아무도 저런 여자를 사랑할 수는 없을 거예요!"라고 말하지 말라.
- "아무도 저런 남자를 존경할 수는 없을 거예요!"라고 말하지 말라.

- 당신의 사랑 부족에 대한 책임을 그녀의 존경 부족으로 전가하지 말라. 그것은 에베소서 5장 33절 전반부 말씀에 당신이 불순종했기 때문이다.
- 당신의 존경 부족에 대한 책임을 그의 사랑 부족으로 전가하지 말라. 그것은 에베소서 5장 33절 하반부 말씀에 당신이 불순종했기 때문이다.

부록 B

부부 사이에 필요한 사랑과 존경 '실전 체크리스트'

- **자신에 관해서**

- 남편인 나는 존경받지 못한다고 느꼈기 때문에 사랑하지 않는 반응을 했던 걸까?
- 아내인 나는 사랑받지 못한다고 느꼈기 때문에 존경하지 않는 반응을 했던 걸까?

- 나는 남편으로서 "존경받지 않는 것처럼 느껴져요. 내가 당신을 사랑하지 않는 것처럼 생각했어요?"라고 말하는 것이 힘든가?
- 나는 아내로서 "사랑받지 못하는 것처럼 느껴져요. 내가 당신을 존경하지 않는 것처럼 생각했어요?"라고 말하는 것이 힘든가?

- 아내가 "당신이 날 사랑하지 않는 것처럼 느껴지네요"라고 말할 때, "미안해요"라고 말하는 것이 부담스러운가?
- 남편이 "당신이 날 존경하지 않는 것처럼 느껴져요"라고 말할 때,

"미안해요"라고 말하는 것이 부담스러운가?

- 남편으로서 먼저 움직이고 좀 더 사랑하는 데 있어 지나치게 자존심을 내세우는 편인가?
- 아내로서 먼저 움직이고 좀 더 존경하는 데 있어 지나치게 자존심을 내세우는 편인가?

● **배우자에 관해서**

- 남편으로서, 사랑받고 싶은 아내의 필요를 채워주지 못하여 그녀에게 활기를 주지 못하고 있는가?
- 아내로서, 존경받고 싶은 남편의 필요를 채워주지 못하여 그에게 활기를 주지 못하고 있는가?

- "아내가 나를 존경하기 전에는 그녀를 사랑할 방법이 없어요"라고 말하는가?
- "남편이 나를 사랑하기 전에는 그를 존경할 방법이 없어요"라고 말하는가?

- 존경받지 못한다고 느낄 때, 나는 곧바로 그 사실을 말하는가?
- 사랑받지 못한다고 느낄 때, 나는 곧바로 그 사실을 말하는가?

● **하나님에 관해서**

- 남편으로서, 조건 없는 사랑을 보이라고 하시는 하나님의 말씀에 별로 고민한 적이 없으며, 특히 아내가 당신을 존경하지 않을 때는 더더욱 그렇게 하는가?
- 아내로서, 조건 없는 존경을 보이라고 하시는 하나님의 말씀에 별

로 고민한 적이 없으며, 특히 남편이 당신을 사랑하지 않을 때는 더더욱 그렇게 하는가?

- 남편으로서, 당신은 사랑의 부족을 합리화하고, 이러한 죄를 하나님께 참회하지 않고 있는가?
- 아내로서, 당신은 존경의 부족을 합리화하고, 이러한 죄를 하나님께 참회하지 않고 있는가?

- 남편인 당신은 아내에게 사랑을 보임으로써 그분께 순종하는 일을 피하고 있는 것은 아닌가?
- 아내인 당신은 남편에게 존경을 보임으로써 그분께 순종하는 일을 피하고 있는 것은 아닌가?

배우자에게
당신의 필요를 채워달라고 요청하는 방법

배우자의 가장 큰 필요는 내버려 둔 채 당신이 원하는 것(사랑이든 존경이든)만을 얻으려고 해서는 안 된다. 하지만 당신의 필요가 채워지지 않은 상태에서 배우자의 필요를 채우려고 애쓴다면 과연 무슨 일이 일어날까?

나는 이 책에서 부부가 자신의 필요에 관해 서로 대화하는 방법을 알려주려고 애썼다. 남편과 아내는 자신이 어떻게 느끼고 있는지를 서로에게 알리기 위해 다음과 같이 할 수 있다.

● **남편이 겸손하고 부드럽게 이야기하는 법**

정복: "당신이 내 일과 목표에 대해 부정적으로 이야기하면, 날 존경하지 않는 것처럼 느껴져요. 나도 일과 가정 사이에서 균형을 이루려고 애쓰고 있고, 가족이나 당신을 서운하게 하고 싶지 않아요."

계급: "당신이 내가 무책임하다고 할 때면, 날 존경하지 않는 것처럼 느껴져요. 때때로 그렇게 보일 때도 있다는 걸 알아요. 하지만 평소

가정에 울타리가 되어 주려고 나름 힘쓰는데, 당신이 그런 말을 하면 상처가 돼요."

권위: "당신이 나에게는 묻지도 않고 아이들과 관련된 결정을 내릴 때면, 날 어떻게 생각하는지 고민하게 돼요. 심지어 내가 이 집안에 쓸모가 없는 존재인 것 같을 때도 있고요. 가능하면 작은 일이라도 나와 같이 의논해요."

통찰: "당신이 눈을 굴리면서 '그것참 우스꽝스럽군' 하는 표정을 지을 때면, 날 무시하는 것처럼 느껴져요. 많은 부분에서 당신의 직관이 번뜩이는 것은 잘 알아요. 하지만 나에게도 나누고 싶은 아이디어가 있어요."

유대: "함께 농구 경기를 보러 가자고 했을 때 거부한 적이 있었죠? 당신이 아이들 때문에 이런 시간을 내는 게 어렵다는 걸 알고 있지만, 때로는 친구처럼 함께 있어 주는 게 필요해요. 요즘 그것이 부족하다고 느껴요."

성욕:"너무 피곤해서 가까이하고 싶지 않다는 말을 들으면, 좀 민망해요. 물론 나도 이해해요. 하지만 당신도 내 필요 또한 이해해주길 바라요. 난 정말로 당신을 친밀하게 안고 싶어요."

● **아내가 겸손하고 부드럽게 이야기하는 법**

친밀감: "당신이 밖에서 시간을 보내느라 나와 함께 있지 않을 때, 나를 사랑하지 않는 것처럼 느껴져요. 당신도 취미생활을 즐기고 싶다는 걸 알아요. 하지만 나 역시 당신과 얼굴을 맞대는 시간이 조금 필요하답니다."

솔직함: "당신과 함께 내가 어떤 걱정거리가 있는지 이야기조차 나눌 시간이 없으면, 난 사랑받고 있는 것 같지가 않아요. 우리가 언제나 길게 말할 시간을 가질 수는 없겠지만, 때로는 서로의 마음을 확인

하고 싶을 때가 있잖아요?"

이해: "나는 당신에게 뭔가 이야기하려고 하는데, 당신이 나에게 그저 해결책을 주려고 할 때면, 사랑받지 않는 것처럼 느껴져요. 나를 도와주려는 마음은 알지만, 그저 내 말을 잠자코 들어주는 것만으로 더 나은 시간을 보낼 수 있어요."

평화: "당신이 나에게 '그만둬요. 그건 이미 지나간 일이니 잊어버려요'라고 할 때, 날 사랑하지 않는 것처럼 느껴져요. 나도 어떤 일은 잊어버려야 더 좋다는 것을 알아요. 하지만 그보다 먼저 확인하고 싶은 것은, 당신이 더 이상 화가 나 있지 않고, 정말로 평화로운 관계라는 것을 확인하고 싶어요."

충성: "당신이 다른 여자를 바라볼 때, 나를 사랑하지 않는 것처럼 느껴져요. 유혹이 많다는 것을 알지만, 당신이 오직 나만을 바라보고 있음을 알고 싶어요."

존중: "당신이 나의 양육 스타일이나 집안일에 관해 부정적인 언급을 할 때면, 날 사랑하지 않는 것처럼 느껴져요. 내가 완벽하지 않다는 것도 알지만, 격려도 필요해요. 설사 그렇게 하기가 힘든 상황이라 해도요."

남편이 일중독이라면 어떻게 해야 하나?

나는 일중독에 빠진 남편을 둔 많은 아내를 상담해왔다. 이럴 때 그들이 조금 더 긍정적인 방식으로 이 상황을 다룰 수 있도록 세 가지 의견을 제공한다.

먼저, 어떤 남편은 일터에서 자신이 존경받는다고 느끼기 때문에 오래 남아 일을 한다. 만약 아내가 매사에 부정적이고 불평하고 남편을 존경하지 않는다면, 어떤 남자가 집에 빨리 가고 싶어 할까? 나는 월요일 아침마다 휘파람을 불고 콧노래를 부르며 즐겁게 일터로 향하는 한 남성을 알고 있다. 금요일에 집으로 돌아오면서는 그렇게 하지 않는다. 이유를 묻자 그는 "주말 내내 아내와 같이 있어야 하잖아요"라고 했다. 물론 처음부터 그랬던 것은 아니었다. 하지만 언젠가 그녀의 씁쓸한 불평이 늘었다. 그녀의 부정성은 그를 가능한 한 오래 일터에 머무르게 했다.

둘째, 투덜거림과 경멸은 그를 즐거운 마음으로 집에 오지 못하게 한다. 남편이 집을 멀리하고 온종일 일터에 있게 하려면 절대 그를 칭찬해선 안 된다. 그런 의도가 아니라면, 남편에게 존경을 표현할 수 있는 부분을 찾으라. 이 책은 당신이 그런 영역을 발견하고, 어떻게 표현할 수 있는지를 배울 수 있도록 도움을 준다. 기억하라. 당신은 그가 일터에서 하는 일을 평가절하해서는 안 된다. 이런 식으로 말하지 말라. "당신이 가족을 먼저 생각하지 않으면 난 당신을 존경하기 힘들어요." 그것은 남편이 이렇게 말하는 것과 같다. "내가 직장에서 수고하는 것에 고마워하기 전에는 당신과 가정에 어떤 사랑도 보일 수가 없어요." 경멸은 절대로 사랑을 가져오지 않는다.

셋째, 남편에게 직접 영향을 끼치려면, 존경을 보이면서 이야기하라. "아이들이 아빠 얼굴을 더 보고 싶어 해요. 아빠가 있어야 애들도 나도 안심이 되죠. 누구도 아빠 자리를 대신할 수는 없죠. 잘 모르겠지만, 당신이 그냥 집에 있는 것만으로도 우리에게는 힘이 되거든요. 직장에서 할 일이 많고 시간도 없다는 거 알아요. 하지만 나는 당신이 아이들에게 좋은 선물을 주고 싶다는 것도 잘 알아요. 고마워요."

하나님 말씀 안에서 확신을 얻으라. 남편을 존경하며 격려한다면 계속 선한 영향력을 미칠 것이다. 감정적이지 않으면서도 긍정적으로 간청하면 선한 의지를 가진 남자는 모두 달라진다.

아내로서 마음에 새기기 쉽지 않은 조언임을 잘 안다. 여성이라면 지금 당장 남편이 집안일에 관심을 두길 원할 것이다. 하지만 남자는 시간을 두고 변화를 일으키고 싶어 한다. 긍정적이고도 짧은 메시지를 전하고 간직하라. 그러면 점차 그는 배의 방향을 돌릴 것이다. 시간을 두고 성령께서 일하시게 하라. 이것은 1년 이상이 걸리는 프로젝트다. 남편에게 지금 하는 일을 마무리할 일터에서 "아니오"를 끼워 넣을 수 있는 시간과 여유를 선사하라. 남편이 (아내가 원해서가 아니라) 아이들과 함께 가정에서 영향력을 발휘하는 것의 묘미를 맛볼 수 있도록 하라.

주

1장. 더 나은 결혼생활을 위한 단순한 비밀

1 신학과 이론 사이에 어떤 차이가 있는지 명확히 구분하는 것이 중요하다. 에베소서 5장 33절에 관한 나의 신학은 단순하다. 남편은 아내를 무조건 사랑하라는 명령을 받았고, 아내는 남편을 무조건 존경하라는 명령을 받았다. 그리고 나는 이러한 신학을 기반으로 '사랑과 존경 고리'를 추론해냈다. 본문에서는, 아내는 사랑을 필요로 하고 남편은 존경을 받아야 하며, 이러한 필요가 충족되지 않을 때, 서로에게 자기 식대로 반응하게 됨을 말한다. 내가 만났던 모든 부부는 어느 정도 이러한 '악순환'을 경험했다. 아내는 남편을 존경하지 않는 태도로 반응한다(그러므로 그녀에게는 존경하라는 명령이 주어진다). 그리고 남편은 아내를 사랑하지 않는 태도로 반응한다(그러므로 남편에게는 사랑하라는 명령이 있다).

2장. 메시지에 붙은 암호를 풀어라

1 John Gottman, *Why Marriage Succeed or Fail* (New York: Simon & Schuster, 1994), 61.

2 에베소서 5장 33절에서, 바울은 '사랑'이라는 말에 '아가페'(*agape*)라는 헬라어를 현재 능동 명령형으로 사용했다. 또한 존경(*phobetai*)이라는 단어는 실제적

인 명령이다. 두 가지 모두 명령으로 주어졌다. 이런 이유로 NIV는 이 구절에서 모두 'must'를 사용했다(A. T. Robertson, ed., *A Grammar of the Greek New Testament in the Light of Historical Research*, 4th ed. [New York: Hodder, 1923], 994).

3장. 왜 그녀는 존경하지 않고, 왜 그는 사랑하지 않는가?

1 NIV는 헬라어 '히나'(*hina*)를 'must'로 번역했는데, 이것은 하나님의 명령임을 명확히 하려는 것이다.

2 페미니즘 운동을 언급하면서, 나는 좀 더 급진적인 요소들에 주목하고 싶다. 페미니즘을 통해 여성을 위한 긍정적인 이익들이 많이 나오는 것도 사실이다. 하지만 페미니즘 운동의 상당 부분에서 단순히 상대방이 남자라는 이유로, 남성을 향한 부정적이고 경멸적인 태도를 장려하고 있음은 우려스럽다. 나는 남자와 여자 둘 다 하나님의 형상으로 창조되었음을 안다. 비록 남자와 여자 모두가 죄를 범했지만, 주님은 모든 영혼이 그분의 사랑과 영광(최고의 존경을 의미한다)을 경험하길 간절히 원하신다. 단순히 그들이 남자라는 이유로, 그들의 품위를 손상하는 것은 하나님의 방식이 아니다.

3 여기 인용한 조사 결과는 션티 펠드한의 《여자들만 위하여(*For Women Only*)》(미션월드, 2005)에서 가져왔다. 조사는 '디시전 애널리스트'(Decision Analysts)가 수행했으며, '애널리틱 포커스'(Analytic Focus)는 결과를 표로 정리했다. 션티는 하버드 대학교에서 공공 정책으로 석사 학위를 받았고, 뉴욕의 연방준비은행의 재정 분석가이며, 〈애틀랜타 저널〉(*Atlanta Journal*-Constitution)에서 여성 문제 관련 칼럼니스트로 있다. 댈러스 텍사스에 위치한 디시전 애널리스트는 미국 내에서 가장 많이 찾는 연구기관 중 하나다. 애널리틱 포커스는 미국 통계국에서 조사 설계 담당 분야 전(前) 리더인 척 코웬(Chuck Cowen)이 이끄는 독립 회사이며, 앨라배마에 있다.

4 나는 군 복무 중인 여성들도 고맙게 생각한다. 하지만, 내가 관찰한 바로는, 군대는 특히 남자들에게 자연스러운 장소이며, 전투는 더더욱 그렇다. 사실, 정책적으로 군대는 그 복무 분야에 상관없이 전쟁 상황에서는 여성을 활용하지 않는다. 관련 정책 진술문은 다음에서 볼 수 있다. 미 해병대(www.Marines.com/officer_programs/FAQ.asp?format=)와 Center for Military Readiness(www.

cmrlink.org/WomenInCombat.asp?docID=154)[현재는 두 곳 모두 연결되지 않음—편집자]. 남자를 남자 되게 하는 그 본성에 의해 그들은 섬기고, 싸우고, 필요하다면 그것을 위해 죽을 수도 있다. 이러한 본성은 일상으로 옮겨와 가정과 가족을 섬기는 것으로 나타나는데, 즉 그는 보호자의 역할을 감당한다.

4장 | 남자들이 가장 두려워하는 것

1 여기 인용한 조사 결과는 션티 펠드한의 《여자들만 위하여》에서 가져왔다.

2 Gottman, *Why Marriage Succeed or Fail*, 152.

5장 | 악순환의 고리를 끊어내는 법

1 Gottman, *Why Marriage Succeed or Fail*, 175.

6장 | 존경받을 만하지도 않는데 왜 존경해야 하지? 사랑받을 만하지도 않는데 왜 사랑해야 할까?

1 Gottman, *Why Marriage Succeed or Fail*, 159.

10장 | 솔직함: 그녀는 당신이 솔직하기를 원한다

1 남자들의 구획화와 여자들의 통합 사이의 차이점에 관한 더 깊은 토론을 원한다면, Stephen B. Clark, *Men and Women in Christ*(Ann Arbor: Servant Books, 1980)을 보라. 남녀 사이의 차이점에 관한 주의 깊은 연구에서, 그는 남자와 여자의 특질-패턴을 설명하며 두 전문가를 인용했다. Dietrich von Hildebrand, *Man and Woman* (Chicago: Henry Regnery, 1965)와 Edith Stein, *The Writings of Edith Stein* (London: Peter Owen, 1965). 그는 이렇게 썼다. "폰 힐데브란드(Dietrich von Hildebrand)와 스타인(Edith Stein)은 남자들과 여자들은 마음, 정서, 몸의 기능에서 모두 다르다고 말한다. 여자의 감정, 지능, 몸의 형태는 남자의 그것보다 좀 더 통합적으로 조화를 이루고 있다. 여자는 정서, 지능, 몸의 혼합물인 온전한 존재로서 결정, 활동 등 관계들에 직면한다. 반대로 남자의 정서, 지능, 몸은 특이하다. 그는 좀 더 쉽게 자기 성격의 요소를 구획화하며, 그것을 자신이 때때로 무시할 수 있는 정체성의 측면들로 여긴다.

12장 | 평화: 그녀는 당신의 "미안해요"라는 말을 듣고 싶다

1 이사야 54장 6절에서, 유다의 상황은 남편에게 버림받아 영혼에 상처를 입고 거부당한 여자의 비애와도 같다.

2 William Barclay, *The Daily Study Bible, The Letters to the Corinthians*(Edinburgh: The St. Andrew Press, 1965), 67.

3 마태복음 19장 1~6절에서 예수님은 바리새인들의 질문에 대답하신다. "사람이 어떤 이유가 있으면 그 아내를 버리는 것이 옳으니이까"(3절). 예수님은 율법학자들의 위치에서 답하지 않으시고, 창세기 2장 23~24절과 '한 몸'이라는 개념에 초점을 맞추셨다. 결혼은 '가장 깊이 있게 육체적이고 영적인 일치'를 이루는 것이다. Charles E. Ryrie, *The Ryrie Study Bible*(Chicago: Moody, 1976), 1478.

13장 | 충성: 그녀는 당신의 헌신을 알고 싶다

1 현재는 컬럼비아 국제대학교(Columbia International University)이다.

2 Robertson Mcquilkin, *A Promise Kept-The Story of an Unforgettable Love* (Wheaton, Ill.: Tyndale, 1998), 21-23.

3 같은 책.

15장 | C-H-A-I-R-S: 남편을 어떻게 존경할 것인가?

1 고린도전서 7장 25~38절에서, 바울은 고린도인들에게 자신의 지혜를 전하고 있다. 그는 여기서 조언을 할 때 복음 안에서 예수 그리스도께 직접 명령받은 것이 아님을 인정했다. 그는 그리스도를 위해 구원받은 사람들에게 주어진 시간이 짧기에 그리스도인은 결혼하지 않는 것이 더 낫다고 여기며, 그렇게 되면 주님의 일을 하는 데 더 집중할 수 있다고 보았다. 여기서 바울은 결혼을 무시하는 것이 아니다. 그는 선의를 가진 남자와 여자가 결혼할 때 어떤 일이 일어날지를 진술한 것이다. 그들은 어떻게 하면 서로를 즐겁게 해줄지를 염려한다. 하지만 바울은 결혼한 사람도 여전히 주님을 섬길 수 있다고 여겼다.

2 사랑하는 아내는 "사랑은 허다한 죄를 덮느니라"(벧전 4:8)라는 말씀을 마음에 두어, 남편의 실수를 눈감고 넘어갈 수 있어야 한다. 그리고 남편은 "슬기로운 자는 수욕을 참느니라"(잠 12:16)라는 말씀을 의지하여, 자신을 존경하지 않는 (것 같은) 아내의 행동이나 말을 눈감아주어야 한다.

16장 | 정복: 일하고 성취하려는 그의 욕구를 고마워하라

1 Charles F.Pfeiffer, ed., *The Wycliffe Bible Commentary* (Chicago: Moody, 1987), 5.

2 사실, 페미니스트의 관점은 고린도전서 11장 3~16절에서 바울이 관찰한 바와 여러 가지 면에서 확연히 다르다. 바울은 고린도교회 안에 있는 문제를 언급하면서, 여자들은 예배를 드릴 때 머리를 감싸라고 조언한다. 그들 중 일부는 '전통'(11:2)을 일부분 행하지 않았던 것 같다.

"남자는 하나님의 형상과 영광이니 그 머리를 마땅히 가리지 않거니와 여자는 남자의 영광이니라"(고전 11:7). 고린도교회의 관습적인 문제들에 관해 조언하면서, 바울은 깊은 진리를 드러냈다. 남자는 하나님의 형상과 영광이기에 그들 존재는 귀하게 여겨질 필요가 있다. 하나님이 그런 방식으로 남자를 만드셨기 때문이다.

이런 관점에 반대하는 여성이 있을 것이다. 페미니스트 관점에서 보면, 이 구절은 여자의 존엄성을 희생하는 대가로 남자의 자아를 살찌우는 것처럼 보인다. 그렇지만 사랑과 존경의 관점에서 보면, 사랑받는 느낌이 있어야 하는 여자와 마찬가지로 남자는 귀하게 여김 받거나 존경받는 느낌을 원한다. 이것은 남성 우월주의적인 시각이 아니라 창조주께서 남자에게 부여하신 토대라 할 수 있다. 남자 중에 남성 우월주의자들이 있는 것은 마치 여자 중에 프리마돈나가 있는 것과 같다.

여자는 그리스도께서 교회를 사랑하시는 것과 같이 남자에게 사랑받기 위해 창조되었다. 그리고 남자는 여자에게 사랑을 주기 위해 창조되었다. 나는 페미니즘에 깊이 영향을 받은 우리 문화가 하나님이 설계하신 아름다움을 잃어버렸다고 생각한다.

3 사이먼 배런코언(Simon Baron-Cohen)은 《그 남자의 뇌, 그 여자의 뇌》(*The Essential Difference: The Truth about the Males and Female Brain*)에서 20년에 걸친 성별 차이에 관한 연구를 통해 발견한 것을 정리했다. 그는 여성의 뇌가 주로 공감하려는 목적으로 회로가 구성되어 있으나, 남성의 뇌는 이해와 개발과 관련된 시스템 구축을 위해 구성되어 있다고 말했다. 그는 신생아 관찰을 통해 자신의 이론을 발전시켰고, 아기들이 반응을 보이는 자극의 종류를 언급했다. 여자아이는 자기 위에 있는 얼굴에 더 반응을 보이지만, 남자아이는 모빌에 더 반응했다. 다음 리뷰를 참고하라. Carolyn See, "His and Hers," *Washington Post*, 5

October 2003

4 탤콧 파슨(Talcott Parson)과 로버트 베일즈(Robert Bales)는 가족 사회학에 관한 토론에서, 기본적인 가족 모델은 어른 파트너 두 명(남편과 아내)이 아이와 함께 살아가는 모습으로 구성된다고 했다. 가족 안에서는 아내가 집안일을 해결하고, 남편이 외부 일을 해결하려고 한다. 저자들은 이를 표현적 지향성(expressive orientation) 대 도구적 지향성(instrumental orientation)으로 구분한다. 다음 책을 보라. *Family, Socialization and Interaction Process*(Glencoe, Ill.: Free Press, 1955). 이 모델과 의견을 달리하는 다양한 연구가 나오고 있지만, 이것은 여전히 사라지지 않았다! 나는 이것이 남녀의 기본 성격과 관심사가 어떻게 다른지를 보여주는 것으로 여긴다. 일반적으로 여자는 가족들 사이의 관계에 초점을 둘 것이고, 사랑의 경이로움을 표현한다. 현재 문화적 배경에서 여성을 위한 직업이 중요하지만, 우리는 여성에게 직업은 여전히 '선택의 문제'임을 발견한다. 직업은 그녀에게는 선택의 자유이지만, 남자는 집 밖의 일터에서 일해야만 한다고 느낀다.

17장 | 계급: 보호하고 공급하려는 그의 욕구를 고마워하라

1 도널드 블로쉬는 이렇게 말했다. "[성경은] 어느 곳에서도 여성에 대한 착취와 학대를 허용하지 않는다. 대신, 그들이 돌봄과 보호가 필요함을 강조한다. 어떤 페미니스트는 이것을 '오만함'이라고 부른다. 하지만 여자를 여자로 존중하는 것이 남자의 본성인 것처럼, 남자에게 의존하는 것은 여성성의 본질에 해당한다." Donald G. Bloesch, *Is the Bible Sexist?* (Westchester, Ill.: Crossway, 1982), 36-37.

2 *Family News from Dr. Dobson*, February, 1995에서 인용. 돕슨 박사의 기사는 힐(E. V. Hill) 박사가 〈포커스 온 더 패밀리〉(Focus on the Family) 라디오 방송에서 말한 내용을 이야기하고 있다. "E. V. Hill on the Death of His Wife."

3 Deborah Tannen, *You Just Don't Understand-Women and Men in Conversation* (New York:Ballantine, 1991). 그녀는 자신의 남편이 "많은 남자가 하는 방식으로 그 세계에 간단히 몰두하는 것, 그가 윗자리에 있든 아랫자리에 있든 계급 사회 속에서 한 사람의 개인으로서 행동하는 것, 이 세계 안에서 … 그들을 깎아내리려는 다른 사람의 시도로부터 자신을 보호하려고 애쓴다는 것"을 발견했다.

18장 | 권위: 봉사하고 이끌려는 그의 욕구를 고마워하라

1 Wayne Grudem, *Systematic Theology: An Inroduction to Biblical Doctrine* (Grand Rapids: Zondervan, 1994), 465-66.《웨인 그루뎀의 조직신학》(은성, 2009).

2 특정 문화에서 나오는 목소리를 주의하라. 어떤 이들은 노예를 제외하고는 복종이 어떤 조직도 강하게 만들지 않는다고 말한다. 다른 이들은 오직 1세기에만 복종이라는 개념이 적용된다고 말한다. 그들은 이런 식으로 모든 신약성경에 관해 의견을 달리한다. 성경을 마음에 새기는 것은 우리 모두를 위해서 좋다. "불순종하고 헛된 말을 하며 속이는 자가 많은 중 할례파 가운데 특히 그러하니 그들의 입을 막을 것이라. 이런 자들이 더러운 이득을 취하려고 마땅하지 아니한 것을 가르쳐 가정들을 온통 무너뜨리는도다"(딛 1:10~11). 그들은 부정한 이익을 얻기 위해서 가르쳐서는 안 되는 것들을 가르치면서, 가정을 뒤엎기 때문에 침묵해야 한다.

19장 | 통찰: 분석하고 조언하려는 그의 욕구를 고마워하라

1 Jo Berry, *Beloved Unbeliever* (Grand Rapids: Zondervan, 1981)에 나온 이야기에 기초했다.《믿지 않는 남편의 아내들에게》(생명의말씀사, 2015).

20장 | 유대: 우정으로 어깨를 맞대려는 그의 욕구를 고마워하라

1 Deborah Tannen, *Gender and Discourse* (New York: Oxford University Press, 1994), 96.

21장 | 성욕: 성적 친밀감을 향한 그의 욕구를 고마워하라

1 Charles E. Ryrie, *The Ryrie Study Bible* (Chicago: Moody, 1976), 944. 잠언 5장 19절에 기록된 '그'는 아마도 삼천 편의 잠언과 천 편 이상의 노래를 지은 솔로몬 왕일 것이다(왕상 4:32). 그는 잠언 1~9장을 포함해서 많은 부분을 썼다고 알려져 있다. 불행하게도, 솔로몬은 칠백 명의 아내와 삼천 명의 첩을 두었고, 대부분은 이스라엘 외부에서 온 이방 신을 섬기는 여자들이었으며, 솔로몬의 마음을 하나님에게서 떠나게 했다(왕상 11:1~8 참고). 하지만 솔로몬은 하나님이 주신 영감을 따라 지혜의 말씀을 기록했다.

23장 | 사랑과 존경을 실천해야 하는 진정한 이유

1 우리가 천국에 들어갈 때의 실상에 관해 단순히 그 분위기에 압도되는 것 정도로만 말한다면 하나님의 영광을 과소평가하는 것이다. 황홀경의 의미를 어떻게 생각하든, 실제 천국은 거기에 수억 배 혹은 무한대를 곱한 곳이다. 천국에서 영원히 하나님과 함께 거하는 것에 관해서는 다음 구절을 참고하라. 로마서 8장 17, 30절, 고린도전서 13장 12절, 고린도후서 12장 4절, 빌립보서 3장 21절, 데살로니가후서 4장 17절, 히브리서 7장 25절, 히브리서 10장 14절, 요한일서 3장 2절, 계시록 2장 7절, 계시록 21장 4절.

24장 | 진리는 진실로 우리를 자유롭게 한다

1 베드로전서 2장 12절부터 3장 7절에서 베드로는 분명한 윤곽을 그린 다음, 3장 8절에서 내용을 요약한다. 자신을 권위 아래에 놓으라는 이 구절은 반복적으로 발견된다(벧전 2:13, 2:18, 3:1). 그가 남편들과 아내들에게 설교한 내용을 살펴보라. 그는 '이와 같이'(in the same way)라는 구절을 사용한다(벧전 3:1,7). 여기서 네 가지 주된 요점은 시민, 노예, 아내, 남편에게 하는 말이다. 이 각각의 집단은 순종하고 있다. 베드로가 생각하기에, 순종에 대한 가장 큰 증거는 사랑과 존경이다! "너희는 자유가 있으나 그 자유로 악을 가리는 데 쓰지 말고 오직 하나님의 종과 같이 하라 뭇 사람을 공경하며 형제를 사랑하며 하나님을 두려워하며 왕을 존대하라"(벧전 2:16~17). 다른 말로 하면, 내면의 자유를 가진 아내는 남편을 존경함으로 순종한다. 또한, 내면의 자유를 가진 남편은 아내를 사랑함으로 순종한다. 즉, 그는 그녀를 동등자로서 귀하게 여기고 이해하며 그녀와 함께 산다.

2 Ryrie, *The Ryrie Study Bible*.

3 같은 책. 1338.

국제제자훈련원은 건강한 교회를 꿈꾸는 목회의 동반자로서 제자 삼는 사역을 중심으로 성경적 목회 모델을 제시함으로 세계 교회를 섬기는 전문 사역 기관입니다.

그 여자가 간절히 바라는 사랑,
그 남자가 진심으로 원하는 존경

초판 1쇄 발행 2007년 2월 13일
개정판 11쇄 발행 2023년 4월 12일

지은이 에머슨 에거리치
옮긴이 조미애

펴낸이 오정현
펴낸곳 국제제자훈련원
등록번호 제2013-000170호(2013년 9월 25일)
주소 서울시 서초구 효령로68길 98(서초동)
전화 02)3489-4300 **팩스** 02)3489-4329
이메일 dmipress@sarang.org

ISBN 978-89-5731-721-1 04230

※ 책값은 뒤표지에 있습니다. 잘못된 책은 구입하신 곳에서 교환해드립니다.